擬滕昌祐筆
丙子閏青月非丁

融味書開

品味書簡

名 人 信 札 收 藏 十 五 讲

方继孝 著

國家圖書館出版社

图书在版编目（CIP）数据

品味书简：名人信札收藏十五讲 / 方继孝著. -- 北京：国家图书馆出版社，
2016.4

ISBN 978-7-5013-5606-5

Ⅰ.①品… Ⅱ.①方… Ⅲ.①书信—收藏—中国 Ⅳ.①G894

中国版本图书馆CIP数据核字（2015）第121970号

书　　名	**品味书简**——名人信札收藏十五讲
著　　者	方继孝
责任编辑	王燕来
装帧设计	九雅工作室

出　　版	国家图书馆出版社（100034 北京市西城区文津街7号）
	（原书目文献出版社　北京图书馆出版社）
发　　行	（010）66114536　66126153　66151313　66175620
	66121706（传真），66126156（门市部）
E-mail	nlcpress@nlc.cn（邮购）
Website	www.nlcpress.com→投稿中心
经　　销	新华书店
印　　装	北京联兴盛业印刷股份有限公司
版　　次	2016年4月第1版　2016年4月第1次印刷

开　　本	880×1230毫米　1/16
印　　张	18
字　　数	250千字

书　　号	ISBN 978-7-5013-5606-5
定　　价	168.00元

序

　　方君继孝，少怀雅志，长负隽才。敏而好文，贤而博古。以霞举之才，当河清之代，每思鼓吹休和，发扬风雅。于是博综翰墨，属意简编，有《旧墨》六记、《碎锦零笺》等著述。组织遗牍坠简，研精尺素双鱼。意匠清新，情辞雅畅。更有新作《品味书简》，即将行世。收拾散亡，整齐琐细。续前贤之往绪，注学海以新流。隋珠和璧，间世皆属奇珍；柯笛爨桐，题品要归具眼。所望探彼玄微，穷其指奥；勤拂毫素，务使晶莹。遵嘱承乏作序，未敢固辞。爰弁卮言，辞达而已。时维己丑大雪节，颐和退士白化文谨叙。

龍巾拭淚御手調羹力士脫靴

貴妃捧硯　青蓮學士語

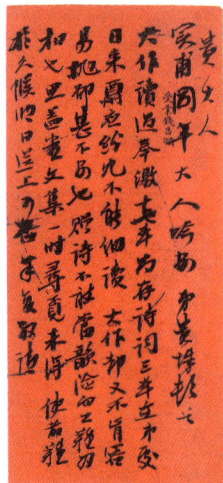

目　录

第一讲

书信名称的演变及其故事

在古代，书与信各有所指，"书"指信件，"信"指信使。"书"，最早并不作书本之解，而是作动词用，是写的意思。"书"后来演变为书信，作名词用。例如白居易的《与元九书》，王安石的《答司马谏议书》。"信"最早见于金文，是一个会意字。《说文》解释："信，诚也，从人，从言，会意。"金文的"信"字"从人，从口"；小篆强调字义，"口"上增"舌"，变成"从人从言"。"信"字本义是"诚实""信使"。《诗经》："信誓旦旦。"《礼记》："讲信修睦。"引申为"相信""信任""证实""消息""信函"等义。现代还用来表示"凭证"，如"印信""信号""信物""符信"。正是由于"信"是借人之言以传递信息，因此"信"引申为"信息"。又引申为"信使"，即送信的人和书信的意思，见《三国志·魏书·武帝纪》："（马）超等屯渭南，遣信（信使）求割河以西请和，公不许。"到了晋朝，书和信才结合成词，表示信件，并延续下来。元稹《酬乐天叹穷愁见寄》："老去心情随日减，远来书信隔年闻。"

书信亦称尺素、尺鸿、尺牍、尺翰、尺书。《汉书》记载广武君李左车谓韩信曰："奉咫尺之书以使燕。"汉初尚未发明纸张，记事与书信仍然像前代那样使用竹片或木片。竹片谓之"简"，木片谓之"牍"，古制书简长约一尺，所以后来所说的"尺书"和"尺牍"，就是汉代"咫尺之书"的遗语。"简"，《说文》释为"牒也，从竹间声"。孔颖达疏："古者无纸，有事书之于简，谓之简书。"作为"简"字声符的"间"，异体写作"閒"（间、閒同体异构，现均写为间）：門下的"月"代表月光，把竹片串编在一起，就可以像门扇一样活

三国吏民田家莂简（杉木制作），长47.7~49.5cm，宽2.6~3.2cm，厚0.7cm，1996年长沙市走马楼出土。现藏长沙简牍博物馆

邮票：孔子诞生一千五百四十周年。邮票上的孔子面前摆放和学生捧读的即是竹木简写的书

动并留有缝隙。在"閒"上增加竹字头，则是为了表示它的材料属性。秦汉时期写在木片或竹片上的信叫"简札"，它的长度和素绢一样，约合当时的一尺，竹片称为"简"，木片称为"札"或"牍"，所以书信又称"书简""书札""书牍""简札""简牍"。

"简牍"用来泛指文书，再往后逐渐专用为书信的通称。柳宗元《答贡士元公瑾论仕进书》："辱致来简，受赐无量。"（承蒙您来信，受益不浅）那时所用的"笔"，较今日的毛笔硬，"墨"则是漆一样的东西。所写的字体则是介乎篆隶之间，有时匆促之间，也会来几笔"急就章"，在书法上说，或许这就是我们今天所说的行草的起源了。

以简牍用于书写，不仅体积大，而且无论韦编、丝编，翻阅日久都容易磨断，造成脱简错简、次序凌乱。缣帛与简牍比较起来则十分轻便，容易收藏，携带方便，更不必担心散乱。因此，在东汉蔡伦发明造纸术之前，人们在使用竹木书写的同时，缣帛作为书写材料已和竹木并用了。

出现于古书中明确作现代书信讲的，并沿用久远而最常用的，就是"尺牍"。《汉书·陈遵传》："（陈遵）性善书，与人尺牍，主皆藏去以为荣。"说的是陈遵书法好，所以他给人的信，人家都珍藏起来（去：通"弆"，收藏）。前文提及，"尺牍"亦称"尺牒"或"尺书"，唐朝诗人白居易有诗句云："昨日里胥方到门，手持尺牒榜乡村。"岑参诗曰："相思难见面，时展尺书看。"古人还曾将书信分作"书""信""启""笺""翰""函""缄""简""帖"等名类，到后来也都成为书信的别称。明代徐师曾在《文体明辨》中说：

考其杂名，古今多品，是故有书、有奏记、有启、有简、有状、有疏、有笺、有札，而书记则其总称也。夫"书"者舒也，舒布其言而陈之简牍也。"记"者志也，谓进己志也。"启"开也，开陈其意也。一云跪也，跪而陈之也。"简"者略也，言陈其大略也。或曰手简，或曰小简，或曰尺牍，皆简略之称也。"状"之为言陈也，"疏"之为言布也。以上六者，秦汉以来皆用于亲知往来问答之间，而书、启、状、疏，亦以进御。……书记之体，本在尽言，故宜条畅以宣意，优柔以绎情，乃心声之献酬也。

书信是人们传达信息，交流感情的手段。在秦代以前，有相当长的时期，以竹简、木札和缣帛（素）作为书写经典、传记、册命、律令、书檄、信札、历谱、簿籍和一切文书的材料。古代书简的材料有异，叫法亦不同。简，指竹简，乃是从竹筒上片解而成的长狭条；札本指木札，乃是从木板或椠木上片解而成的长狭条。缣帛多为白绢。我国现存那时写信用的缣帛大多是白绢，长约一尺，称为尺素。汉代，绢除了用于著述、绘制地图等之外，再就是用于书信，以便长途传递。那时，写在木片上的信，即"尺牍"，既重体积又大，一般用于近距离的传递。远距离的传递，则使用便于携带的绢书。关于用绢来写信，20世纪初到西北探险的西方人斯坦因，曾经在敦煌附近发现过东汉的绢书。信被装在绢制的封套里，信的内容是写信者身处西北边陲，惦念长期不能相见的友人，并叹息通信不便。

古代对信的称谓有很多。如函札、尺帛、尺书、笔札等。《后汉书·荀悦传》曰："诏尚书给笔札"。此外，收信人姓名后写"启"，"启"在书信往来中最常用。古人称书信为"书启"，是让收信人把信拆开。寄信人落款处写上"缄"。此外，寄信要封起来，称为"缄"，因此书信也叫缄札，李商隐《春雨》："玉珰缄札何由达？万里云罗一雁飞。""缄"字常见于信封的落款处。"缄"原指捆箱子的绳子。《说文》："缄，束箧也。""箧"是指箱子类的东西。《汉书·外戚传下》"使客解箧缄"，就是叫人解开捆箱子的绳子。《孔子家语·观周》曾记载孔子在周庙里看见一个铜人，"三缄其口而铭其背"，即用绳子把铜人的嘴绑了好几道。所谓"三缄其口"也就成为流传至今，形容人不讲话、不发言的一句成语。"缄口""缄默"等都由此而来。后又引申为"封"，指的是把公文或书牍封盖，不使别人看见里边所写的内容。"缄"由"捆"引申为"封"，大抵和古代公文书信有关。东汉以前没有纸张，公文书信大多写在木板或竹简上，叫"札"。"札"用绳子捆上，绳的打结处再加一块泥，然后在泥上盖印章，以防被人拆开，这叫"封泥"。由此可见，"缄"是沿袭了古代而又沿用至今的一种表示方法。

书信尚有由引申变化而来的别称，如鱼雁、鱼书、鲤鱼、双鲤、鲤素、锦书等。这些引申而来的书信别称多见于古代文人骚客的诗词文赋中。在古代，"锦书"则往往被用来对妻子来书的特称。如唐代宋之问《桂州三月三日》："不求汉使金囊

赠，愿得佳人锦字书。"李白《秋浦寄内》："开鱼得锦字，归问我何如。"宋代李
清照《一剪梅》："云中谁寄锦书来？雁字回时，月满西楼。"辛弃疾《临江仙》：
"别浦鲤鱼何日到，锦书封恨重重。"鱼书典出古乐府《饮马长城窟行》一诗，该诗
在《文选》中列为"古辞"类，而《玉台新咏》题名汉蔡邕作，全文是："青青河
畔草，绵绵思远道。远道不可思，宿昔梦见之。梦见在我旁，忽觉在他乡。他乡各
异县，辗转不相见。枯桑知天风，海水知天寒。入门各自媚，谁肯相为言。客自远
方来，遗我双鲤鱼。呼儿烹鲤鱼，中有尺素书。长跪读素书，书中竟何如？上言加
餐食，下言长相忆。"意思是说，被征召到边疆修万里长城的丈夫，因挂念家中的
妻子，把写于"素"（白绢）的家信装入鲤鱼腹中，托人带回家，妻子做饭时发现
了它。如晏殊《寓意》："鱼书欲寄何由达？水远山长处处同！"李开元《林冲夜
奔》："欲送登高千里目，愁云低锁衡阳路。鱼书不至雁无凭，几番欲作悲秋赋。"
还有一则苏武牧羊的故事，出于《汉书·李广、苏建传》：苏武出使匈奴，被强留于
匈奴，历时十九年之久。后匈奴与汉朝和亲。"汉求武等，匈奴诡言武死。后汉使复

苏武牧羊图

至匈奴，常惠请其守者与俱，得夜见汉使，具自陈道。教使者谓单于，言天子射上林中，得雁，足有系帛书，言武等在某泽中。使者大喜，如惠语以让单于。单于视左右而惊，谢汉使曰：'武等实在。'"常惠是与苏武一道出使匈奴的汉使者。"让"是责备的意思。这是一个家喻户晓的故事，说的是苏武曾把书信裹在大雁腿上带回祖国，结果这只大雁被皇帝射猎时射得，发现了系在大雁腿上的绢书。于是，有了"系帛书"和"雁足传书"的成语，书信有了"鸿雁"的称呼。唐代李白《送友人游梅湖》："暂行新林浦，定醉金陵月。莫惜一雁书，音尘坐胡越。"后来元朝诗人有"波流云散碧天空，鱼雁沉沉信不通"的诗句，这里把"鱼雁"合称为书信。或许，这两个故事都是虚构的，因为不可能利用鱼或者大雁从遥远的北方把信送到长安。当时送抵远方的书信确实是用绢写的，只是常常把写成书信的白绢结成两条成双成对的鲤鱼，以代替信封，既可避免信的内容显露，也表示吉祥之意，更便于传递。

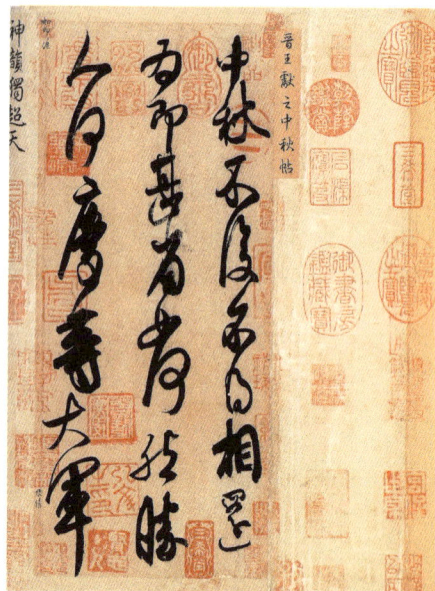

晉王獻之中秋帖

神鏡留超天

第二讲　书信的起源和现存的最早书信

几千年来，我们的先人留下了许多极其珍贵的书信，至于中国书信的起源，有多种说法。清姚鼐在《古文辞类纂》中认为："书之为体，始于周公之告君奭。"但《尚书·君奭》篇不过是一种告语文体，严格说不能算是书信。还有人认为，书信产生的时期为春秋。春秋之际，各诸侯国之间经常互相遣使进行聘问、吊丧，有时使者个人尚不足以应酬对答，还需呈献主人书辞，于是，书信也就应运而生了。由于书信情真意挚，无客套，少禁锢，直抒胸臆，酣畅淋漓，既可洋洋万言，也可寥寥数语，因而自有书信以来，名札佳作，广为流传。

古今书信中的杰作佳篇不胜枚举。如司马迁的《报任安书》；王安石的《答司马谏议书》；宗臣的《报刘一丈书》；林觉民的《与妻书》等等。曹操的《与孙权书》是一篇只有30字的短信。这封短信见于《三国志·吴书·孙权传》注引《江表传》：

> 近者奉辞伐罪，旌麾南指，刘琮束手。今治水军八十万众，方与将军会猎于吴。

短短的两句话，包含了丰富的历史内容。这封信的书写时间是在著名的赤壁之战的前夜——汉献帝建安十三年（208），它实际上是一篇以书信为形式的宣战书。建安五年，曹操在官渡大战中击败了北方最大的士族豪强袁绍，接着北征乌桓，统一了北部中国。建安十三年年初，他又南征荆州，荆州刺史刘表病死，其子刘琮不战而降。曹军兵不血刃，轻易地得到了荆楚之地。于是饮马长江，积极操练水军，准备顺江而下，进而消灭东吴。这封短信，生动地展现了这一特定的历史背景。它犹如一幅画卷，以极简练的构图，使人们产生对金戈铁马千里驰骋、艨艟战舰樯帆如云的战争场面的联想。在修辞上，这封短信明白如话，一气呵成，看上去似乎毫不经意，但细加推敲，则缜密严正，几乎不容增减一字，体现了曹操"清峻通脱""简约严明"的文风。

书信这种人们用于交流的应用文体源远流长。最早的书信究竟始于什么时候，历来有许多说法。根据《文心雕龙·书记》篇提供的线索，真正可称为书信的资料，最早见于《左传》，主要是春秋时期各国官员之间谈公务的函件。其中第一篇真正的书信，是郑文公十七年（前656）的《郑子产与赵宣子书》。这封信以充分的事实说明郑国并未对晋国三心二意，不该受到怀疑与歧视。信中词义软中有硬，既委曲求全，又理直气壮。可谓办交涉的杰作，而交涉的效果也是很好的。信中所用的"畏首畏尾""铤而走险"等语，作为成语，今天仍被使用。从《左传》中所保留的《郑子产与赵宣子书》《郑子产与范宣子书》等资料看，先秦时期，我们祖先的书信艺术已达到很高的水平。《左传》是一部历史著作，今天已然不能看到书信的原件了。而幸运的是，1975年12月在湖北江陵云梦县睡虎地4号秦墓中出土的两片写在木牍上的家书，使我们看到了古代书信的原迹。这大概是中国发现的最早的书信了。其中一片长23.1厘米，正合秦制一尺。木牍的正反两面均有毛笔墨书文字，字迹清晰可辨，字体为秦隶，内容是两位前

云梦木牍

方的战士——从军淮阳的"黑夫"和"惊"兄弟二人写信到家乡安陆（今湖北云梦地区），向母亲要布和钱做夏衣。据考，这两封家信邮寄的时间是秦始皇二十四年（前223）。从淮阳前线到后方的家乡安陆，距离大约300公里。两封战地家信，在邮驿并不发达，且在战争中送递到惊和黑夫兄弟的手中，实属不易。信中惊最挂念的是新婚的妻子。黑夫则最惦念自己的母亲，他一再嘱咐哥哥衷要照顾好母亲。家书言语不多，但溢满思念亲人之情。可以想象母亲及亲人收到黑夫和惊的来书会有多么高兴。这两则远古书简展出于博物馆，让人神思飞越千载。

两汉魏晋时期，已产生了不少以书信形式擅名的散文，如司马迁《报任安书》、东方朔《难公孙弘书》、扬雄《答刘歆书》、嵇康《与山巨源绝交书》等，均可谓千古绝唱。足见书信之艺术性绝不低于其他文学体裁，甚至可以超越。

而此时的书法艺术也进入了独立存在的成熟阶段。这些书信，从书法艺术角度看，由于书写时无拘无束，笔触往往流露真情实感，意趣盎然，飞笔走墨潇洒自如，极见书者笔墨功力。据有关文献记载，我国流传至今的历代名家法书，很多都是书信。最具盛名的名人书信乃晋陆机之《平复帖》。陆机（261—303），字士衡，吴郡人。东吴名将陆逊之孙，吴亡入晋，是西晋太康时期的著名文学家，诗、赋、文论均有成就。陆氏的《平复帖》草书9行84字，内容为问候朋友的病情。此帖无款，宋人定为陆机所书，是我国最早的传世法书墨迹。帖上有宋徽宗书签并钤"宣和"玺印，卷后有董其昌跋语。此帖先是在清朝被收入宫中，清同治间，转归恭亲王所有。民国时期，为溥伟收藏。抗战时期，经傅增湘介绍，张伯驹以4万大洋购藏。因《平复帖》有着传奇身世，为稀世之宝，可谓价值连城。1956年，张与妻潘素将包括《平复帖》在内的8件精品，无偿捐给了国家，现藏于故宫博物院。《平复帖》以外，著名的还有东晋王羲之写给亲友的信，如《快雪时晴帖》《姨母帖》《平安帖》《贺汝帖》《奉橘帖》等。现存于台湾双溪"故宫博物院"中的《快雪时晴帖》被誉为"天下第一法书"。它纵23.6厘米，横16.4厘米，纸本，上有王羲之行草墨迹13行："羲之顿首。快雪时晴，佳想安善。未果为结，力不次。王羲之顿首。"实际上《快雪时晴帖》并非真迹，这是一件唐人的钩填本（用薄油纸蒙于原作上，勾描后填墨，又称"向拓"或"廓填本"），由于流传下来的这件钩填本摹艺极佳，保持了原作的风韵神态，故千年以来一直为藏家所重。《快雪时晴帖》和《中秋帖》《伯远帖》并称"三希墨宝"。《中秋帖》是王羲之之子王献之的手迹。帖纵27厘米，横11.9厘米，纸本。帖上行书3行，计22字："中秋不复不得相还为即甚省如何然胜人何庆等大军"。此帖字多连属，最多有六字相连，笔画浓重浑厚，笔势流动，情绪充沛。米芾曾称之为"天下子敬第一帖"。《中秋帖》也不是王献之的真迹，一说是唐人钩填，还有人说是宋代米芾所临。《伯远帖》是王献之堂兄王珣所书，是"三希墨宝"中唯一的真迹。它纵25.1厘米，横17.2厘米，47字，纸本。此帖行笔序列粲然可辨，书法遒逸典雅，结体娟秀俊俏，行笔流畅稳健，灵活自然，笔断意连，顾盼生态。其上行书五行："珣顿首顿首。伯远胜业情期，群从之宝。自以羸患，志在优游。始获此出，意不克申。

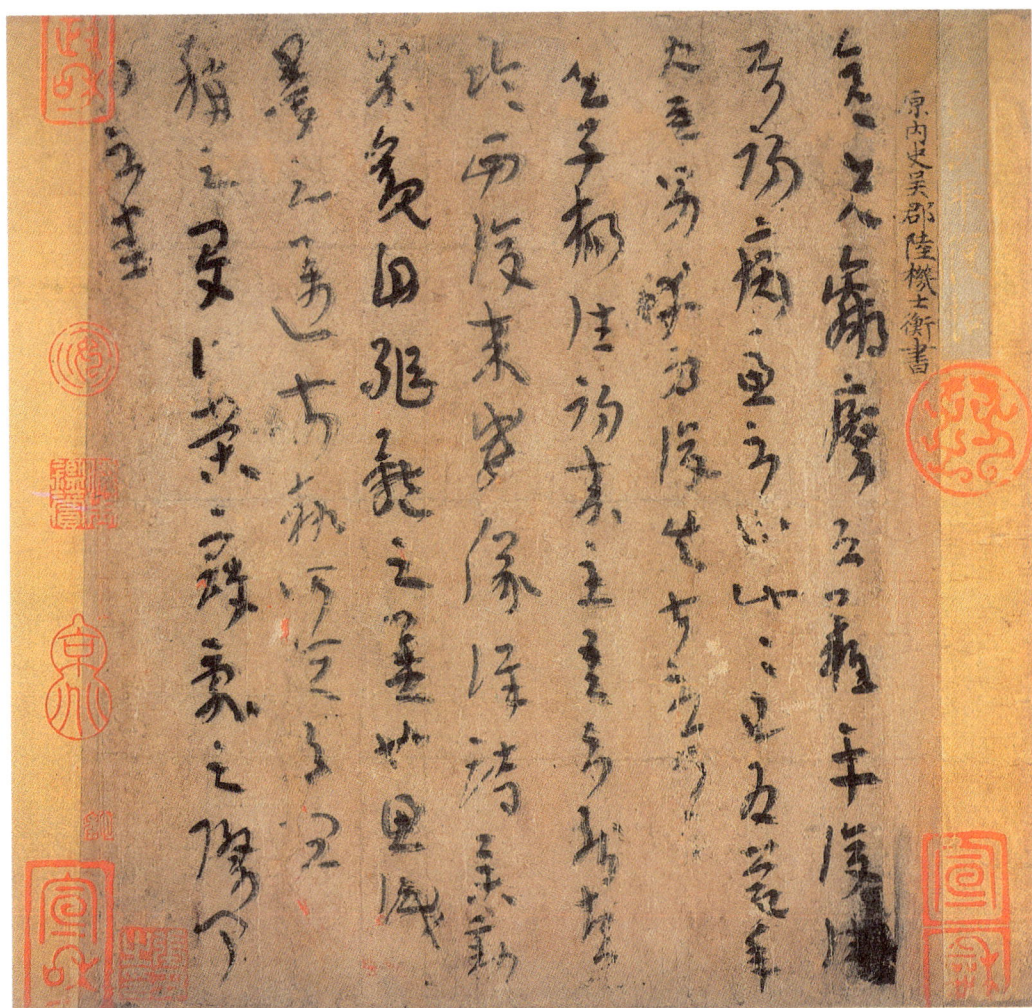

陆机《平复帖》

只秘府所儲名賢墨妙靡不遍加品題乎卒成寶
剞冠以三希何乃快雪之前獨遺平原此帖顧愚
意揣之不難索解觀成邸手記明言為壽康愚
陳列之品宮在乾隆時為聖母憲皇后所居緣
其地屬東朝未敢指名宣索泪成邸中皇孫拜賜
又為道念所須決進無復進之理故藏內禁者數十
年而不復上邀宸賞物之顯晦其点有數存耶余
與心盦王孫昆季締交垂二十年花晨月夕觴詠
盤桓邸中所藏名書古畫如韓幹照夜馬圖懷素
書苦筍帖魯公書告身溫日觀蒲桃號為名品
咸得寓目獨此帖秘惜未以相示丁丑歲暮鄉人
白堅甫來言心盦新遘此帖將待
價而沽余深思絕代奇蹟倉卒之間所記非人或

旨趣不意垂老之年忽觀此神明之品歡喜贊
歎心懌神怡串載以來閴置危城沈憂煩對之
懷為之澳釋伯駒家世儒素雅擅清裁大隱王城之
古懽獨契宋元劇蹟精鑑靡道卜居城西與余衡
宇相授頻歲過從賞奇析異其為樂無極今者鴻
寶來投蔚然為法書之弇冕墨緣清福殆非偶
然從此牙籤錦裹什襲珍藏且祝在：處：有神
物護持永離水火蟲魚之厄使昔賢精魄長存
於尺幅之中與壽寧非幸歟
歲在戊寅正月下澣江安傅增湘識

翁文恭日記辛巳十月初十於蘭翁處得見陸平原平復帖
此帖本末沅井同年之説言之詳矣顧尚有軼聞可補者

傅增湘为《平复帖》所作的跋

张伯驹、潘素夫妇1979年在中国文学艺术工作者第四次代表大会纪念封上的签名。16cm×9.5cm

分别如昨，永为畴古。远隔岭峤，不相瞻临。"《快雪时晴帖》和《中秋帖》《伯远帖》并称"三希墨宝"，是乾隆帝珍爱之物。为此，乾隆帝把养心殿前自己日常起居的西暖阁隔出两间屋子，然后精装后，称为"三希堂"，专藏这三件书法珍品。

这三件稀世墨宝，历经乾、嘉、道、咸、同、光六朝之后，到了清末的宣统年间，伴随着清政府的覆灭，"三希"宝帖也流出了皇宫，天各一方。除《快雪时晴帖》辗转到达了台湾，《中秋》《伯远》两帖直至新中国成立，才由中国政府从香港购回大陆，现藏于北京故宫博物院。

　　前边所说王羲之《快雪时晴帖》系唐人钩填，而与其同时期的李柏的书信，则是现存的东晋时代人书写的真迹。这封信书于公元328年前后，当时西域太守李柏受命攻打高昌。高昌附近有一个小国，为打探敌情，李柏派人将一封信送给国王，并留下了底稿。后来，日本大谷探险队在楼兰发现了它。底稿由首尾两页和39块残片组成。当时李柏攻打赵贞失败，此事见于《晋书》的《张骏传》："西域长史李柏请击叛将赵贞，为贞所败。"此信虽说出自戍边的武将之手，但它是东晋时期行书的真迹，不仅史料价值极高，而且在书法史上也是难得的珍品。唐代名人书信真迹、摹本或石刻拓本流传至今的数量比较丰富，颜真卿的《争座位帖》、长沙僧人怀素的《食鱼帖》，均为传世名翰，后者还曾于嘉德拍卖，轰动藏界。还有唐朝李朝威的《柳毅传书》不仅被编成戏剧，还发行了邮票和小本票。宋元传世书信墨迹较少，名家尺牍更少。宋代富弼的《儿子帖》，原为上海著名收藏家张文魁所藏。1995年10月，他的后人拿出

三希堂

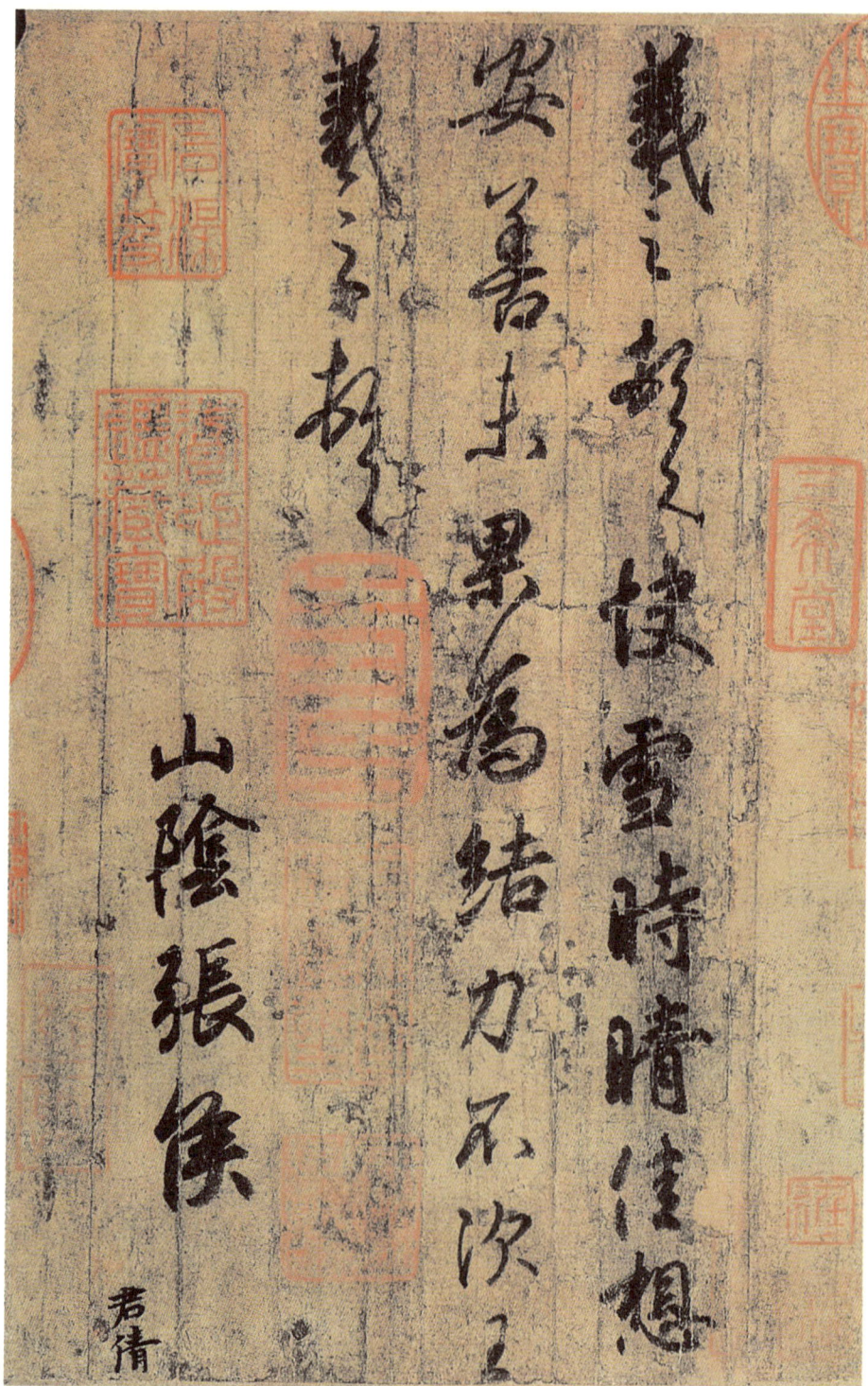

王羲之《快雪时晴帖》

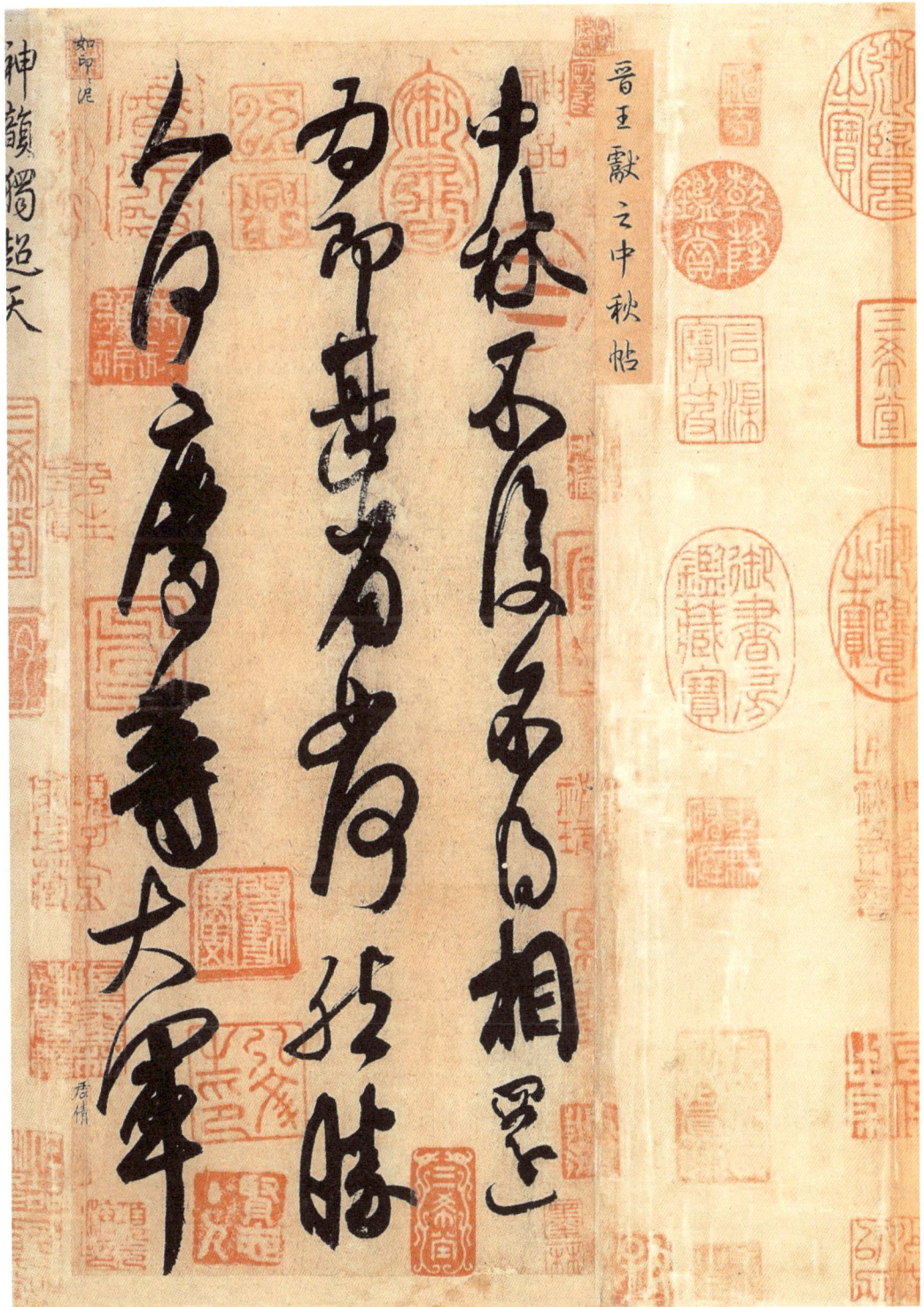

王献之《中秋帖》

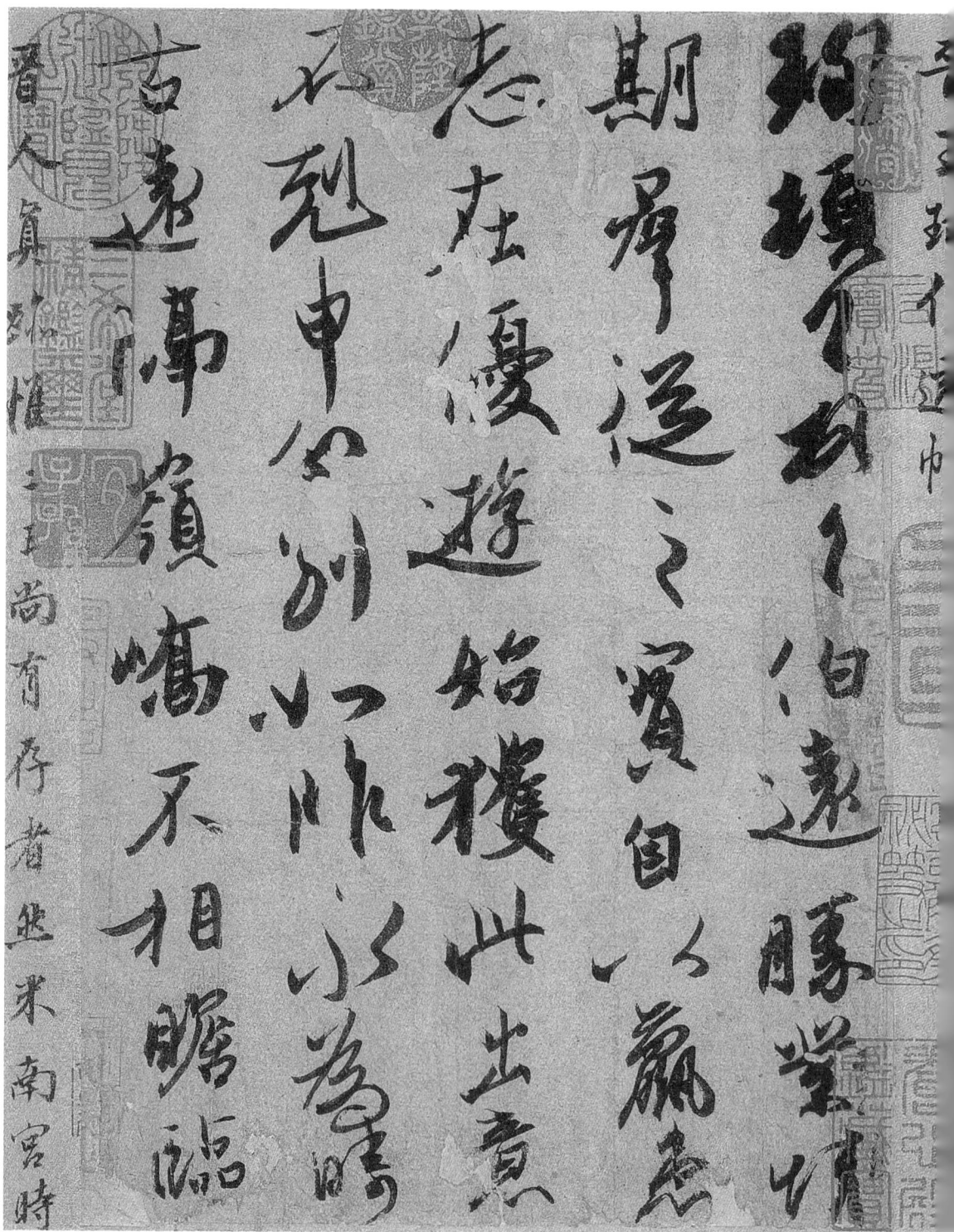

王珣《伯远帖》

2004-14《民间传说——柳毅传书》特种邮票首日封

来到纽约拍卖，成交价达123500美元，买家后来拿到北京再拍卖，北京故宫博物院以170余万元人民币的高价拍得收藏。而书信小品最发达的时期是明末清初，近年出现在拍场的就有顾炎武、文徵明的信札。

近代书信佳作很多，领袖人物、志士先烈、文坛巨匠、名家耆宿，多有传世书信杰作或书信体文章佳篇问世。或抒怀，或评议，或探究，或酬答，信笔拈来，妙趣横生，可谓字字珠玑。

第三讲

书信寄递的演变和发展

　　谈到书信，还要说说它的寄递发展过程。最早百姓家有人出门，与家人之间相通音讯，修了书，若没有顺便捎带，就必须派专人递送。出现了"驿"后，还只是为官家服务，没有为私人传递书信的业务。正如唐代诗人杜甫在《春望》诗中所描绘的："烽火连三月，家书抵万金"，把在战乱年代偶然得到的一封家书，看得比万金还宝贵。一些文人学士通信尚且如此困难，一般老百姓之间的通信之难可想而知。"驿"，置骑也，传舍也。也就是在道路上设一馆舍，备些人马，为的是传递公务与军务文书。马还只是为急件服务的，一般的事还不能用马来递，即所谓马递曰置，步递曰邮。中国最早出现的驿站是在秦汉时期。秦始皇统一中国后，在全国修筑驰道，"车同轨""书同文"，促进了邮驿通信的发展。到了汉代，邮驿制已逐步奠定。那时陆路交通发达，全国已有完善的邮驿制度，设有邮、驿、传、亭，分别备有专人、马匹及车辆传递书信，并为来往人员提供住宿。汉武帝时，丝绸之路沿途修筑驿道，设置邮亭，已具相当规模。但是，邮驿仅为国家政权服务，平民对此是无缘的。所以，民间通信仍然十分艰难。汉代乐府有一首民歌："悲歌可以当泣，远望可以当归。"流露出无可奈何的心情。孟姜女哭长城，当是民间传说，但千里迢迢给夫送寒衣则可确信，至少是依据生活中的原型加以创作的。唐代民歌《捣练子》唱道："孟姜女，杞梁妻，一去燕山更不归。造得寒衣无人送，不免自家送征衣。"可见，给家人寄一封信，给亲人邮一件衣，在当时都是不可能实现的。

邮驿的产生，最初是为了适应战争的需要，调兵遣将、屯兵、传递情报，等等。《三国志·魏书·乌丸鲜卑东夷传》裴松之注引《魏略·西戎传》说大秦国事："邮驿亭置如中国。从安息绕海北到其国，人民相属，十里一亭，三十里一置。"从整体上讲，邮驿是随着军事活动的范围扩大而不断发展起来的。如四川广元市北朝天驿，古称筹笔驿，三国时诸葛亮出兵伐魏，这里是他的一个重要兵站。"邮"字的繁体字左为"垂"，右为邑。《集韵》释"邮"字"一曰田间舍"。古时邮驿、邮站多设在都邑之间的边陲交界之地。作为国家行政管理手段之一的邮驿，随着政治、经济和文化的发展，不断发展和完善起来。功能也开始多样化，中央政府的政令下达，官吏的调动，都离不开邮驿的传递。春秋时代的孔子，为比喻自己的道德学说传播得快速普遍，说："德之流行，速于置邮而传命。"可见在孔子时代，邮驿在传递邮件、信息方面的功能已充分得到发挥了。唐代的邮驿通信组织和速度更是达到了登峰造极的程度。公元755年（唐玄宗天宝十四年），安禄山在范阳（今北京一带）起兵反唐，时唐玄宗正在华清池，离范阳好几千里路，可是很快就接到了消息。

这张极限明信片中的《驿使图》，选自甘肃省嘉峪关魏晋墓五号墓的一幅彩绘驿使图，客观地记录了当时这一地区的邮驿情形。同时，这幅画也是中国早期邮驿历史真实而又形象的记录，对中国邮政史的研究具有重大的认识意义和学术研究价值

《中国邮驿史料及邮票展览》纪念戳图案选自甘肃嘉峪关市魏晋时期（220—419）墓出土的驿使画像砖。驿使手举简牍文书，飞马传递。（上：宽10cm×高17.7cm，下：宽18cm×高10cm）

虽然唐代的邮驿通信很普及，但是因地理环境所限，北方的邮驿要比南方偏远地区发达。这在唐代诗人杜甫的《秋兴八首》中有的反映："直北关山金鼓震，征西车马羽书驰。"关山古称陇山，是历史上有名的难越之山。关山位于甘肃省天水市张家川回族自治县境，是古丝绸之路上扼陕甘交通的要道。唐代著名的边塞诗人高适的《燕歌行》有"校尉羽书飞瀚海"的诗句。"瀚海"，是唐代人对戈壁大沙漠的别称。足见邮驿通信已发展到西北边陲。盛唐时期著名边塞诗人，后人誉为"七绝圣手"的王昌龄在他的《寄穆侍御出幽州》一诗中，描述了当时邮驿的发达："一从恩谴度潇湘，塞北江南万里长。莫道蓟门书信少，雁飞犹得到衡阳。"据童新远先生的《邮电史话》，唐朝的邮驿，分陆驿、水驿和水陆兼办三种，共有1600多处，其中水驿260多处，水陆兼办的也有80多处。邮驿的行程也有明文规定，如陆驿规定马每天跑70里，驴跑50里，车行30里。各级官吏使用车马多少，也有一定限制。不按规定办事的要受到处分。遇有紧急情况，驿马一天能跑300里以上。诗人岑参在《初过陇山途中呈宇文判官》诗中，描绘邮驿速度道："一驿过一驿，驿骑如星流；平明发咸阳，暮及陇山头。"综前所述，唐代的邮驿组织已相当完善，速度已达登峰造极，前文所举安禄山在范阳起兵反叛，而唐明皇在离范阳有几千里之外的华清宫（今陕西临潼县境），竟很快就得知了消息。唐朝邮驿速度可见一斑。

自邮驿产生二千多年来，尽管在边防和经济、文化的传播、交流诸方面，起到了巨大的作用，但因为同时邮驿又是统治阶级的御用工具，给劳苦大众增添了沉重的负担。例如，唐明皇为了让他的宠妃杨贵妃吃到新鲜荔枝，就为她从长安到四川涪陵专设了一路邮驿，昼夜飞驰，运输新鲜荔枝。唐朝诗人杜牧《过华清宫三绝句》写道："长安回望绣成堆，山顶千门次第开。一骑红尘妃子笑，无人知是荔枝来。"就这个故事，宋代诗人苏轼曾作《荔枝叹》讥讽唐玄宗的行为："十里一置飞尘灰，五里一堠兵火催。颠坑仆谷相枕藉，知是荔枝龙眼来。飞车跨山鹘横海，风枝露叶如新采。宫中美人一破颜，惊尘溅血流千载。"

关于驿站给人民大众带来的痛苦，童新远先生在他的《邮电史话》中还讲了一个清康熙年间，贵州巡抚佟凤彩上书皇帝，诉说贵州驿站的痛苦情况。他说，天下最苦最累的莫过于驿站，而驿站最险最远的又莫过于贵州。夫抬一站，势必足破肩穿，马走一站也必蹄瘸脊烂。甚至苗民被逼得不能种地织布，死的死，逃的逃，流离失所一天比一天多。其实，历史上各个朝代的邮驿通信都普遍有这种现象。尽管邮驿是专门

中华全国集邮联合会第三次代表大会（小型张）发行日期为1990年11月28日，邮票图案为姑苏驿，边纸图案为古代铜器上的鱼形铭文，用的是"鱼传尺素"的说法来象征邮政通信

为官府服务的，因生产的发展和生活的需要，出外经商、做工及出征的战士都需要与亲友通信，于是民间传递业务应时而起。唐代在长安与洛阳之间已经出现专为民间商人传递的"驿驴"。当时还有一种叫作"飞钱"的方法，就是各地商人把在长安贩卖货物所得的钱，存入各地方官府驻长安的机构，再凭收据到各地方的官府如数取钱。但这只限于内陆地区，像广东、广西、福建、湖南等部分地区，基本处于邮路不通的状态。柳宗元贬官柳州时，在其诗中反映了当时的状况："岭树重遮千里目，江流曲似九回肠。共来百越文身地，犹自音书滞一乡。"这是柳宗元给他四位政治盟友写的诗，柳宗元和韩泰、韩晔、陈谏、刘禹锡等人因参加王叔文领导的政治改革而遭到贬谪。柳宗元任柳州刺史，其他四人分别任漳（今福建漳州市一带）、汀（今福建长汀县一带）、封（今广东省封开县一带）、连（今广东连州市一带）四州刺史。最后两句的意思是，我们虽然一同被贬到五岭以南有文身风俗的少数民族地区，但仍各处一方，音信难通。

邮驿在唐代的南方最远处是湖南衡阳。这从唐代诗人王昌龄的诗中找到了证据："莫道蓟门书信少，雁飞犹得到衡阳"。宋代秦观在其《阮郎归》一词中说得更直接明了："衡阳犹有雁传书，郴阳和雁无。"民间亦有传说，衡阳有回雁塔，北雁飞到这里，不再南飞。可见，唐宋时期以衡阳为界，过了衡阳邮路就不通了。

唐代经历"安史之乱"，不仅唐王朝政治、经济、文化受到打击，邮驿通信也受到了一定的破坏。在唐代诗人杜甫著名的《春望》一诗里说："烽火连三月，家书抵万金。"此诗作于安禄山叛乱的第三年（757），作者当时陷在乱军占据的长安，连三月指从去年三月到今年三月。由于道路不畅，一封家书有时要几个月甚至一年才能收到，因此唐代诗词中有不少诗是写收到亲人的信而放声痛哭的。李白的《寄远之十》有"开缄泪相续，泪尽恨转深"；杜甫的《登岳阳楼》有"亲朋无一字……凭轩涕泗流"。韦应物的《寄别李儋》中有"忽托别离札，涕泪一交流"。在《寄诸弟》诗中，韦应物因七个月后才收到了弟弟的一封回信，激动之余写下了"还信忽从天上落，惟知彼此泪千行"之句。

随着历代统治阶级不断对邮驿的发展和依赖，邮驿的功能亦有了扩大。曾在元朝做官的意大利人马可·波罗，在其《游记》中曾对元时的邮驿有所描述：每个驿站都有宏大华丽的房屋，内备床铺、被褥，皆以绸缎制成，住宿时所需物品，无不俱全，专为钦使来往休息之用。俨然，相当于现在的公办招待所。除了马可·波罗的记述，文人墨客在他们的诗中，也有一些生动、鲜活的描绘，晚唐诗人温庭筠《商山早行》："晨起动征铎，客行悲故乡。鸡声茅店月，人迹板桥霜。槲叶落山路，枳花明驿墙。因思杜陵梦，凫雁满回塘。"征铎，指催促出发的驿站铃声。南宋爱国诗人陆游更是留下一首脍炙人口的《卜算子·咏梅》："驿外断桥边，寂寞开无主。已是黄昏独自愁，更著风和雨。"看是咏梅，实则抒怀。温庭筠和陆游能把驿站早行的场景描绘出来，是因为古代诗人大多有官吏的身份，能享受住驿馆的待遇。毛奇龄《南柯子》："驿馆吹芦叶，都亭舞柘枝。相逢风雪满淮西，记得去时残烛照征衣。曲水东流浅，盘山北望迷。长安书远寄来稀，又是一年秋色到天涯。"触景生情，情景交融。这里的驿馆是通称，驿指设在主要交通干线上的驿站，馆则指设在次要交通线上的驿站。唐代诗人皇甫松是浙江人，在北方做官，曾有《梦江南》一词："兰烬落，屏上暗红蕉。闲梦江南梅熟日，夜船吹笛雨潇潇，人语驿边桥。"作者大概有此亲身经历，若不然不会有此真切的意境。同时，读是诗亦可知，江南已有许多水驿了。

正是因为这些有官吏身份的文人墨客在驿馆的停留住宿，饭后酒兴之余题诗于驿馆壁上，前人题后人和，竟然形成了驿壁诗文化。历代诗人途经驿馆在驿馆壁上留下很多诗句。唐代诗人杜甫在《秋日夔府咏怀奉寄郑监李宾客一百韵》中有："东郡时题壁，南湖日扣舷。远游凌绝境，佳句染华笺。"唐代田园诗人孟浩然《秋登张明府海亭诗》有"染翰聊题壁，倾壶一解颜"句。而因旅途劳顿，远离家乡和亲人，故驿壁诗中表现最多的是对行旅艰辛的感慨和对家乡亲人的思念。如王勃的《普安建阴题壁》："江汉深无极，梁岷不可攀。山川云雾里，游子几时还。"陆游的《书驿壁》："猿叫铺前雪欲作，鬼门关头路正恶。泥深三尺马蹄弱，霜厚一寸客衣薄。朝行过栈暮渡筏，夜投破驿火煜爝。人生但要无愧怍，万里窜身元不错。"驿壁诗中常常会有诗人再次途经驿馆重见旧题或见到友人题诗而即兴的和诗。北宋著名现实主义诗人梅尧臣即有"到日寻题墨，犹应旧壁留"，元朝诗人方回则有"寻觅旧题壁，脱落迷榛菅"，北宋苏门四学士之一的张耒则留下"旧游零落今何在，尘壁苍茫字半存"的诗句。而驿壁诗中更多的是友人间互和或前人题诗后辈唱和的诗。杜甫的《岳麓山道林二寺行》诗是看到了驿壁上宋之问题诗有感而发的："宋公放逐曾题壁，物色分留与老夫。"而宋之问在端州驿看到杜审言、沈佺期、阎朝隐、王无竞题壁亦赋诗留壁："云摇雨散各翻飞，海阔天长音信稀。处处山川同瘴疠，自怜能得几人归。"白居易被贬江州途中见到好友元稹题诗，当即写下《蓝桥驿见元九诗》："蓝

桥春雪君归口，秦岭秋风我去时。每到驿亭先下马，循墙绕柱觅君诗。"在武关，读到元稹所作的《山石榴花》诗，题壁："往来同路不同时，前后相思两不知。行过关门三四里，榴花不见见君诗。"不久，元稹再次经过驿馆见白居易的题留，写下《见乐天诗》："通州到日日平西，江馆无人虎印泥。忽向破檐残漏处，见君诗在柱心题。"驿壁诗作为一种诗作发表方式，得以广泛流传。宋代诗人孔平仲《孔氏谈苑》中对历代驿馆题诗评价说："观人题壁，便可知其文章。"清人王士稹题壁，从来不留底稿，而"诸同人见之者"，往往"诵之"，说明驿壁诗中的优秀作品可以不胫而走，广泛流传的情形。驿壁诗虽然诗的内容并未涉及邮驿，但因其真实记录了诗人驿途生活和情感，而成为古代诗中的一朵奇葩。

宋代的邮驿制度基本沿用唐制。因不断战争，国土流失，较唐代有所衰落。宋代词人秦观在《如梦令》一词中对驿馆的状况进行了生动的描述："遥夜沉沉如水，风紧驿亭深闭。梦破鼠窥灯，霜送晓寒侵被。无寐，无寐，门外马嘶人起。"睡梦方醒，看见老鼠爬上灯台偷油吃，薄薄的棉被抵御不住寒霜，此情此景，叫人如何睡得着。当时正处在金兵南侵的战乱年代，国家危在旦夕，统治者自然无力去经营曾经兴盛的驿站了。宋代的代表诗人苏轼和陆游在他们的诗词中，对邮驿多有描述。苏轼有《和何长官六言次韵》诗："石渠何须反顾，水驿幸足兼容，长江大欲见庇，探支八月凉风。"陆游的咏邮驿诗数量较多，如《客怀》《感昔》《思蜀》《题驿壁》《纵游》《梦题驿壁》《书驿壁》等，他在《题江陵村店壁》中对驿行之艰辛做出了如下描述："青旆三家市，黄茆十里冈。蓬飞风浩浩，尘起日茫茫。驰骋多从兽，锄耰少破荒。行人相指似，此路走襄阳。"

元朝时期，由于军事活动范围的扩大，邮驿事业有了更大的发展和完善。那时仅在中国境内，就设有驿站1496处。元朝将驿馆音译为"站赤"，所以后来通称邮驿为驿站。意大利人马可·波罗在他所著《马可·波罗行纪》这部书里，提到元朝每25里必设一处驿站。这样的驿站，足有一万多处，驿马共有30万匹。可以想见，元朝驿站规模之大。

据童新远先生的《邮电史话》，元朝的邮驿制度沿袭宋朝的做法，在各州县广泛设置"急递铺"。这种"急递铺"是专门传递官府的紧急公文的，有点像现在的军邮，全国估计约有两万处。每铺有几个铺丁，日夜不停地递送文件。这些铺丁腰里挂着个铃铛，手里拿着枪，夜间还要拿着火把。他们走到路狭地方，就用力振铃，叫路上车马行人让路。在快到下一个"急递铺"时，就在很远的地方振铃，下铺一闻铃声，即做好准备，接递文书，继续前进。这样一铺接一铺不停地传递，一昼夜按规定要走400里。前文言及古代诗人题写在驿站馆舍墙壁上的诗，多为见景生情或把诗写得凄清哀怨，或苍凉孤独，或雄浑壮阔。但许多驿壁诗中或多或少地记录了他们在驿路上的感受和驿道上的繁忙情形。《秋日赴阙题潼关驿楼》是唐代诗人许浑的作品。潼关驿是通往当时唐都长安的要道。许浑赴长安途中在潼关驿住宿，写下了他在驿途中的所见和内心感受。元代是古代邮驿发达时期，元代文学家许有壬在他的《竹枝十首和继学》第八首中有："使者南来马似龙，一驰三百未高春，却笑牛车鸣大铎，道途狭处莫相逢。"更是记录下元代驿道的繁忙景象。元代诗人马祖常的《湖水驿中偶成》描述了商业兴旺繁荣的景象。他写道："江田稻花露始零，浦中莲子青复青。楚船祠龙来买酒，十幅蒲帆上洞庭。罗衣熏香钱满篚，身是扬州贩盐客。明年载米入长安，妻封县君身有官。"

　　明清的驿传制度，大体沿袭元代，直至晚清开办邮政，才取代了古代的驿站。

　　中国古代的邮驿并不承担私人信件的寄递，进入明代中叶以来，由于商品经济的发展，对通信的要求更加迫切，因而出现了民营信局。到了清朝末年，民信局在数量上已达到数千家，成为与邮驿平行的通信机构。许多官方邮政完不成的寄递任务，民信局都能承担。民信局在传递信件、包裹、金钱时还十分注意让主顾有一种安全感和信任感。如在水上运输信件时，总是用油纸把信件包好，信袋紧紧绑在桨桩上，即使木船失事，打捞上的信件也不会损坏。在运送金银时，如因民信局的过失丧失，则由民信局全部赔偿。筹办邮政是光绪年间才开始的。光绪四年（1878）在北京等处海关附设送信局，并发行了我国第一套邮票——大龙邮票。

　　谈到这枚大龙邮票，还要提及英国人赫德和德国人德璀琳。1876年，清政府同英国签订《烟台条约》，同意英国人开办中国邮政。1878年，李鸿章再次向清政府提议在北京、天津、烟台、牛庄、上海五处开设送信官局，交赫德办理。于是由海关的德国人德璀琳出面成立海关邮政局，随即发行了大龙邮票。大龙邮票正式发行前，就被德璀琳私自卖给外国集邮家。德璀琳的这种违反邮票发行惯例的做法，导致了这套大龙邮票的具体发行时间至今是难解之谜。

　　作为中国邮政史上的第一枚具有现代邮政意义的邮票——大龙邮票，其发行后，却难以在国境内外畅通地使用。凡是贴大龙邮票寄往境内的邮件，须经海关邮局交由民信局转寄，至于寄往境外的邮件，由于中国并非万国邮联成员，须经海关邮局交由

清光绪三十一年（1905年11月4日）清邮政第一次快信邮票。全票四联，图幅210mm×60mm。此票编号为"字931"，极少见

外国在华邮局（客邮）转寄。因此，我们在存世不多的实寄封或实寄明信片上经常可以看到大龙邮票甚至稍晚发行的蟠龙邮票与客邮或商埠邮票并行贴用的情形。这里提到的蟠龙邮票是1897年8月16日才开始发行的。这是清政府邮政局第一次发行的正式邮票，全套12枚。蟠龙邮票是在日本用石印印刷，俗称"日本石印"邮票。日本石印蟠龙邮票因图案中的英文"大清帝国邮政"误印为"帝国大清邮政"，所以发行短短几个月后，便到伦敦改用雕刻铜板重新印刷。目前，这套"日本石印蟠龙"票，已很难找到一整套，是罕见的珍邮之一。蟠龙邮票使用之前，邮政通信的邮票，是在海关邮政发行的小龙、万寿邮票和"红印花税票改作"邮票。由于大龙邮票印版的多次使用，磨损严重不能再用，于是又发行了一套小龙邮票。所谓小龙邮票，是因为它比大龙邮票稍小些。这一时期，除了大龙和小龙邮票以外，还要提到为给慈禧祝寿发行的"万寿票"。1894年，腐败的清政府为慈禧六十寿辰大肆搜刮民财，筹备"万寿盛典"。海关总税务司赫德为了讨好慈禧太后，仿效西洋通例，于1894年11月发行了一套纪念慈禧太后六十寿辰的邮票。万寿邮票是一个名叫费拉尔的人设计的。由于当时欧美集邮家对变色或变体邮票极感兴趣，他在设计这枚邮票时，为了制造变体邮票，故意将9分票全格左下角一枚倒印，因此他大赚了一笔。

　　大清邮政总局是光绪二十二年（1896）二月，总理衙门奏办邮政成立的，由总税务司赫德主其事。成立后，加入万国邮政公会，这是我国官办邮局的开始。但这邮政总局还是隶属于外国人主管之海关的，直到宣统三年（1911），也就是清王朝行将灭亡的最后一年，才将邮政总局从海关分离出来，改隶于邮传部。从此官私信件才都由国家独立自主的专设机构来传递。

书信在寄递过程中，还有一个重要的环节，就是护封，也称函封，后来称之为信封。使用护封的目的，是为了不泄漏信的内容。据史书记载，我国古代的通信活动，早在商代就开始了。奴隶主为了使书信在传递的过程中不泄露秘密，就把奴隶的头剃光，在头皮上写好信，等到奴隶的头发长出来了，再把奴隶派到收信人那里。对方接到"信"后，把奴隶的头发剃光，就可以看到信的内容了，这样的信自然不需要护封的。到了秦汉时期，书信大都刻在一尺左右长的竹简、木板上。秦代《司空律》要求各县令和都官都要备有用柳木或其他软木制成的方版，供书写文书用。封发文件书信时，为了保密将竹简或木版用绳捆缚，并在绳端或交叉处加上检木，封上黏土加盖印章以防私拆。这种封缄方法在秦汉时期特别流行，假造封印的要按伪造官印治罪。从发掘出来的居延汉简来看，汉代为了公文传递的准确，在公文的封面上要写上运递地点和发寄方向，以免贻误。东汉时期，蔡伦总结前人的经验，督造出"蔡侯纸"，起初并不普及，直到魏晋南北朝时期，书信材料渐渐由牍演化为纸书木函。纸质文书封装在木函内就是"信函"。东晋时代，已有信封，是确定无疑的事。那时，有个清谈家叫殷浩，大

清蟠龙欠资邮票

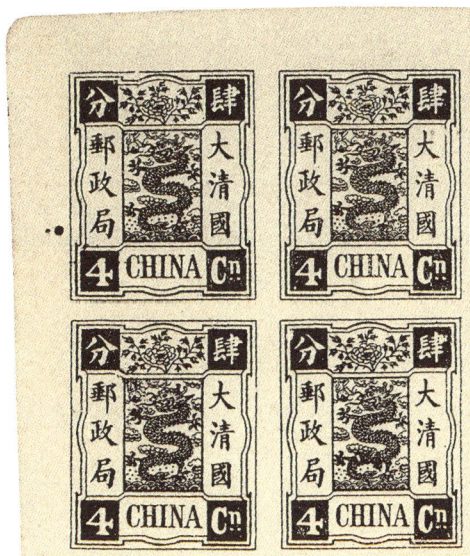

清慈禧寿辰纪念邮票样票初版母模大型
黑色无齿样票

概是为了节约纸张，喜欢用指头在空中书写，称为"空书"，他志大才疏，仕途不顺，被贬为庶民后，大将军桓温写信来，要他担任尚书令。殷浩当然十分高兴，连忙回信表示感激。他担心回信中有什么话不得体，将信封好后又抽出来看，看完了又封，封了又看，折腾了几十次，哪里想到越是谨慎越是出错，竟将一个空信封寄了出去。桓温接到信后，一看里面什么也没有，这不是"目空一切"瞧不起他吗？大为恼怒，殷浩的升官梦就因一个空信封破灭了。《宋书》载，皇帝刘裕发诏书给杜坦，诏书封装在函中，杜坦之子杜琬利用方便条件曾私自将函开启偷阅，被刘裕发现，严加诘责。这时书信函封已经相当普遍。我国使用纸质信封，据史书记载最迟在唐代已经开始了。北宋王谠编撰的《唐语林》中记载：唐代中兴名将郭子仪虽然官高厚禄，却生性节俭，每次收到书信后，都要把用过的纸信封改制后继续使用。

中国使用不用信封的信，可追溯到公元1874年，上海工部

中国邮政开办一百周年1896—1996（小型张）

局书信馆发行了一种可供书写通信内容而不用信封套寄、并印有邮票图的硬卡片。这是在中国境内使用最早的邮资明信片。这种邮资明信片，邮票图面值1分银。1897年2月20日（光绪二十三年一月十九日），大清政府邮政正式开办，为完备邮政业务，大清邮政于1897年发行了清一版团龙邮资明信片（123cm×77cm），面值1分，这是中国第一枚邮资明信片。当然，采用明信的方式，是在不需要保密的情况下才会使用的。

邮资明信片的出现源于西方，它是由邮简演变而来的。西方使用纸张的历史要远远晚于中国。欧洲最早写在纸上的信，是法国的博讷公爵雷蒙写给英王亨利三世的，其年代约为公元1216年。最早的带邮资的信封是1838年新南威尔士发行的盖有压鼓封志的信封，它在悉尼地区可以作为已付邮资的信封使用，售价1便士。1840年近代邮政出现之前，欧洲人通信很少使用信封，而是直接将信纸折叠后寄出。17世纪的法国有关礼仪的史料记载，通信时使用信封封寄，是对长者表示尊敬。后来出现了不用信封的信，主要原因是欧洲早期邮政的资费，有时按所用纸张页数计算，使用信封会增加邮费，所以人们把写好的信折叠起来，在信纸的背面书写收件人的姓名、地址和有关的邮资说明，这大概就

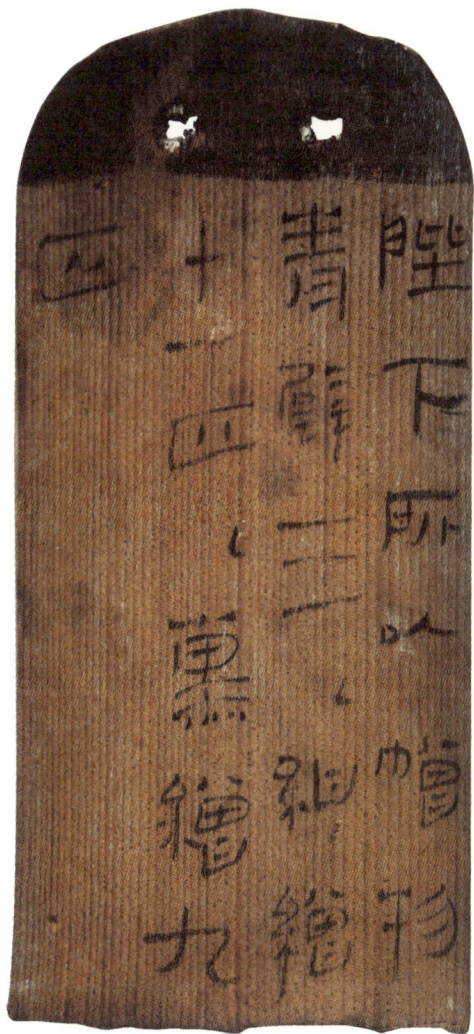

西汉"陛下赠物"楬□□长17cm，宽5cm，厚0.1cm，1993年长沙市望城坡出土，长沙市文物考古研究所藏。杉木制作。长方形，上圆下方，首部两孔用于系绳，挂于筒箧之外，说明内盛之物。"陛下"为皇帝专称，此为西汉皇帝赐予墓主西汉长沙国王后"渔阳"的随葬品清单。隶书四行"陛下所□赠物：青璧三、绀缯十一匹、薰缯九匹"十八字

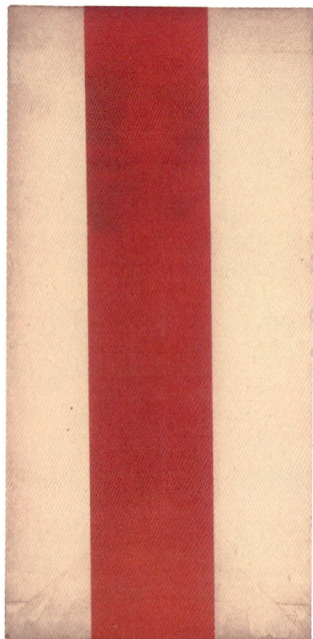

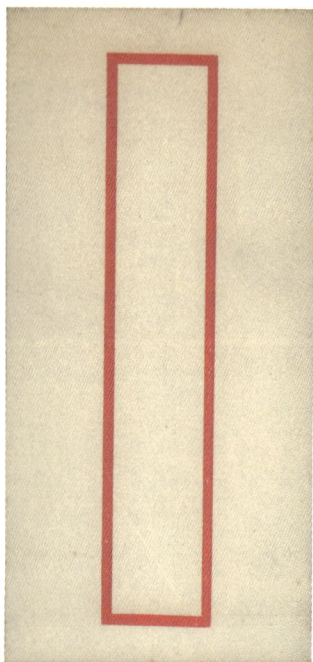

清代红条封（上：14cm
×24cm），民国红框封（下：
11cm×13cm）

是邮简的起源。因邮简不用信封，因此低于信函的邮资。中国最早的邮资邮简于1918年发行。邮资邮简的分类主要是按其发行目的或邮政用途划分，有普通邮资邮简（用于国内或地区平邮）、航空邮资邮简（包括国内、国际航空）、纪念邮资邮简、军用邮简、公务邮简、半官方邮资邮简等。按书写和折叠粘贴形式分有横式和竖式两种。美术邮资邮简是邮简的一种设计形式，在纸面上配有图画、装饰图案或摄影作品，使其艺术化。中国人民邮政于1950年开始发行邮资邮简，这种普通邮简（包括美术邮简）的邮资符志为普4型天安门图。邮简的背面印有邮政业务宣传文字，按内容可分多种。1953年，中国人民志愿军后勤卫生部发行一套军邮邮简，作为慰问品赠予志愿军。新中国成立初期，东北币尚未用人民币收兑，东北地区使用限东北贴用的邮资邮简。

邮资明信片这种通信方式，最初据说是1865年德国的一个画家最先发明的，他在一张纸片上画了一幅画，写了几句话打算寄给朋友，但却没有合适的信封来装，这时一个邮局职员建议他将收信人的姓名、地址写在背后寄出去。这件事被德国邮务总长司蒂芬知道了，就建议政府印发一种不用信封的卡片，但德政府未采纳。结果是世界上第一枚邮资明信片于1869年10月1日由奥地利邮政当局发行。德国政府见到这种通信方法很方便快捷，于是在1870年也依这个样式发行了明信片，英国也步德国后尘发行。此后，英、美、法等国也相继发行。1878年，在巴黎召开的第二届万国邮联大会上，通过了在国际通信中可以使用明信片的决定后，邮资明信片从此在全球使用。

几乎与民用明信片同时发行的还有军用明信片，

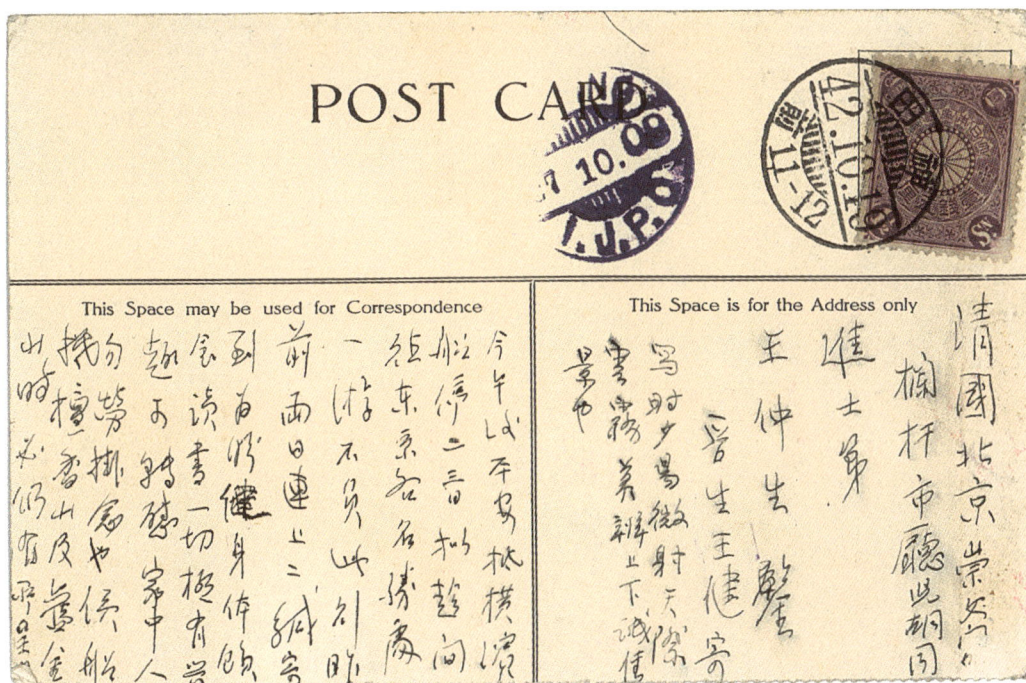

1909年（宣统元年）由日本横滨寄往中国北京的明信片(9cm×13.7cm)

莫家先生，

前幾天收到您的信，我很感謝您。最近幾個月內，我

曾經寫過好幾封信給您，希望您都收到了。今天我有一件

很重要的事情，急迫的希望得到您的幫助。

您知道我很想再回到北京去，在您和其他教授們

的指導之下多學習中文。最近印度政府要派出一個派往印度

與革使館加中文翻譯（Chinese Language Expert）對於我這真是不

絕好的機會。如果我能被選，我就可以再到北京去繼續從事

我的研究工作。所以我準備應徵。可是雖然，我至北京

讀了三年我却沒有寫過正式的論文，由未以前地也沒有從

學校方面得到任何証明文件，至今天都是很必需的。

因為沒有証明文件我沒向這些法使他們相信我的

中文知識和程度。他們是以文件作為考選的參考的。

根據考選委員會（UNION PUBLIC SERVICE COMMISSION）的公告，

廣徵考須具備三个条件，一請流利國語的能力卷

自印度邮寄中国的航空邮简（14cm×9cm）

Sender's name and address

V.V. PARANJPE,
22, HAVELOCK SQUARE,
NEW DELHI.

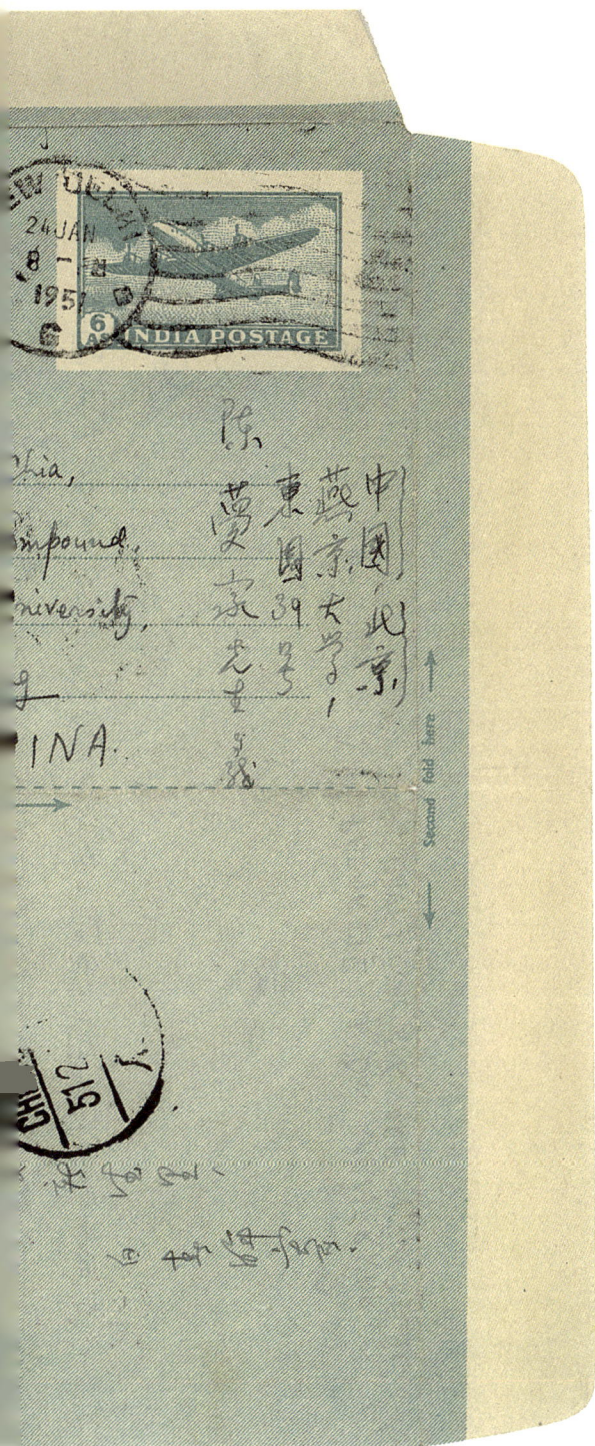

这里是指邮政部门或军事部门印制、发行，供军事单位、现役军人、战俘使用的明信片。这些明信片中，分军用邮资明信片和军用免资明信片两种。

军用明信片又称军邮明信片。是根据军事、战事用邮的需要而发行，专供现役军人使用。目前我们见到的最早的军用明信片是1870—1871年的普法战争中的普鲁士军用明信片。军用明信片的问世，比奥地利的"世界第一片"只晚1年，因此，在明信片的"家族"中，屈居第二。直至20世纪初期，发行军用明信片的只是欧洲几个军事强国和亚洲的日本，发行的目的是供作战官兵通信使用。

1900年，八国联军侵华期间，英国侵略军在中国国土上开设了20多个野战邮局的同时，还在印度的邮资明信片上加上"CEF"的字样，即"China Expeditionary Force"（中国远征军）的缩写，此片专供英国侵略军使用。加上"CEF"的邮资片有两种，一种为单片，一种为双片。在华的德国远东派遣军使用的是德国发行的军用免资明信片，明信片正面印有"Deutsche Reichspost Feldpcstkarte"（德意志帝国邮政　军用邮政明信片）两行文字。1900年，德国远东派遣军自胶州湾向天津增兵，随军邮局按派遣军编号设军邮站，

收寄德国官兵的邮件。

　　1904年，日俄战争爆发，日本首发军用明信片供作战官兵使用。是年，发行了两种明信片，一种在公务明信片加盖，另一种为专印的"军用叶书"（即军用明信片），明信片为竖式，免资符志印在左上角。1914年第一次世界大战爆发，英国、瑞典等国相继发行军用邮资明信片。现存的一战中的军邮明信片已成为集邮中的珍品。

　　中国人民邮政发行普通的邮资明信片，是从1949年开始的。这种单一的普通邮资片使用了30年。1980年代初才开始发行贺年邮资片、纪念邮资片、风光邮资片。专供解放军和中国人民志愿军使用的"军邮"明信片，共两套："人民胜利"军用明信片和赴朝慰问团的军邮明信片，它是建国初期，由华北军区政治部、中国人民赴朝慰问团印制发行的。"人民胜利纪念"明信片全套20枚，依次为：毛主席宣读中央人民政府公告；新中国升起了第一面国旗；朱总司令下达阅兵命令；朱德、聂荣臻向受阅部队敬礼等。明信片正面虽未印"军邮"字样，但从印制单位、发行目的、使用对象以及当时华北部队全部实行免费寄信制度等方面考证，军邮专家确认此套明信片为军用明信片。中国人民赴朝慰问团"军邮"，是1953年，贺龙率

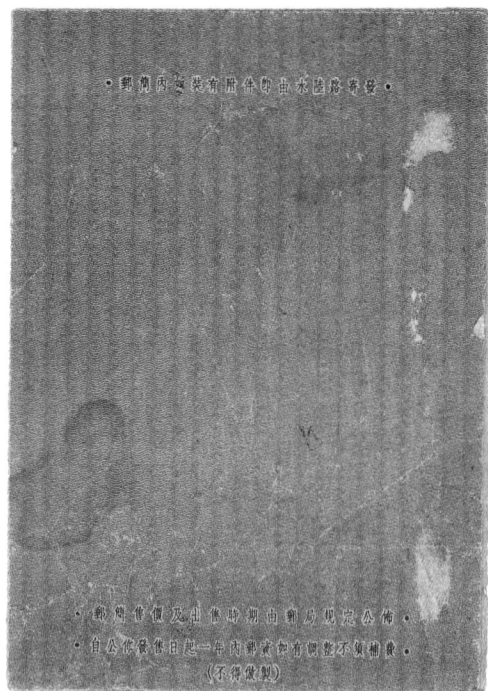

民国时期航空邮简正反面（11.5cm×15.5cm）

中国人民赴朝慰问团慰问志愿军官兵，在送给志愿军官兵每人10件慰问品中，其中1件是这套共10枚的军邮明信片。明信片正面右上角印有"军邮"字样，背面的彩图展示新中国成立初期国民经济建设成就和人民生活安定幸福的情景。这两套"军邮"明信片，可称为新中国明信片之珍，它的市场价格以及新的研究成果广为集邮者关注。

战俘明信片，是军用明信片中的一个特殊的品种。战俘明信片出现于"二战"中期和后期，专供战俘与外界通信或战俘家属与战俘通信使用。战俘使用的明信片多通过国际红十字会投递，是免资的，明信片上需注明"战俘邮件"。

由于军用明信片都是在战争中或非常时期发行的，它涉及的有关内容自然与战争或与军队有关事项关联，必须保守秘密，这样就给集邮者的收藏研究带来难度，因此，收集战时军邮邮件中的珍品极为不易，它们的价格也是非常昂贵。在中国1枚由朝鲜寄往国内的志愿军军邮残片，已

1953年中国人民赴朝慰问团赠军邮免资明信片

中英关于香港问题的联合声明正式签署纪念邮资片，发行日期为
1984年12月25日

中葡关于澳门问题的联合声明正式签署纪念邮资片，发行日期为
1987年4月13日

然价格不菲。而"人民胜利纪念"军邮片，则早已突破5万元人民币，成为新中国成立以来保存完好，从未使用的明信片中的最高标价。

若从1869年10月1日奥地利邮政当局发行的第一枚明信片算起，至今已有140多年的历史了。随着各国邮政事业的发展，明信片的选题拓宽，内容丰富。按照明信片的选题内容、发行目的、邮运方式、设计形式和承印材质等几个方面进行分类，则有：

纪念邮资片、特种邮资片、贺年邮资片、旅游风光邮资片、圣诞邮资片、附捐邮资片、军用明信片、普通邮资片、航空邮资片、专用邮资片，等等。其中专用明信片又含多种，例如我国发行的希望工程、咨询、寻医问药、回音卡等邮资片；国外则有政府机关专用、公务、包裹、地址变更、广播猜奖、职业介绍、邮政储蓄、统配商品订货专用邮资片，等等。以设计形式分类，明信片的设计形式最能引起人们的注意，可以唤起各个阶层收集者的兴趣。如美术明信片、本册式明信片、广告明信片；非纸质邮资片，如塑料压制的立体图明信片、木质明信片，等等。以明信片上的邮资效用来分，则有本埠邮资片、外埠邮资片、国际航空、加盖改值、免资、邮资已付、预销邮资片，等等。专题集邮则以邮资明信片上的图文内容做专题分类,并以专题名称称谓。如图文有舞蹈素材，则称舞蹈邮资片。按照实寄邮资片的品种分类，则有首日实寄片、挂号邮资片、欠资邮资片，盖有各种戳记或贴有邮政签条的邮资片，如贴有地方附加费签条的附加费邮资片，等等。

郵便はがき

中華人民共和国北京市王府大街九号
中国科学院考古研究所

陳夢家先生

4+1

年賀

PAR AVION
航空郵便

（160組）　お年玉くじ　445705

第四讲

书信的种类

　　书信是我们交涉事务、增进了解、交流思想、联络感情的一个重要工具。就其文体可分为正式和非正式两种；就其种类可分为私人信件、社交信件、商务信件和公务信件；就其用途可分为求职信、咨询信、感谢信、投诉信、建议信、邀请信、推荐信等。《现代汉语词典》对"书信"的释义是："按照习惯的格式把要说的话写下来给指定的对象看的东西。"其实在现实生活中，人们写信不一定是按照词典说的那样，亲友之间的书信往来是没有什么"习惯格式"的。因此广义的书信形式是极其宽泛的，上到天子的诏令、圣旨、策书，大臣的奏章、牍呈、疏谏，官吏的公牍、书札、名刺，下到百姓的日常家书、情书、感谢信、邀请信；大到两国间的外交文书、宣战书、请战书（信）、檄讨文，单位之间的协议书、备忘录、介绍信，小到私人间的问候信、庆贺信、慰问信、吊唁信、表扬信、检举信、劝诫信、绝交信、推荐信、证明信、商请信、函购信、诉讼状、申诉状、申辩状、稿约、遗书、启事、通知等等，可以说种类繁多。

　　按照书信的公开程度，还可以分为普通书信、机密信、明信片、贺年片、公开信等。

书信的种类

普通书信，是指家人、亲戚、朋友之间询问生活状况、叙谈友情、交流思想、传递信息、研究工作、讨论问题的私人信件。普通书信的种类很多，通常有家书、致亲戚的信、问候信、规劝信、邀约信，等等。

机密信，即具有秘密紧急信息的信件。我国古代，遇有特别紧急的信息需要传递，常常是在信件上粘贴鸡毛，以表明事务紧急，必须火速处理。这种信件叫作"羽檄""羽书"，俗称"鸡毛信"。"羽檄"是古时征调军队的文书，上插鸟羽表示紧急，必须速递。《汉书·高帝纪下》："吾以羽檄征天下兵。"颜师古注："檄者，以木简为书，长尺二寸，用征召也。其有急事，则加以鸟羽插之，示速疾也。""羽檄"又叫作"羽书"。虞羲《咏霍将军北伐》："羽书时断绝。"杜甫《秋兴》："直北关山金鼓振，征西车马羽书驰。"到后来有其名而无其实，沈括《梦溪笔谈》："驿传旧有三等，曰步递、马递、急脚递。急脚递最遽，日行四百里，惟军兴则用之。熙宁中，又有金字牌急脚递，如古之羽檄也。"可知此时已不真用羽毛，而且名字也已不用"羽檄"了，"羽檄"只是古时候的名字。 到了清朝，"羽檄"这个名词又大量使用了："袁简斋六十三岁乃生子。时有族弟某观察，在苏州勾当公事，接江宁方伯陶公羽檄，意颇惊骇。发之，但有红签十字曰：'令兄随园先生已得子矣。'"但是，不知这个"羽

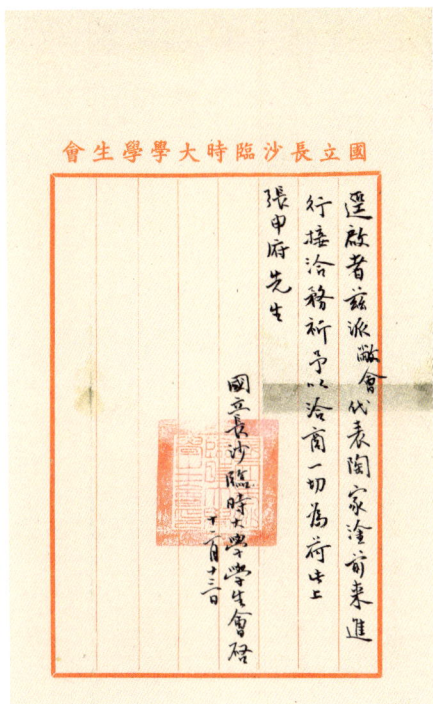

国立长沙临时大学学生会致张申府的介绍信（8cm×29cm）

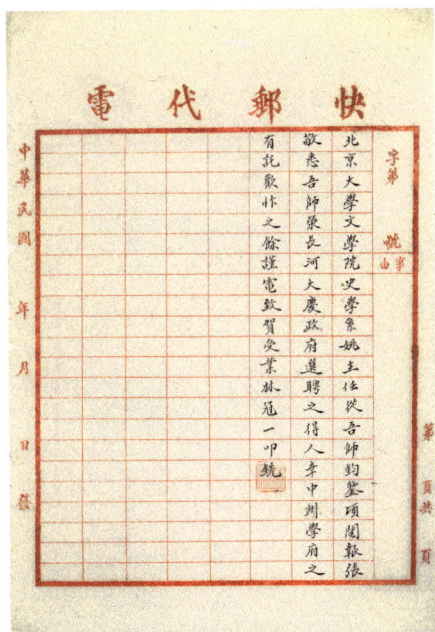

林冠一致姚从吾贺信（22cm×28.5cm）

1952年沛仁堂乐朴孙书写的说明信(28cm×21.5cm×2)

橄"插了羽毛没有。到了太平天国时期，"鸡毛信"确确实实是插了羽毛，而且就是鸡毛。清人陈其元《庸闲斋笔记》说："曾文正公硕德重望，伟烈丰功，震于一时；顾性畏鸡毛，遇有插羽之文，皆不敢手拆。辛未十月，到上海阅兵，余供张已备，从者先至，见座后有鸡毛帚，嘱去之，谓公恶见此物。不解其故。公姻家郭慕徐观察阶告余云：'公旧第中有古树，树神乃巨蟒。相传公即此神蟒再世，遍体癣文，有若鳞甲。每日卧起，床中必有癣屑一堆，若蛇蜕然。然喜食鸡肉，而乃畏其毛，为不解耳。'后阅《随园随笔》，言：'焚鸡毛，修蛇巨虺闻气即死，蛟螭之类亦畏此气。'乃悟公是神蟒转世，故畏鸡毛也。"

几年前，湖南湘西龙山县里耶镇出土了36000枚简牍。这些被考古专家们惊叹为继兵马俑后，秦代考古又一惊世发现的里耶秦简中竟有寄往洞庭的邮书，在一枚简牍上还发现"快行"二字。专家据此判断，秦朝时的邮政制度已相当完善，已经出现类似今天"特快专递"的"邮件"了。唐代著名诗人杜甫也曾有诗："征西车马羽书驰。"据《新唐书·杨贵妃传》记载，杨贵妃喜欢吃家乡四川的新鲜荔枝，唐玄宗李隆基为此"乃置骑传送，走数千里，味未变以至

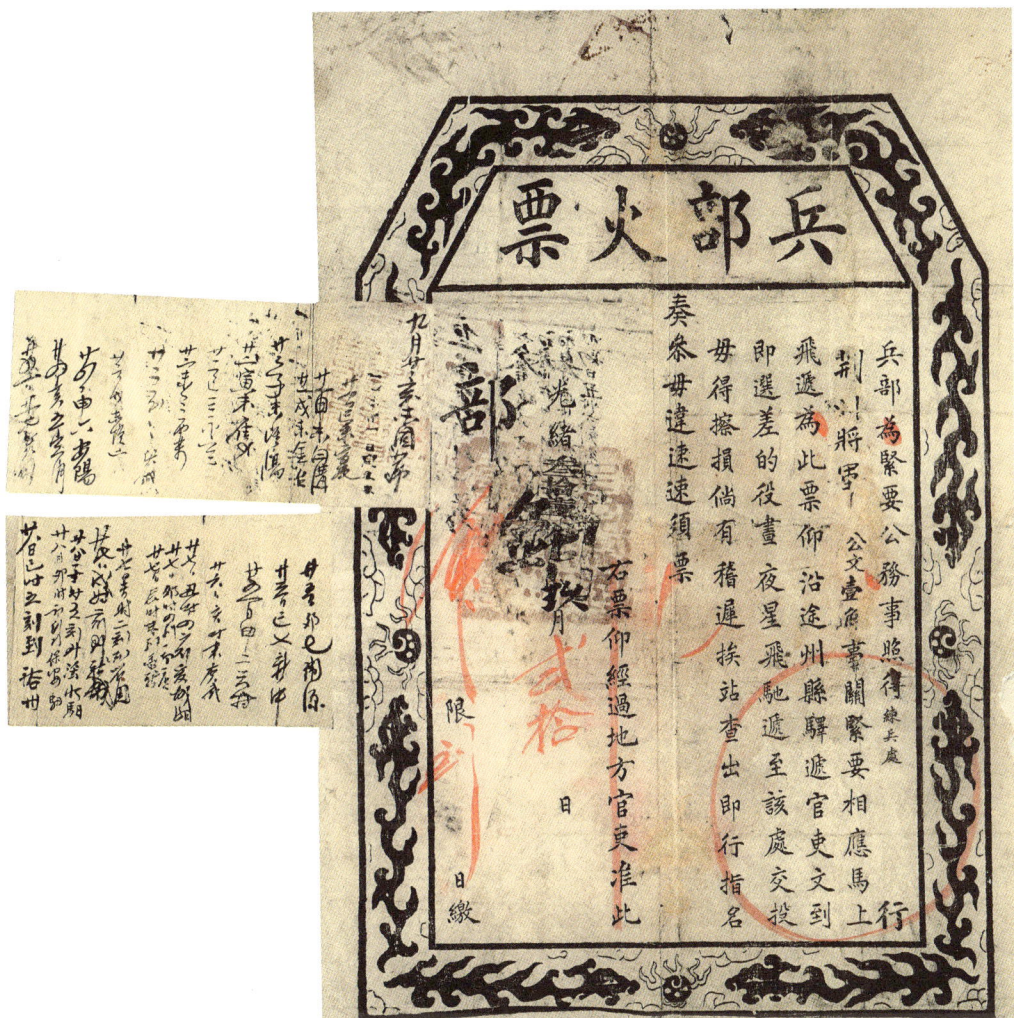

　　光绪三十一年荆州将军兵部火票。该火票盖有满汉文关防，贴驿站排单，经三十七个驿站寄递。兵部火票贴排单寄递极少见。火票是清代传递军用文书的凭证，与驿站制度有关。据《清会典·兵部车驾司》记载："凡驿递，验以火牌，定其迟缓之限。"火牌在公文传递中主要起到三个作用：一证明驿兵身份；二是注明送达期限；三是核查每一站传递是否按时送达。排单，又称滚单、信牌，清代驿递公文使用的凭单，清制，凡马上飞递公文皆用兵部火票，令沿途驿站接递，其外地达京师及京外彼此互达者，则各贴连排单，附于公文封套上，随文传递，沿途按程填写驿站名称，到达和出发的日期、时刻，以明责任

京师"。唐代大诗人杜牧的《过华清宫》诗句："长安回望绣成堆，山顶千门次第开。一骑红尘妃子笑，无人知是荔枝来。"为了让杨贵妃五日内吃上家乡的鲜荔枝，把荔枝从树上摘下来，通过驿站一站又一站地经过高山峻岭传递到京城长安，而且必

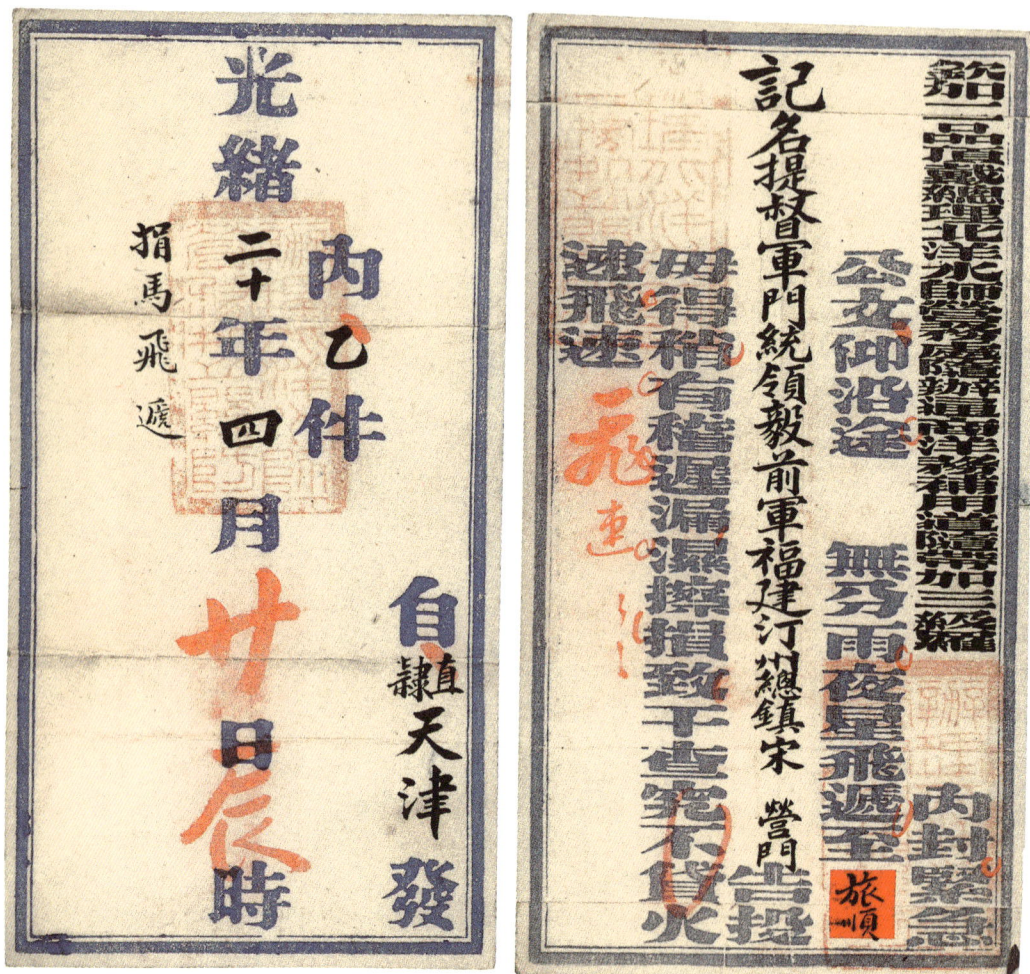

光绪二十年四月，自直隶天津发旅顺口宋庆将军飞递公文。封正面印有"公文仰沿途无分雨夜星飞递至旅顺记名提督军门统领毅前军福建汀州总镇宋营门告投，毋得稍有稽迟漏湿擦损，致干查究不贷。火速飞递。"封底有"捐马飞递"四字。

须"急递上进，五日至都"，这在当时的"蜀道难，难于上青天"的交通条件下，困难是可以想象的。这个故事同样说明，我国唐代的"快速递送"已经很发达了。古时为防止书信泄露及水湿，将书状封于蜡中，称"蜡丸"。《新唐书·颜真卿传》："肃宗已即位灵武，真卿数遣使以蜡丸裹书陈事，拜工部尚书兼御史大夫。"安禄山叛乱，颜真卿联络从兄杲卿起兵抵抗，合兵20万，被推为盟主，使安禄山不敢急攻潼关。

公开信是将内容公布于众的信件。也就是说，是将不必保密的全部内容公布于众，让大家周知和讨论的信件。公开信的内容一般都具有普遍的思想意义和教育意义。一封好的公开信，在宣传中会产生较大的影响，它能促进人们积极参与，树立良好的社会风气，指导工作广泛开展和推动活动顺利进行。有的公开信可以在报上刊登，也可以在电台上广播。

公开信可以笔写，也可以印刷、张贴、刊登和广播。其对象一般比较广泛，如三八妇女节写给全国妇女的公开信，五四青年节写给全体青年的公开信；也可写给一人，如廖承志写给蒋经国的公开信。不论是写给社会中的某一部分人或某个人，从写信者的角度看，都希望有更多的人阅读、了解，甚至讨论信中的问题。信的内容一般涉及比较重大的问题，具有普遍的指导作用、教育作用和宣传作用。

公开信可分为三种类型，其写法各有不同。

第一种，以领导机关、群众团体的名义，在纪念活动、传统节日或其他必要的情况下，写给有关单位、社会阶层、集体、个人的书信，这类公开信有问候、表扬、鼓励的作用，结构与普通书信基本相同。

第二种，领导机关、群众团体或个人针对某一问题写给有关对象的信件。这类公开信有的是表扬，有的是批评，

孔祥熙致沈钧儒最速件

有的是倡导好风气，有的是提出建议。

　　第三种，是发给私人的信件。由于某种原因，找不到收信人，而信又比较紧急，非发给本人不可。这类信件通过报刊或广播公开发布，写信人和收信人双方就有可能取得联系。如路遇未留名的好人好事，需表示感谢；大陆与台湾失去联系的亲人之间的寻亲信等，常以此种方式发出。这类信件的写法与普通书信相同，但由于要寄给报刊编辑部或广播电台、电视台，因此要注意写好信封。

　　按照投递的急缓，书信又分为急要件、最速件、航空快件、普通平信和航空平信。

中央人民政府政务院致陈垣急要件

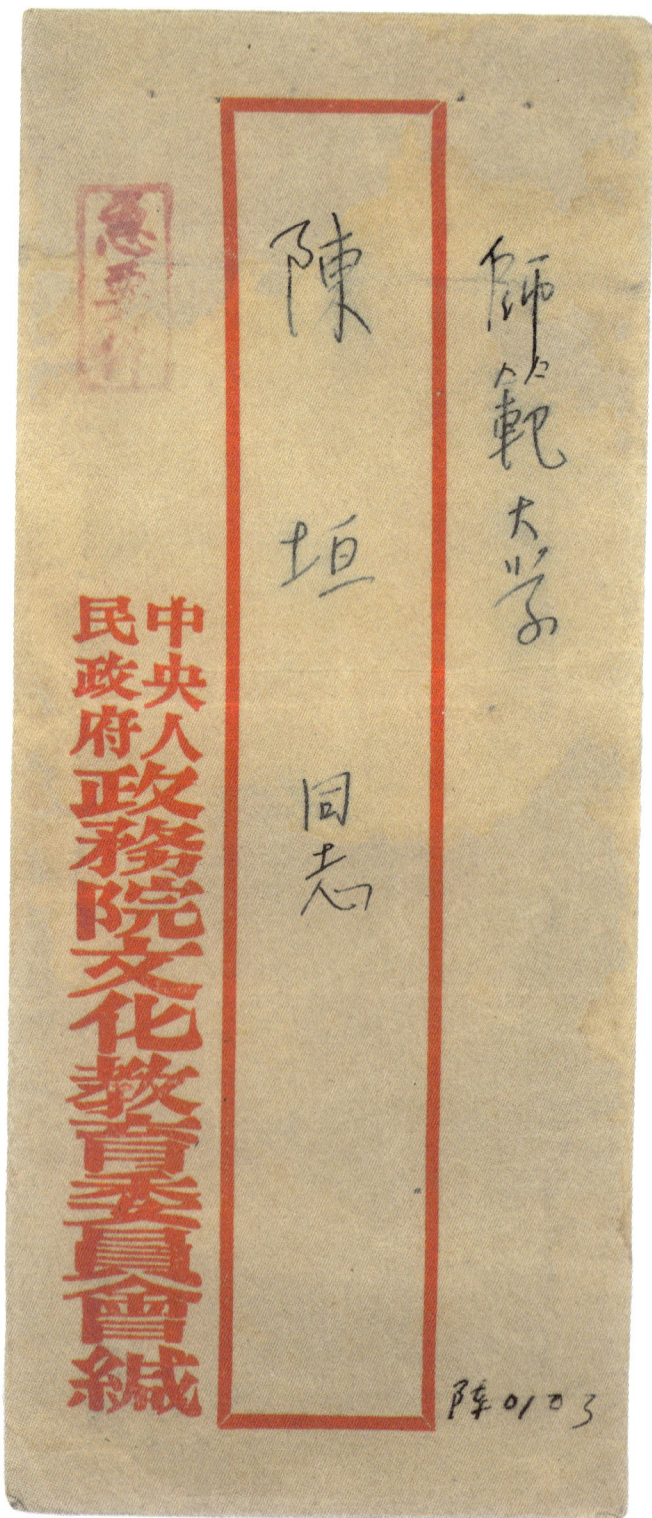

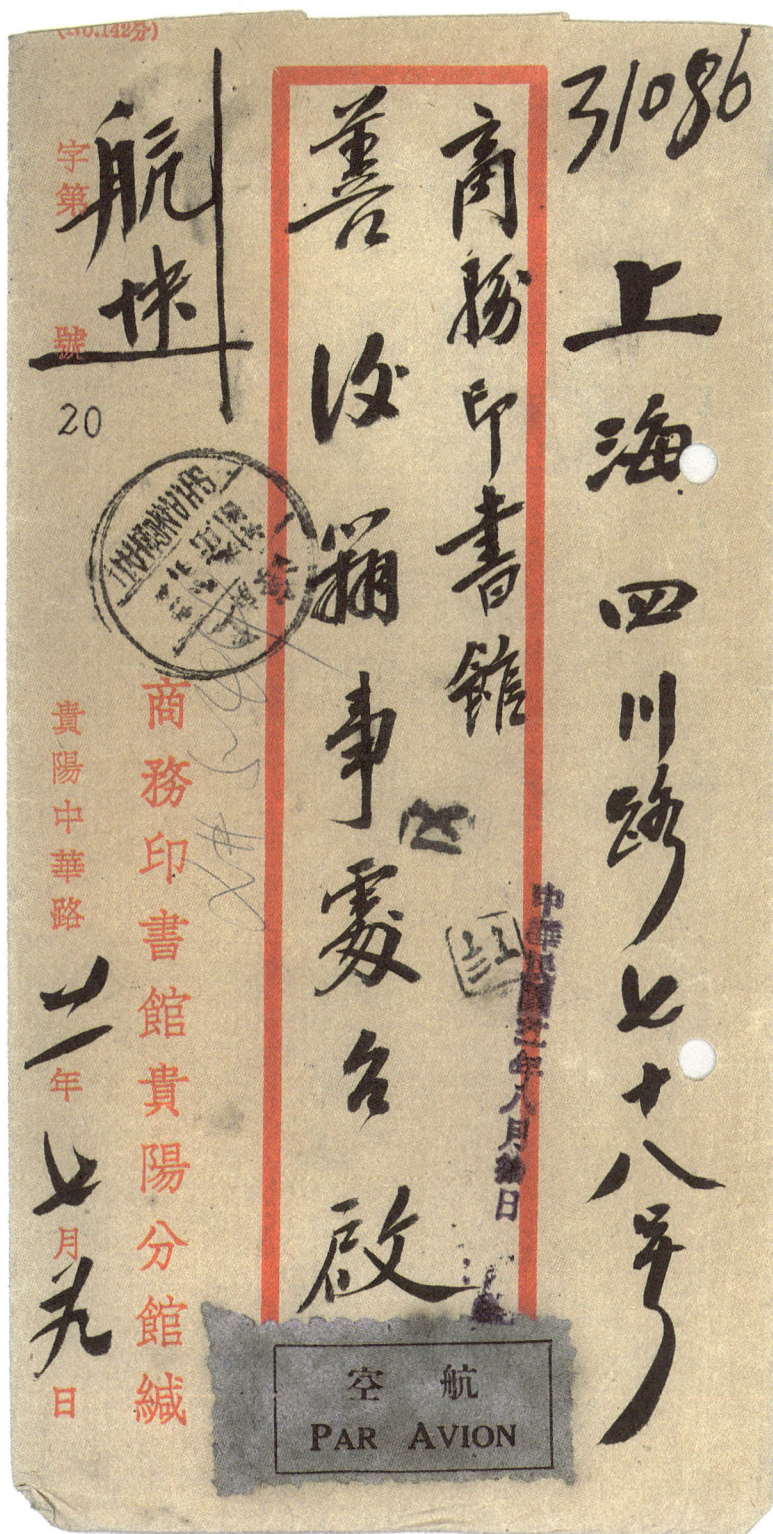

31086

上海 四川路七八号

善後辦事處 各 啟

商務印書館

航快

字第　號　20

貴陽中華路

商務印書館貴陽分館緘

二十一年七月二九日

空　航
PAR AVION

商务印书馆贵阳分馆寄至商务印书馆善后办事处的航空快件，时为1932年7月29日。"一·二八"事变，日本帝国主义进犯淞沪。商务印书馆总理处、总厂及编译所、东方图书馆、尚公小学被炸焚毁，损失巨大，被迫停业，解雇全部职工。8月1日复业，实行日出新书一种。这封信，是商馆正式复业收到的各地分馆函件之一

奉上紅酒兩瓶以為舟中消遣之資春

臺又東同行也此上

彥公 蔣智由

春公均此

廿五日

第五讲

书信中古今称谓的演变

　　书信在长期的发展过程中，逐渐形成了一套固定的格式，像上下款的称呼、开头结尾的敬词、抬头空格等均有通用的模式，及至自称与称人，在书信中都有讲究。

　　先说自称。在现代汉语中作为自称的代词，如果去掉方言词汇，只有一个"我"字。在古代，自称的代词要比今天多得多。仅在《尔雅·释诂》中就列有：卬、吾、台、予、朕、身、甫、余、言，我也。"余"早在甲骨文、金文中就已使用，一直用到近代。"予"，与"余"音同义通，使用的时间稍晚于"余"。在古文献中，"予"的使用频率比"余"还要高。"我"，从甲骨文、金文，一直用到今天。"吾"，使用时期晚于"我"，甲骨文和金文中未见，最早见于列国铜器和石鼓文、诅楚文，典籍中则在《论语》《左传》中就已使用，一直用到近代。"我"和"吾"还经常同时出现在一句话中，如"吾不得志于汉东也，我则使然。我张吾三军，而被吾甲兵"（《左传·桓公六年》）；"衣服附在吾身，我知而慎之"（《左传·襄公十三年》）。"朕"，自秦始皇开始，"朕"被用作帝王专用的自称。但在此前，却是很早就使用的通用的自称。《尔雅·释诂》："朕，我也"；《史记·秦始皇本纪》："天子自称曰朕。"《集解》引蔡邕曰："朕，我也。古者上下共称之，贵贱不嫌，则可以同号之义也。""台"，不读tái，读yí，作为自称之词，主要用在东周时期的青铜器铭文之中，而且字形多用变体，用法多用定语，如"女敬恭台命"（《叔夷钟》铭）。"卬"，音áng，主要用于先秦，如"人涉卬否。卬须我友"（《诗·邶风·匏有苦叶》）。章太炎先生认为后来之"俺"即古之卬，他说："《尔雅》：'卬，我也。'今徽州及江浙间言'吾'如'牙'，亦'卬'字也，俗用'俺'字为之。"（《新方言·释言》）"身"，作为自称，见于《尔雅》，但不见于先秦文献，只见于魏晋。故晋人郭璞在为《尔雅》作注时说："今人亦自呼为身。"如"身是张翼德也，可来共决死"（《三国志·蜀书·张飞传》）。魏晋之后偶有用者，如《初刻拍案惊奇》卷二："身名郑月娥。"自称中还有侬、俺、咱、洒等方言。"侬"，本是吴方言，《玉篇·人部》："侬，吴人称我是也。"魏晋时逐渐流行，但始终属于方言范围，未能在全国普遍使用。在古代文献作品中，以"侬"自称之词例子很多，从汉乐府《子夜歌》的"郎笑侬便喜"，到《红楼梦》中《葬花词》的"侬今葬花人笑痴"，比较习见。"侬"还可用作他称或对他人的泛称，故《正字通》谓"侬，他也"；《六书故》谓"侬，吴人谓人侬"。今人沿袭之。"俺"，北方方言词汇，但流行颇广，多作民间俗语。《字汇》："俺，我也。"《正字通》："凡称我，通曰俺，俗音也。"隋唐以后开始使用，比较习见。"咱"，北方方言词汇，流行颇广。《字汇》："咱，我也。"隋唐以后开始使用，沿袭至今。"洒"，北方方言词汇，隋唐以后开始使用。如《水浒传》中的鲁智深就常自称"洒家"。

再来说对称之词。在现代汉语中，作为对称的代词，也只有一个"你"字，而在古代，同时有多个对称之词。常见的有以下几种：女、若、尔、戎、你、您、伊、乃、而。"女"，或写作"汝"，这是从甲骨文、金文一直到近代使用的对称之词。"若"，始见于西周金文，战国以来才大量使用，如"若胜我，我不胜若"（《庄子·齐物论》）；"使若国繁盛"（《墨子·明鬼下》）。"尔"，始见于东周金文与《诗》《书》之中，以后使用很普遍。"戎"，《诗经》中就已使用。后来逐渐不被使用。章太炎认为近代吴方言中称"你"为"农"（即现在常见的"侬"），就是古代的"戎"。他说："今江南、浙江、滨海之地谓汝为戎，音如农。""你"，即"尔"之演变。"你"和"尔"一样，不能用于尊称和敬称。"您"，可能是"你"

的挈乳字。后来"您"逐渐成了北方方言中称"你"的敬称。"伊"原来用作指示代词，有如现代的"这""此"。汉代以后又作人称代词用，既可表对称，又可表他称。表示对称的如董解元《西厢记》卷二："伊言欲退干戈，有的计对俺先道破"；元代无名氏《马陵道》第三折："我这里吐胆倾心说与伊。""伊"又作"伊家"，如黄庭坚《点绛唇》词："闻道伊家，终日眉儿皱。""乃"，是一个很早就使用的对称之词，甲骨文、金文中就有使用；典籍中更多有用者，如"古我先后，既劳乃祖乃父"（《书·盘庚中》）；"必欲烹乃翁，幸分我一杯羹"（《汉书·项羽传》）。"而"，早见于东周金文。"而"的用法与"乃"相似，只能作主语和定语，不能作宾语。

最后谈谈他称之词。在秦汉之前是没有他称之词的。如果要称呼他人，或者直称他人的名字，如"齐侯欲以文姜妻郑太子忽，太子忽辞"（《左传·桓公六年》）；或干脆省略其称呼，如"射其左，越于车下；射其右，毙于车中"（《左传·成公二年》）；或者用指示代词"之""其"来表示。直到秦汉以后，才陆续出现了"伊""渠""他"这几个不完全的人称代词。"其"和"之"既可用于人称代词，亦可以用作他称之词。当然，还可以指代事、事物、动物等，这里不作讨论。还有一个"彼"字，既是指示代词，又可以用作他称之词，如"彼，丈夫也，我，丈夫也。吾何畏彼哉"（《孟子·滕文公上》）。"伊"，如前所述，在先秦、秦汉时都用作助词和指示代词。大约从六朝开始，用作人称代词，既可用作对称，又可用作他称。用他称者如"衣带渐宽终不悔，为伊消得人憔悴"（柳永《凤栖梧》）。"渠"，本为名词，汉代开始作为他词之用，如"渠虽年幼，性颇聪慧，使渠助为主人，百缗之赠，渠当必诺"（《太平广记》卷四百二十一《刘贯词》）。"他"，本作"它"，本意是蛇，先秦时多被用作指示代词，有如今"其他""别的""别人"等，并不作人称代词，从汉代开始才用作人称的他称之用。隋唐以降，"他"就日益普遍地使用了。

樹莊先生箸席 久仰
馨名未親
塵教 日前由盧北黑野兄 轉到
尊譯中國文藝
思想一稿 拜讀之餘至為感佩
書局已決付
印另函奉還尊稿邀
台譽再師院參議院長聘請
久從任國文系講席 何日
示知便坐備接待把晤有期過勝歡忭
先生命駕末筑韋皋
事此布達
順清
京謝古逸拜啟 九月首
道安

文通書局編輯所用箋
地址：貴陽中華路第五一二號

恭賀
新喜

廬南湖

闊別數年馳仰之懷無以為喻
頃自海外歸來真訪友行裝甫卸
即患失眠以此尚未詣談悵
惘之東臨海岸奉慶
一俟輔感當再造一候
積懷帶上
鐵卞先生執事南湖再拜
戊戌二日

第六讲

书信中的程式和礼仪

　　我国是世界四大文明古国之一，自古即有礼仪之邦之称。因此，我国的书信最显著的特点，就是有着丰富的礼仪内容和浓厚的民族文化色彩。从文体上说，书信是一种有着鲜明个性的应用文，尽管写法上灵活多样，但却要遵循书写格式的规范和书信语言的礼仪规范。书信在长期的写作过程中，逐渐形成了固定的格式。汉魏及六朝时期，开头要先写自己的名字，后写受信人的名字，至明清后，书信才变为现在的形式，上款写受信人，下款写作书人，中间写正文。一封书信，先写什么，后写什么，以及怎样写，在过去被视为书信的"大节"，被视为"规矩"，丝毫也不能马虎，否则就是大逆不道。因此，叶圣陶先生说："程式不是客套。程式之中实在包含着情分和礼貌，不注意程式，在情分上礼貌上若有欠缺，就将使对方不快。"程式，就是法式。书信的程式，就是写浅文言书信通常应遵循的法式。

　　我国古代书信，原本没有固定的程式。《苏黄尺牍》是宋代苏轼和黄庭坚来往的书信，末尾请安，并不具一定的程式，是纯任自然的。到了清朝嘉庆、道光年间，流行的袁枚《小仓山房尺牍》，也还没有什么固定框框。大约在光绪宣统间，书

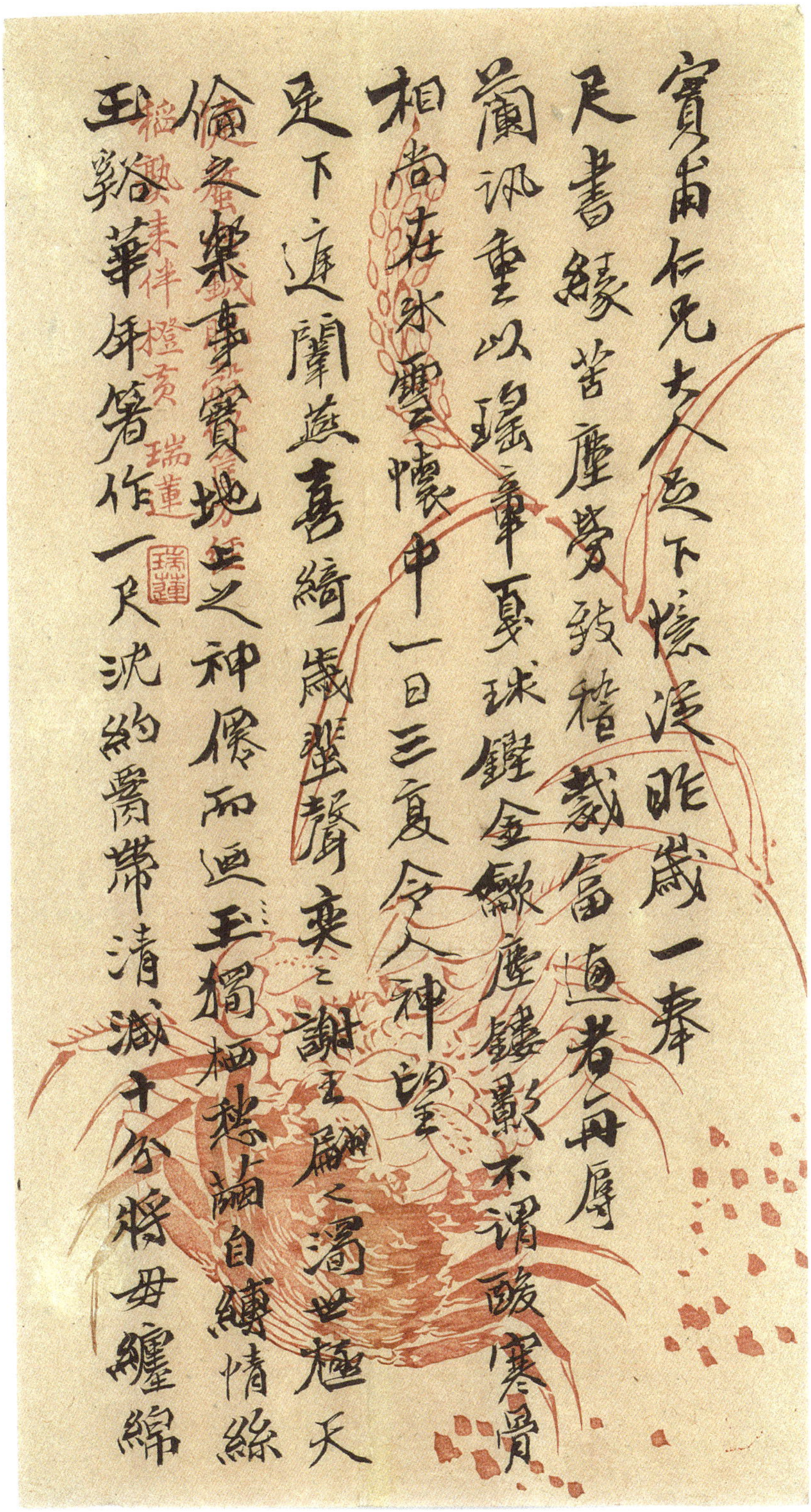
實甫仁兄大人足下：懷渼昨歲一奉尺書，緣苦塵勞，致稽裁畣。迺者再辱蘭訊，重以瑤章，戛球鏗金，鏤塵鏤影，不謂酸寒骨相，尚在冰雪懷中，一日三復，令人神望。足下遽闈燕喜，綺歲蜚聲，英英謝王，鼎鼎濁世，極天倫之樂事，實地上之神僊，而迺玉獨栖愁窩，自縛情絲，玉谿華年，箸作一尺，沈約腰帶，清減十分，將毋纏綿

清罗文彬致易实甫信（一）
（12cm×24cm）

綺思有損浩蕩天蘇耶　　寂實里門邊逼歲月署
書無才或有窟趣植筆緣年未塡鋤口宕糞之頭
靈如許祇合退世揚子之田宅何方馬能投老蒲橋
韜質益如沉澧香草望美人而思公子殆有天上人間
之想已　委錢圖書少緩寄奉高典實和尚蝶蠅聲
良晤匪遙弦望如何故訝
侍祺伏維　珍玉不宣　愚弟羅文彬頓首首夏一日

清罗文彬致
易实甫信（二）

数日不见于嗟阔兮前承刻钵需此印书
愿早见昇昇庚子日近学中罢讲思与兄
同作主人邀诸先生滋宴竟日得无不合
旨愿临此议之　謦欬其无不抵入祉而不遇之
宣先询而後郵
　　　　　侃白
旭初尊兄足下

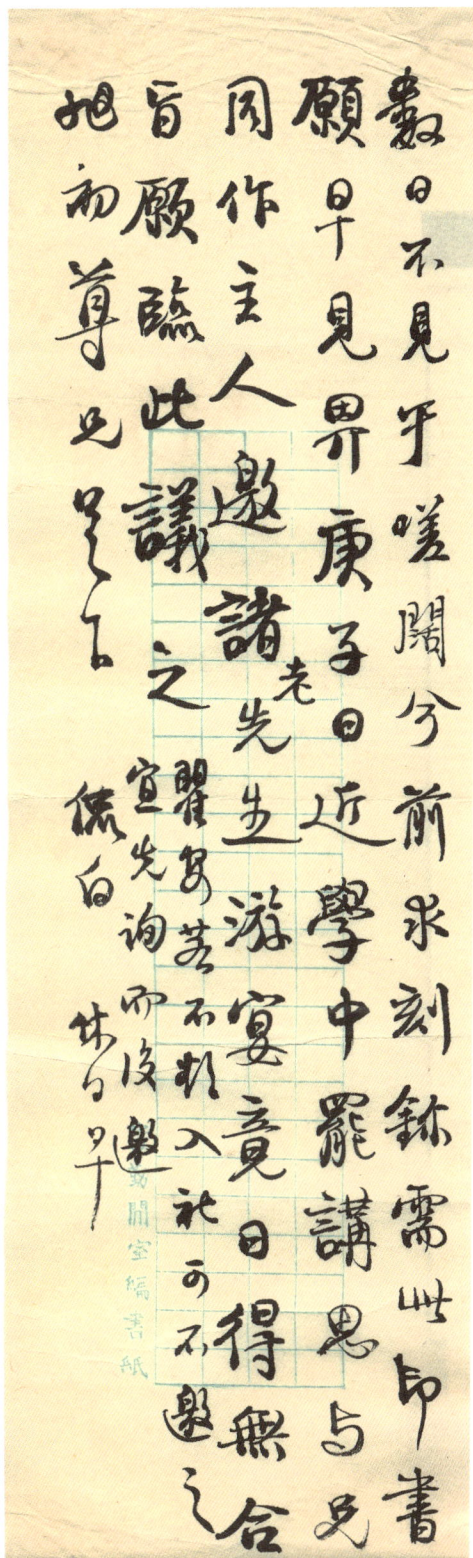

黄侃致汪旭初书札（30cm×9cm）

坊刊印的《尺牍初桄》《书翰津梁》等书，书信末尾的请安才定型化了，如写给父母及长辈的信，称金安、钧安、崇安、颐安、福安等，按《说文》："钧，三十斤也。"《礼记》："百年曰期颐。"凡此都属贵重隆高及寿考之意。官场间写信，彼此称升安、勋安，无非祝颂对方升阶晋爵，在功名上有所发展。甚至有称觐安的，按《周礼》："诸侯求见天子曰觐"，则受信人必然是重臣大员无疑。又有轺安，轺，为贵族所乘的车辆，是写给出使官员的。和一般朋友通问，请安随着时令而变化，称春安、夏安、秋安、冬安，气候炎热称暑安，气候寒冷称炉安，指的是围炉取暖。逢到过年，那就有年安、年禧、年釐之称，《尔雅》："禧，福也。"釐通禧或熙。也有称大安、时安、近安、台安的。给商人称筹安、财安，取意筹措获利。给士人称道安、文安、吟安、著安、撰安，那是敬祝对方文以载道，撰述日丰。给病人称痊安。给作客他乡者称旅安。给丧家称礼安，原来古有居丧守礼之说。给女戚称坤安、间安，或壶安，《易经》："坤，顺也，以喻妇德。"间为内室，乃妇女所居。壶音悃，宫中的通道，以比妇女深处闺阁，这个壶字比壶字多一划，不能写错，倘误写为

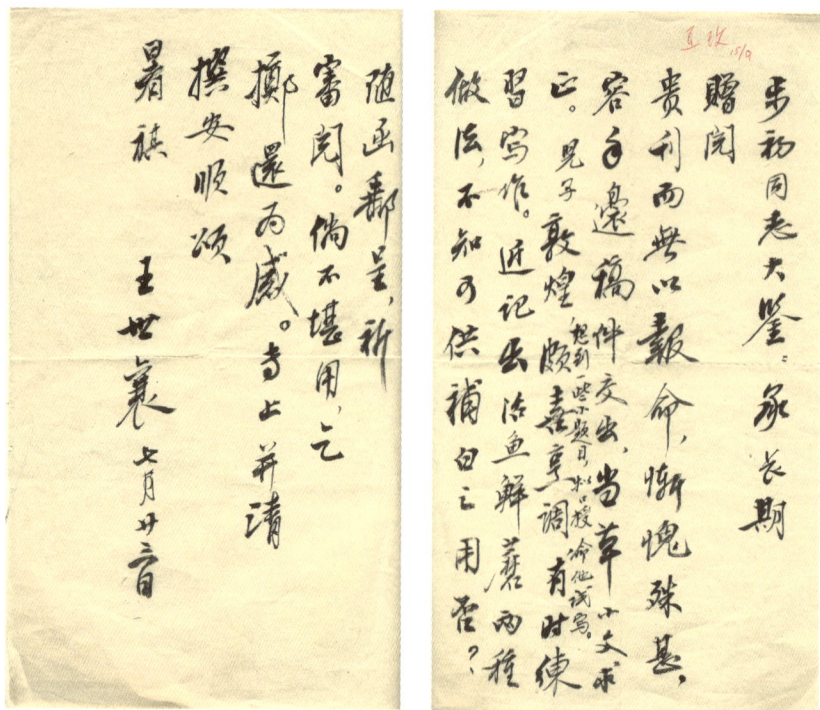

王世襄致吴步初书札（16.5cm×26cm×2）

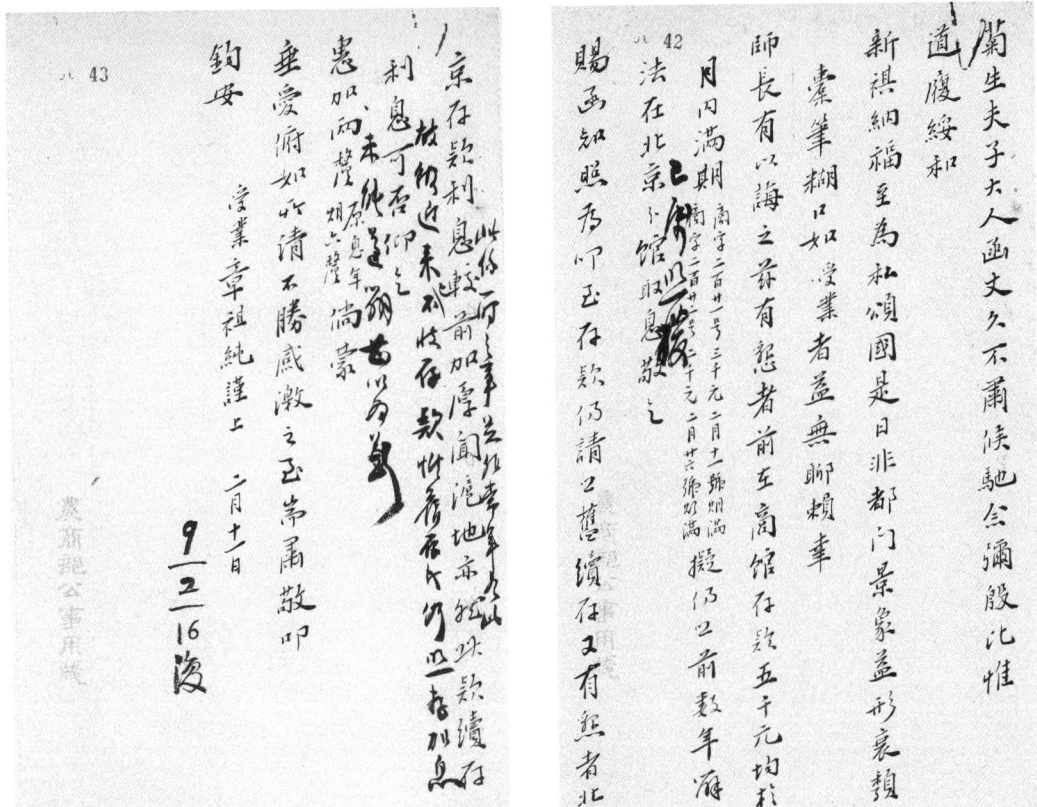

章祖纯致张元济信函(16cm×25cm×2)

壶安，那对象就应属于医家了。凡行医称悬壶，壶为壶卢，即今之葫芦，中空可装药剂。对方夫妇共同生活，称双安。对方上有父母，称侍安，乃侍奉晨昏之意。给教师称铎安，铎，金口木舌，为施教时所用的铃。此外，尚有不用安字而寓安的意义的，如时祺、文祉、大绥、曼福、潭吉等，潭有深广之意，因此称人居宅为潭第，无非祝人全家安好。总之，请安种种，不胜枚举。

书信程式的简化，是在新中国成立后。除了一些老派人物或学者文人偶用一些客套的旧礼外，一般大众的书信称谓后的敬语大多用"您好"，信末仅用"此致敬礼"四字概括一切。礼数从简是一种发展趋势，"您好""祝好"实际上是"如晤""如握"等发展变化而来。

程式不单单是书面形式的问题，也体现着人际交往中的礼仪，因此格外被人们所

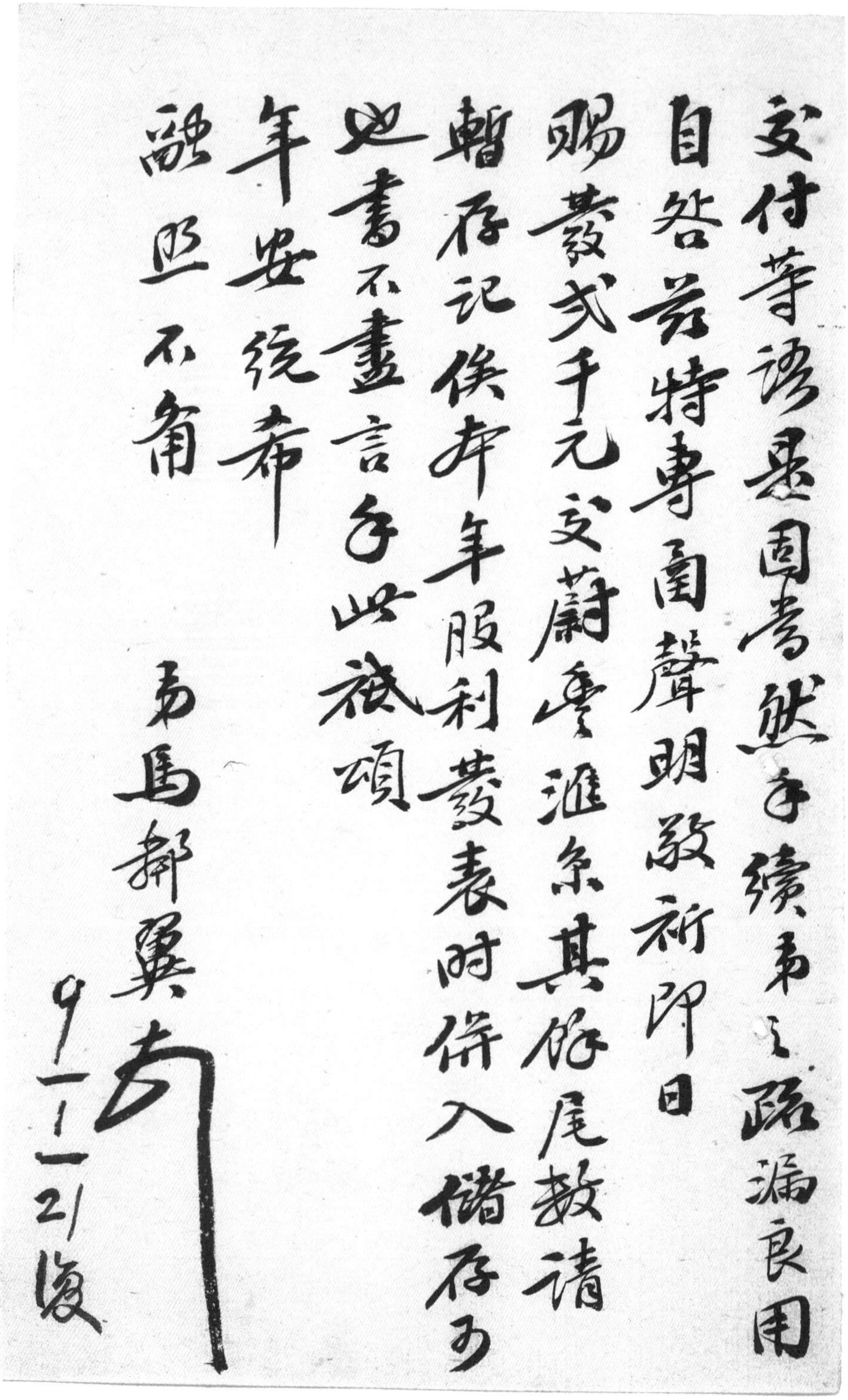

交付等語甚周書然手續弟之踈漏良用自咎茲特專函聲明敬祈即日賜發弍千元交蔚豐匯來其餘尾數請暫存記俟本年股利發表時併入儲存可也書不盡言手此祇頌年安統希融照不備

弟馬鄰翼

9—1—21 復

马邻翼
致张元济信函
（14.6cm×
23.5cm×2）

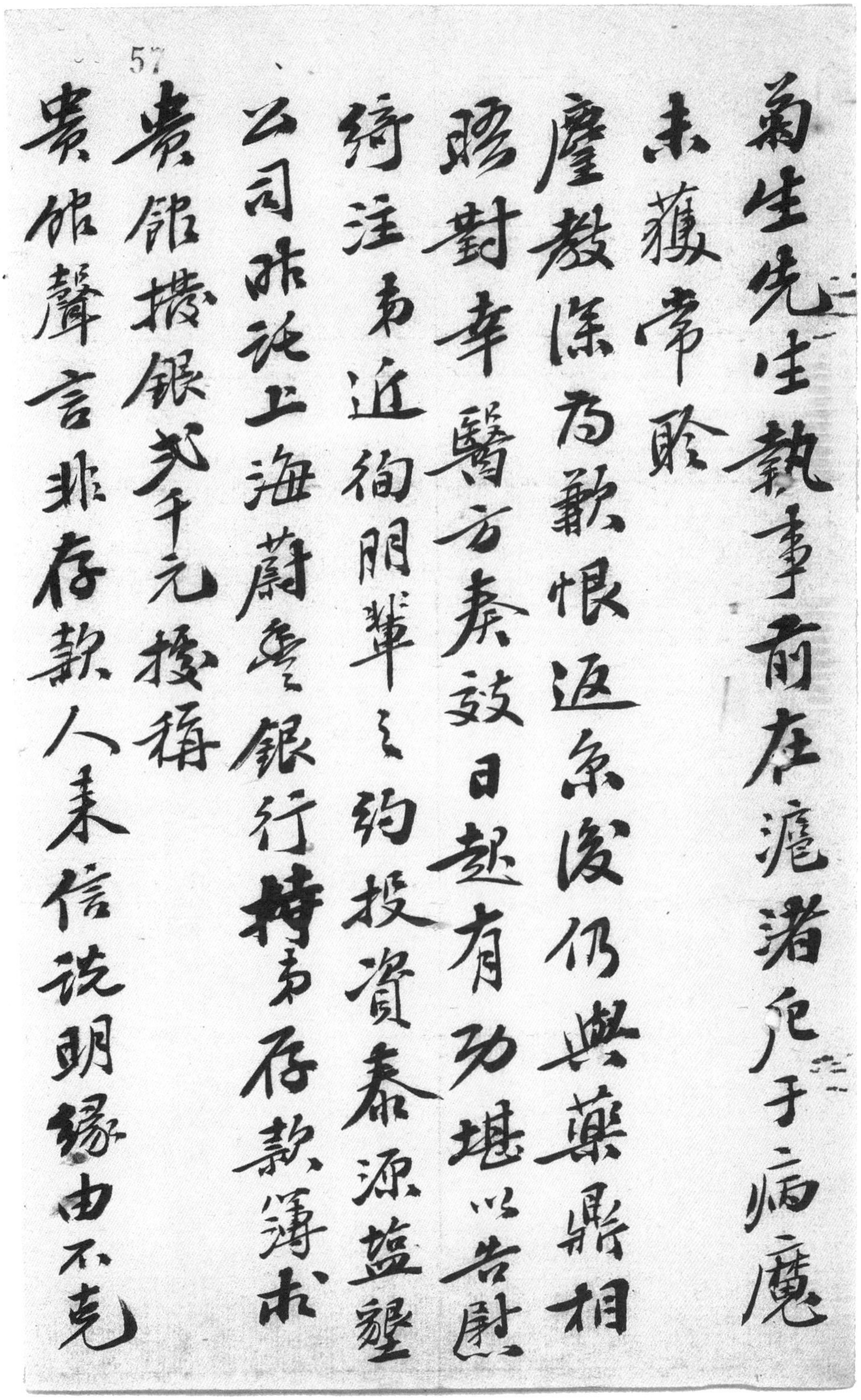

57

菊生先生執事前在滬諸承于病魔

未獲常晤

麈教係為歎恨返自滬後仍與藥縣相

聯對辛醫方奏效日起有功堪以告尉

綺注甬近徇朋輩之約投資秦源鹽墾

公司昨託上海蔚豐銀行捋壽存款簿來

貴館撥銀弍千元接稱

貴館聲言非存款人来信說明緣由不克

实甫大人如握

看重。

书信大致分为给长辈、平辈、晚辈三种。民国以前的书信多以浅文言（俗称半文言）为主，而且有一套规范的程式和礼仪。比如如何称呼对方，信尾落款又自称什么。长辈对晚辈与晚辈对长辈固然不同，就是在平辈之间，视年龄之长幼，幼对长与长对幼，也大有不同。给长辈写信，书信用语须切合双方关系和身份，行文相应地有许多讲究，须在称呼下加

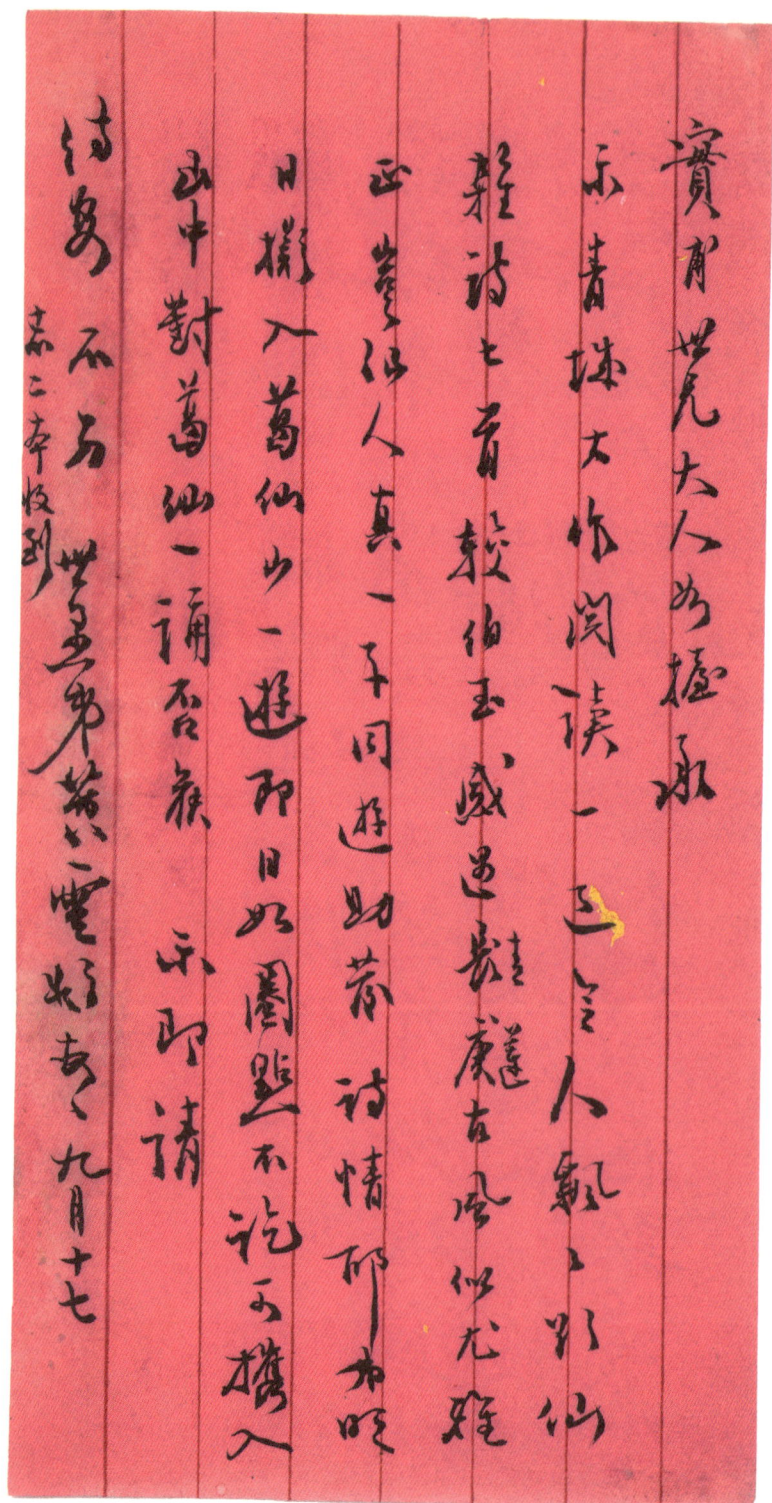

清黄云鹄（黄侃之父）
致易实甫书札（24.3cm×10cm）

王国维致金息侯书札（24.5cm×15.5cm）

林纾致卫挺生书札（25.5cm×16.5cm×2）

"大人"及敬语和领起正文的用语。如叶金绶于民国八年（1919）十二月十八日写给商务印书馆经理张菊生先生信：

菊生先生大人阁下：久未聆教，时深企念。近维文祺增绥，道履安祥为祝。敬启者：

年前接奉大函，示及贵公司议定存款新章，有将同人所存活期年息一概减为八厘，并承询叶焕记存款如愿照减，自应继续代存，否则将全数提去。适其时无转存之处，未便照提，故即申函，仍仰贵公司按新章照减，继续存之，当荷允诺。惟现时舍侄女年已十岁，近年所用学费等项，较之往年稍多，似觉入不敷出。舍弟妇拟将所存活期之款，恳由尊处如数提出，在敝地选择稍多之息存之，庶可每年多得息洋以补不足，谅先生定原下情，亦必赞同。敬乞

赐覆，遵将存折缴上，再请汇寄可也。专此

敬肃虔请

钧安。

愚晚：叶金绶顿首。

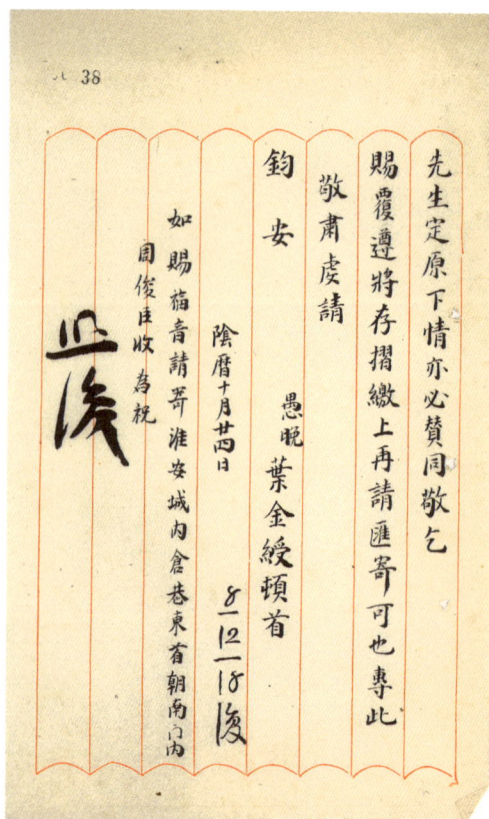

叶金绶致张元济书札
（15.8cm×25.6cm×3）

阴历十月廿四日。

而给上司或做官的尊长写信，须遵循官场俗套，对官宦的称呼冠以"钧"字。即在上款大人后写"钧鉴"，末尾写"敬请钧安"。

朋友之间通信，则视亲疏关系，或称仁兄，或称先生，敬语多使用"阁下""足下"等。同时对于不同的人有不同的祝颂问候语。达官显宦"肃颂勋祺"，文人学者"敬颂文祺"，患病者"敬请痊安"，客居之人"敬请旅安"，穿孝之人"敬请礼安"，均不可乱用，否则会闹出笑话和不敬。下款多写"某白""敬启""拜具"等，启、具、白都是陈述的意思。因旧时人以书信论事，多不愿他人所知，故多不署下款，而写"名心具"或"名心肃"，即心中明白之意，如民国九年（1920）由云龙先生写给商务印书馆王显华的信，因为一事已多次通信，彼此又是非常熟悉的朋友，

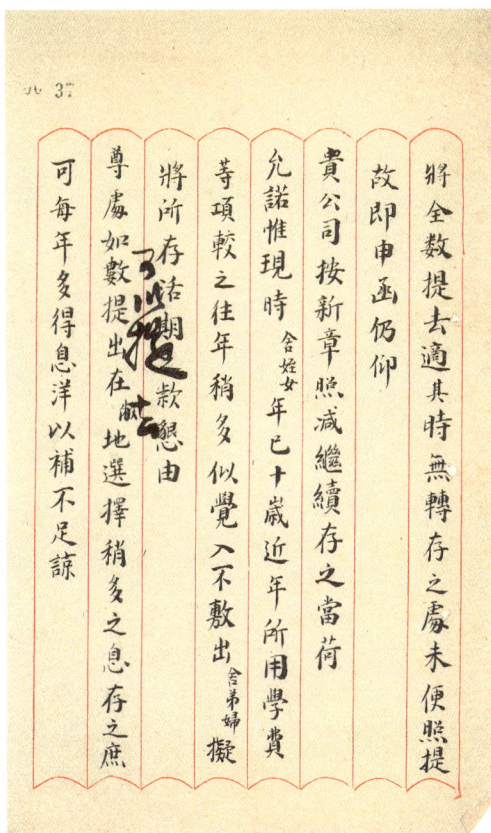

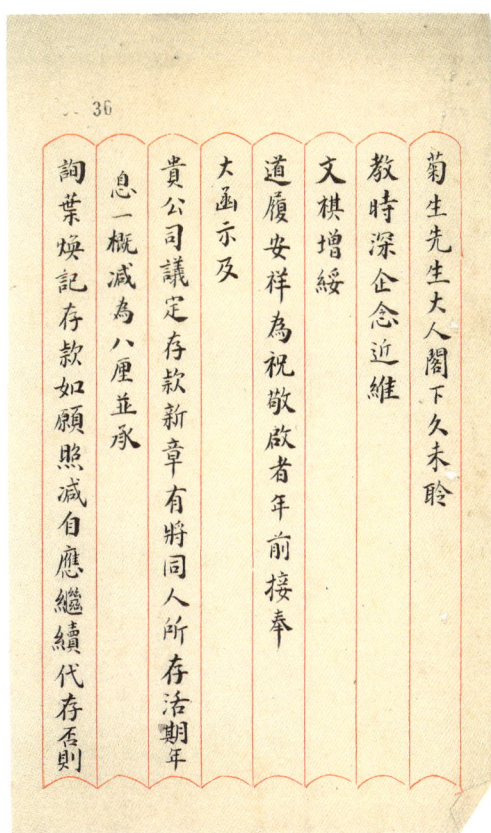

菊生先生大人閣下久未聆
教時深企念近維
文棋增綏
道履安祥為祝敬啟者年前接奉
大函示及
貴公司議定存款新章有將同人所存活期年
息一概減為八厘並承
詢葉煥記存款如願照減自應繼續代存否則

將全數提去適其時無轉存之處未便照提
故即申函仍仰
貴公司按新章照減繼續存之當荷
允諾惟現時舍姪女年已十歲近年所用學費
等項較之往年稍多似覺入不敷出 舍弟婦擬
將所存活期 款懇由
尊處如數提出在敝地選擇稍多之息存之庶
可每年多得息洋以補不足諒

夫子大人函丈前月道出滬濱暢領

鈞誨至慰渴懷北維

杖履綏和　公私迪吉為頌　茲有懇者在敝前擬

在京行提本迄未往提現在將屆一年之期計

商字第二百十一号在欵三千元二月十二號到期
南字第二百廿二号在欵二千元二月廿六号到期　共利三百元敬懇

函知京館照發營業當持摺往領至在欵現時不提

仍續在一年常此奉懇　敬請

鈞安

　　受業章祖純叩上

章祖純致张元济信函（16cm×25cm）

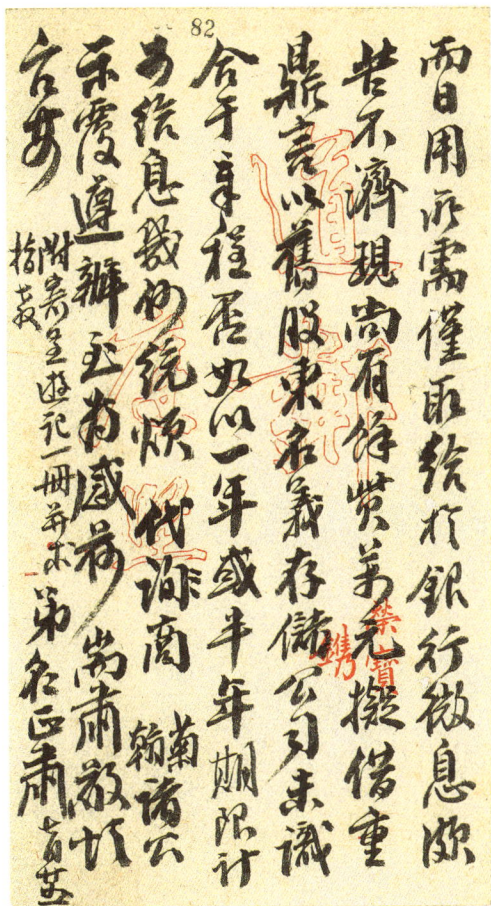
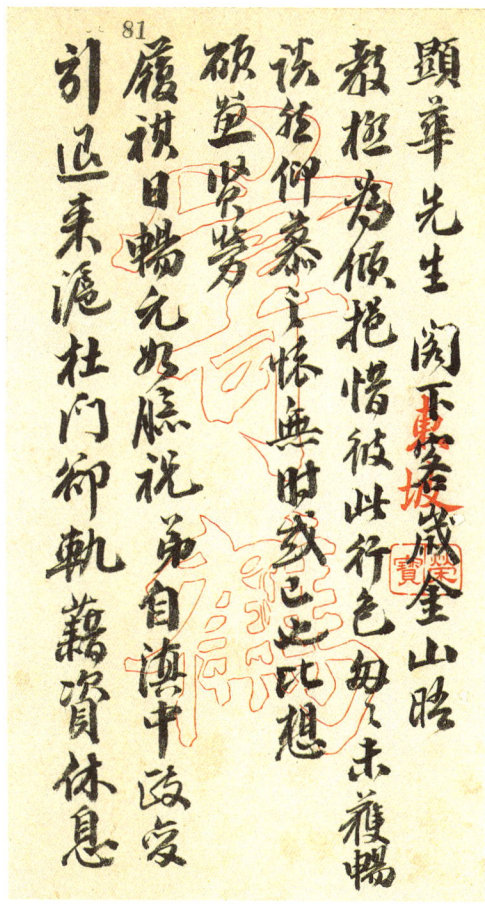

由云龙致王显华信函款落：名正肃（12.5cm×22.5cm×2）

故而在以后的信中下款仅书"名正肃"了。

对晚辈写信则较为随便，开头直呼其名，写某儿见字，末尾问安与否，也因人而异，无特殊规矩。

书信历史悠久，其格式也几经变化。今天，按通行的习惯，书信格式主要包括五个部分：称呼、正文、结尾、署名和日期。

为了便于了解和掌握书信程式各项的写法，按书信的写作程序作如下详述。

1. 称呼

写信首先要有称呼，以便唤起下文，同时也注明此信是写给谁的。这就是我们俗

称的书信的"抬头"。旧时行文时，提到尊长，都要"抬头"。所谓"抬头"，本义是提到对方的称谓时，不管这一行才写了几个字，都不能再写下去了，而要另起一行顶格写。旧时平辈间通信，为了尊重对方，即使对方比自己年幼，提到对方处也多有抬头。

书信大致可分为给长辈的（父母、师长等）、给平辈的（兄弟、朋友等）、给晚辈的（子侄等）三种，因辈分不同，称呼上也有分别。

给父母写信，称呼上包括这样三项内容：关系词、尊称、敬词。关系词，就是"父亲""母亲"或是"父母"；尊称，就是"大人"；敬词，就是"膝下"。组成："父亲大人膝下""母亲大人膝下""父母亲大人膝下"。

古代对父亲的称呼很多，除"父""父亲"以外，尚有"公""阿公""太公"，如刘邦就称其父为太公。"公"在古代不仅用于称父亲，也可称祖父，而更多的是用于男性广义的称呼。其用法与"公"相近的还有"翁"。《广雅·释亲》："翁，父也。"《史记·项羽本纪》："吾翁即若翁，必欲烹乃翁，幸分我一杯羹。"此外，还有如"尊""大人""君"。"尊"，又称"家尊"，如《晋书·王献之传》："君书何如君家尊？"称对方的父亲为"令尊"。令者，善也。古人凡对对方表示尊敬，均在一般称谓之上加一个"令"字，如令堂、令兄、令正（指对方之妻）、令弟、令子、令郎、令爱等。"大人"，本为下对上的敬称，也可作父亲之称，如《史记·越王勾践世家》："今弟有罪，大人不遣。""君"，本是古人广义的尊称，对自己的父亲则可称"家君"；对别人之父则可称为"尊君"。就以对别人的父亲而言，还有"尊公""尊翁""尊大人""尊府"等称谓。对父亲的称谓还有"爷""爹""爸""老子"等。"爷"，是古代对成年男子较广义的称呼。从宋代开始用作对祖父之称，但早在魏晋南北朝就用作对父亲之称，如古乐府中著名的《木兰诗》："军书十二卷，卷卷有爷名。""爹"，本是方言，从魏晋南北朝就用作对父亲之称，宋代以后广泛使用。"爸"，早在《广雅》《玉篇》中就释为"父也"。"老子"，这是一个古今口语中常见的称谓，往往用作父亲之称。文人笔下对父亲的常见敬称有"椿"或"椿年"，也是后人对长寿之人的代称。

对母亲的称谓中，大多数都和"母"相似，既用作对母亲的专称，又用作对成年妇女或老年妇女的泛称。如"婆""娘"，或写作"孃"和"姥"。"姥"，《广雅》："姥，老母。"如汉乐府《琅玡王歌词》："公死姥更嫁，孤儿甚可怜。"

今天最通行的称呼是"妈"。"妈"古代用得不多。与称父亲为"严"一样，称母为"慈"则是对母亲的一种敬称。在更多的场合，"慈"前常加一个限制词，如"家慈""先慈"等。文人对母亲的敬称，常用"萱堂""堂萱"。萱，其花蕾即今之金针菜或黄花，古人认为是可以忘忧之草。北堂是母亲所居之处，故后人就以"萱堂"为母亲所居的代称。北堂简称为堂，后世常以堂代母，而对别人的母亲，则常用"令堂""尊堂"。古代礼俗允许一夫多妻制，官绅人家纳妾乃是平常现象。这些家庭的子女就不止有一个母亲，也就有了若干有关的称呼。"生母""本生母"，这是称自己的亲生母亲。如果自己的生母是妾，则只能称为"亲母"而不能称为生母，同时称父亲的正妻为嫡母。如果自己是父亲的正妻所生，则称父亲之妾为"庶母""少母""诸母""妾母"。如果自己的母亲去世、离异，则称父亲续娶之妻为继母、继亲、后母、假母、续母。如果自己的母亲离家之后还能相见，则称为"出母"。

父母是亲属中最重要的成员，在有些场合往往要父母并称。除"父母""双亲""二老""爹娘"等古今通用者外，父母在古代的合称还有"高堂""严君"，或称"尊亲""严亲""二亲""两亲"等。此外，在文人笔下对父母的代称还有"所生"（语出《诗·小雅·小宛》"毋忝尔所生"）。先秦时期对父母的异称尚有"考"和"妣"，无论生死均可用。秦汉以来，父母死后仍可称为考妣，但生前不再称考妣，考妣只用为死去的父母之称。而且，考妣不仅用来称死去的父母，死去的祖辈乃至更早的直系亲属均可用考妣相称。

父母以外，与父亲相关的亲属包括父亲的兄弟及其妻室，可统称"诸父""诸母"。不过更多的场合是称"伯父""叔父""伯母""叔母"，或简称"伯""叔"。近代对伯母、叔母多称为"婶"，或作"婶子""婶娘"。父亲的姊妹，《尔雅·释亲》中就称为"姑"，沿用至今。已婚者一般都称为"姑母""姑妈"，与今一致。要注意的是，"姑"在古代用作称谓的地方较多，我们要注意区别，如妇女对丈夫之母称姑，对丈夫之妹称小姑之类。姑母的丈夫，称为"姑父""姑丈"，与今无异。姑母之子女称为"表兄弟""表姊妹"，与今同。

与母亲相关的亲属，母亲之父，称为外祖父，与今同。又称为"外翁"或"外公"。河北及北方地区皆呼外祖父为"老爷"或"姥爷"。母亲之母，称为"外祖母""外婆"，与今同。又称为"姥姥"。母亲之兄弟，古今均称"舅"。在不同场合，可加上一些修饰或补充性文字，如"舅父""嫡舅""堂舅"等。今天一般所

称"舅舅",则早见于宋代,如文天祥《与方伯公书》:"天祥百拜,复梅溪尊舅舅。"舅父之妻称舅母,与今同。从宋代开始还称为"妗"或"妗子"。至今仍有一些地区保留这一称呼。要注意的是,古代称舅的称呼较多,如妇女称丈夫之父、男子称妻子之父和妻子之兄弟、周天子称异族诸侯、诸侯称异姓大夫等都可称舅,我们要加以区别。母亲的姊妹,秦汉以来称为"姨母"。《释名·释亲属》:"母之姊妹曰姨。"或称为"姨娘""姨婆""姨妈"。"姨婆",又作为外祖母之姐妹之称,与今天大致相同,称"姨娘"多在南方,而北方则以"姨娘"为妾之别称。古代男子对妻子的姊妹也称为"姨",对父亲之妾也称为"姨",读书时要加以区别。姨母之夫称为"姨父"或"姨夫",与今同。舅父之子女,称为"表兄妹""表姊妹"。姨母之子女也称为"表兄妹""表姊妹"。对于亲属的称谓,还有对妻子相关亲属的称呼。妻子之父,常用的是"丈人"。古代还有两组常见的代称,一组是"泰山""岳丈""岳父",这一组称呼至今仍普遍地使用,但其起源,则至今尚无一个能令人信服的说法。另一组是"冰曳""冰翁"。这类称呼的来源,始于《世说新语·言语》"卫洗马初欲渡江"条刘孝标注引《卫玠别传》:"妻父有冰清之姿,婿有璧润之望。"妻子之母,隋唐之后至近代,多称"丈母"或"岳母"。

给朋友写信,称呼也包括三项内容,但这三项是:字号、尊称、敬词,组成:"××仁兄阁下(足下)"。在浅文言书信中,称呼同事、朋友时,不可直呼名字,这样是对同事、朋友的不敬,要称字或号。"足下""阁下"这类称呼作为尊称,古今均同。最早使用的是"足下",战国时已见,多用于称君主,以后才用于同辈。这类称谓乃是古代"以卑达尊"风习的反映。所谓"以卑达尊",就是在森严的等级制度下,下级与上级谈话时,不敢直呼其名号,而用称呼其身前地位较低的侍从、僚属的办法来代替,称卑以达尊。特别是在君主面前,往往称君主阶前足下的侍从,用来代称高堂之上的君主。到了以后,对尊者的称呼有了进一步区分,以天子称陛下,诸王称殿下,宰相称阁下。今平交相谓亦称阁下,闻人称足下则不喜矣。

另外,称呼师长、同事、朋友时,无论对方的年龄长于或小于己,都一律称"兄""仁兄""兄台""君"等,以示尊敬。如对方是平辈而又年长,本应自称为弟,而出于对人尊对己谦的传统美德,所以不能自称弟。作为并不十分熟悉的学界或商界同行往来,均可尊称为"先生"。"先生"作为尊称,从古至今未变,只是范围愈往后愈广。在先秦文献中,"先生"就可以用来称呼老师、父兄、饱学之士

5915

國立中央研究院用牋

第　號第　頁

孟鄰我之校長云云　迳彦者宋君

淵源而有經濟救國計畫書草案屬

稿請經濟專家批評　兹寄上三份

請

轉交貴大學經濟系諸教授徵求意

見再發來彦（由弟處轉云云）寺此荅候

時綏

弟元培荀啟

中華民國　年五月四日

蔡元培致蒋梦麟书札（28.2cm×19.2cm）

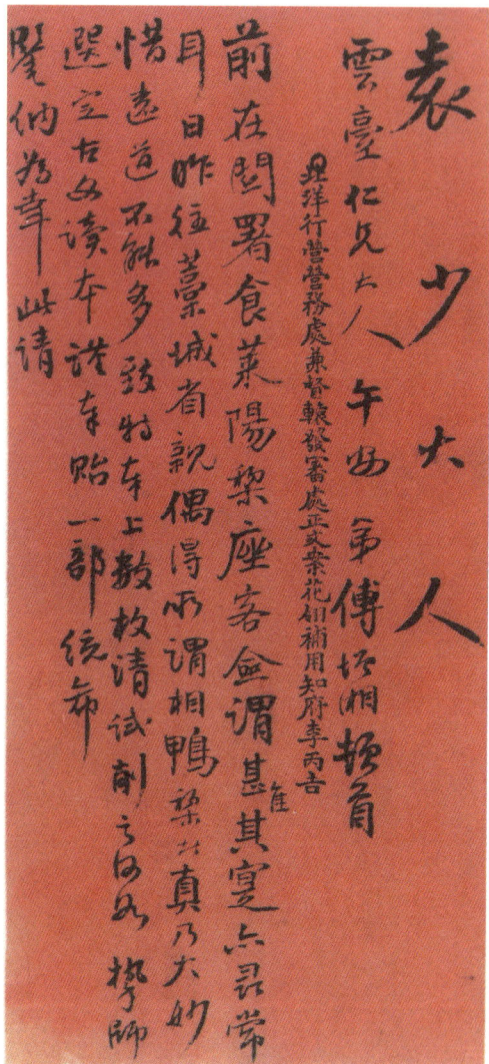

傅增湘致袁克文（云台）书札（8cm×16cm）

或一般成年男子。自古对"先生"的含义有两说。一说认为是"长老先己以生者"（《战国策·齐策三》），即先己出生的意思。另一说是"古者称师为先生"（《释名补遗》）。古代文献中屡见对比自己年轻者也称为"先生"，如《孟子·告子下》孟子称宋轻为先生，宋轻就比孟子年轻。《韩诗外传》认为"先生"者，"犹言先醒也"，就是比自己更有道德学问的意思。我认为后一种说法更有道理。到了近代"先生"已不单有师长之意了。据《清稗类钞·称谓类·老师先生》记载，清末，上海等地的"高级妓女，世俗所称之'书寓''长三'是也，亦称'先生'而不称小姐"。如晚清专写青楼的小说《九尾龟》，书中的名妓陆兰芬、金小宝、陈文仙、陆婉香等，一个个都以"先生"相称。而今，"五行八作"见面打招呼则一律称"先生"了。

晚辈对长辈之称，古代有"大人"和"丈人"的尊称。"大人"的本义，就是与孩童相对而言的成人，但很早就用作对成年人的一种尊称。此后，"大人"还被用作对高官显位者之称，或用作对德高望重者之称。在古代官场上，下级当面称上级为"大人"，老百姓称官员为"大人"的情况，在宋代开始出现，明清被普遍使用。"丈人"与"大

任先台兄閣下現 陸總長銜命赴歐部中參

隨使節者不少計時當數月後始能回國

執事總持部務於部中人才自必注意兹有同

鄉前交通部科長簽事陳斯銳在

貴部多年於英文極為嫻熟法律尤所專長

且於外情素所通曉現僅充調部辦事之差

或不足以展其所學亟盼我

兄拂拭之俾得稍稍發舒其感奮圖報之心固

無待弟贅述也此請

台安

弟梁士詒上 十月

梁士诒致陈箓书札（26.5cm×15.5cm×2）

人"意义相近。不过，由于魏晋以来称岳父为"丈人"，故而这以后"丈人"大多用以称岳父。尊称中古今常用的还有"君"。"君"之本义是发号施令之掌权者，《仪礼·丧服》："君，至尊也"，故而引申作为使用范围很广的尊称。从古代到现代，"君"一直是最常见的尊称之一，上至帝王为"人君"，男女均可称君，夫妻可以互称。如称夫为"郎君"，称妾为"如君"，称无定者为"某君"，乃至以拟人法称酒为"曲君"，称竹为"此君"，称虎为"山君"，称鼠为"社君"，可谓举不胜举。总之，只要是出于礼貌，上司对下级、长辈对晚辈也可称君，特别是对逝者更是普遍称君，"碑志之称君，固不论尊卑也"（梁玉绳《志铭广例》）。由"君"

晚成先生賜鑒苓月前赴束省旅行昨始歸来捶

大函如親

光霽非常快慰讀

代擬之亭名聯語雅切秀麗為翼然小結構增色不少佩佩

雅亭原名賞蓮與禾壽園書館中閒南偏一水阿此奉聞

諏諏餘懷容晤暢敘也此頌

著安

張伯苓拜啟

五月十三日

校內花木目下皆已欣欣向榮風景甚好

先生有暇不時忠臨一觀極所歡迎

天津南開大學用箋

张伯苓致钟晚成书札（25.5cm×16.5cm）

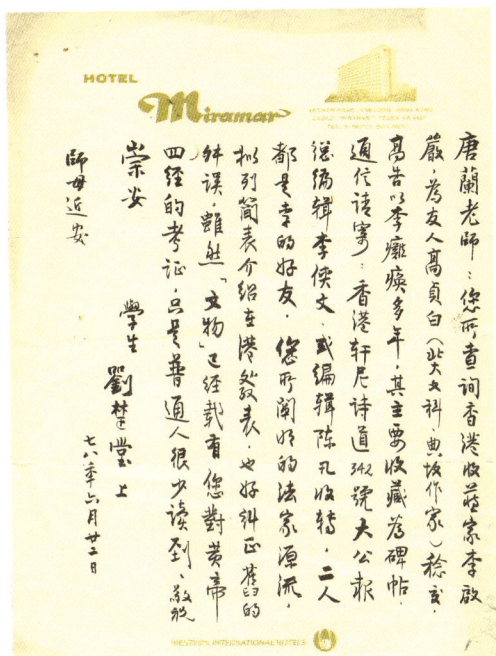

刘楚堂致唐兰书札（25.5cm×15.5cm）

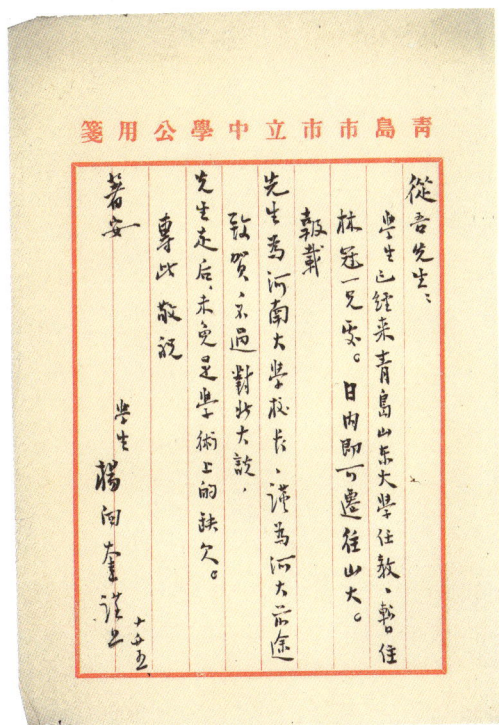

杨向奎致姚从吾书札（20cm×29.8cm×2）

还派生出"主君""使君""府君"等。"主君"，春秋战国时期称诸侯及卿大夫。"君侯"，最早用于封侯者。自汉以来，"君侯"为贵重之称，凡达官贵人皆可称之为君侯。"使君"，原本是汉代称出使各地的官员之称。由于西汉之刺史原本是出朝监临郡县之官，故而后来就将刺史与相当于刺史的官尊称为"使君"。"府君"，本是汉太守之称，后来用以尊称相应的官员。亦有在墓铭中称逝者为"府君"。而将"府君"解释为对已故父亲、祖父和曾祖父之称是不准确的。

在相互称呼中，有了尊称，当然也就有表示自谦的谦称。一般来说，称对方用尊称，称自己用谦称。古代的谦称较多，一般有两种，一是专门用于官场或用于其他行业的、专用的谦称；另一种是通常所用的谦称。这里我们只讨论通用之类。古代最常用、最有代表性的谦称之一，是"鄙人"，今天仍在使用。"鄙人"本义并非卑鄙之人，而是居于郊野之人。"鄙人"偶尔也简称为"鄙"。古代官场上常见的自谦之词有"卑"，如"卑职""卑官"；官场上作为谦称使用较多的还有"臣""仆""奴""妾"等，其初义都是奴隶之称，故有低贱、服事之义，后来发展为自谦之称。很早就使用的自谦之词还有

段士珍致商务印书馆信函二、三页（17cm×25.6cm×2）

"贱"，《广雅·释言》："贱，卑也。"如"贱臣"，这是为臣者在君主面前的自称。再如"贱躯"，李陵《与苏武诗》之一："欲因晨风发，送子以贱躯。"此外，还有"贱人"，犹言"鄙人"，《左传·昭公二十七年》："我，贱人也，不足以辱令尹。"尚有"贱子"一词，这不是称自己的儿子，而是古人自谦之词。鲍照《代东武吟》诗："主人且勿喧，贱子歌一言。"后来，很少有人自称"贱人""贱子"了，用为他称时，多有轻视之意。不过，古时为妻、为妾者自谦之词中有"贱妾"一词。古时丈夫对自己的妻子可以称"贱内"或"贱荆"。此外，还可以称"贱累"（累：即家累之义），如《金瓶梅》第六十一回："贱累还恐整理的不堪口，教列位哥笑话。"古代常用谦称中，尚有"愚""蒙""民"一类。"愚"，本义是愚蠢、鲁钝，作为谦称，就表示自己是愚鲁之人。"蒙"，本义是覆盖，故而有暗昧不明之

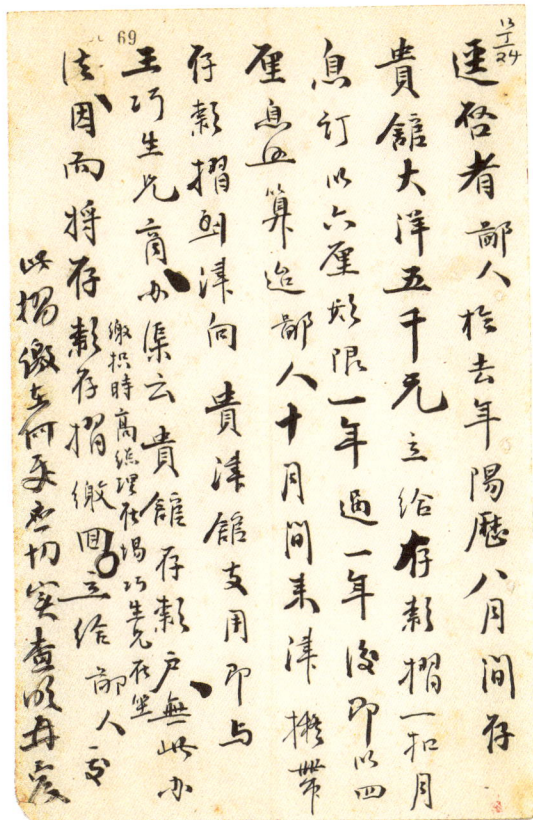

段士珍致商务印书馆信函首页（17cm×25.6cm）

义，如蒙童、启蒙、蒙昧之类。由此引申，就可作为自谦之词。"民"，本义是盲，故引申为平民百姓之称，如果本身是为官之人，自称为民，就是一种谦称。在古代的谦词中还有"不穀""不佞""不才""不肖"等自谦之称。也就是说在一个表示褒义的单词前加个"不"字，就成贬义，用作谦词。"不穀"，就是不善。先秦时常用作王侯的谦称，秦汉以后，基本上不再使用。"佞，才也"，"不佞"，即无才。《左传·成公十三年》："寡人不佞"，一直到现代仍有用的，如鲁迅《书信集·致章廷谦》："不佞对之颇有恶感。""不才"也是对自己的自谦之称。《左传·成公三年》："不才，不胜其任。""不肖"，本义是不似其贤人有才有德。郑玄注："肖，似也。不似，言不如人。"由不如贤人，而引申为无才之人、无德之人。加

"不"字的自谦之词，尚有"不文"，本义是无文采、不光彩，引申为无才气，有如"不才"，而作自谦之词。除前述，自谦之词还有自称"小人"之类的谦称。凡以小为词，当然就有卑小、低下之义。在称谓中，若用为他称，如"小子""小人"等，或表上对下、尊对卑、长对幼的关系，或表示轻视、贱视之义。如果用于自称，当然就成为谦称了。比较常见的有："小人""小子""小可""小我""小的"等。"小可"本义是平常、普

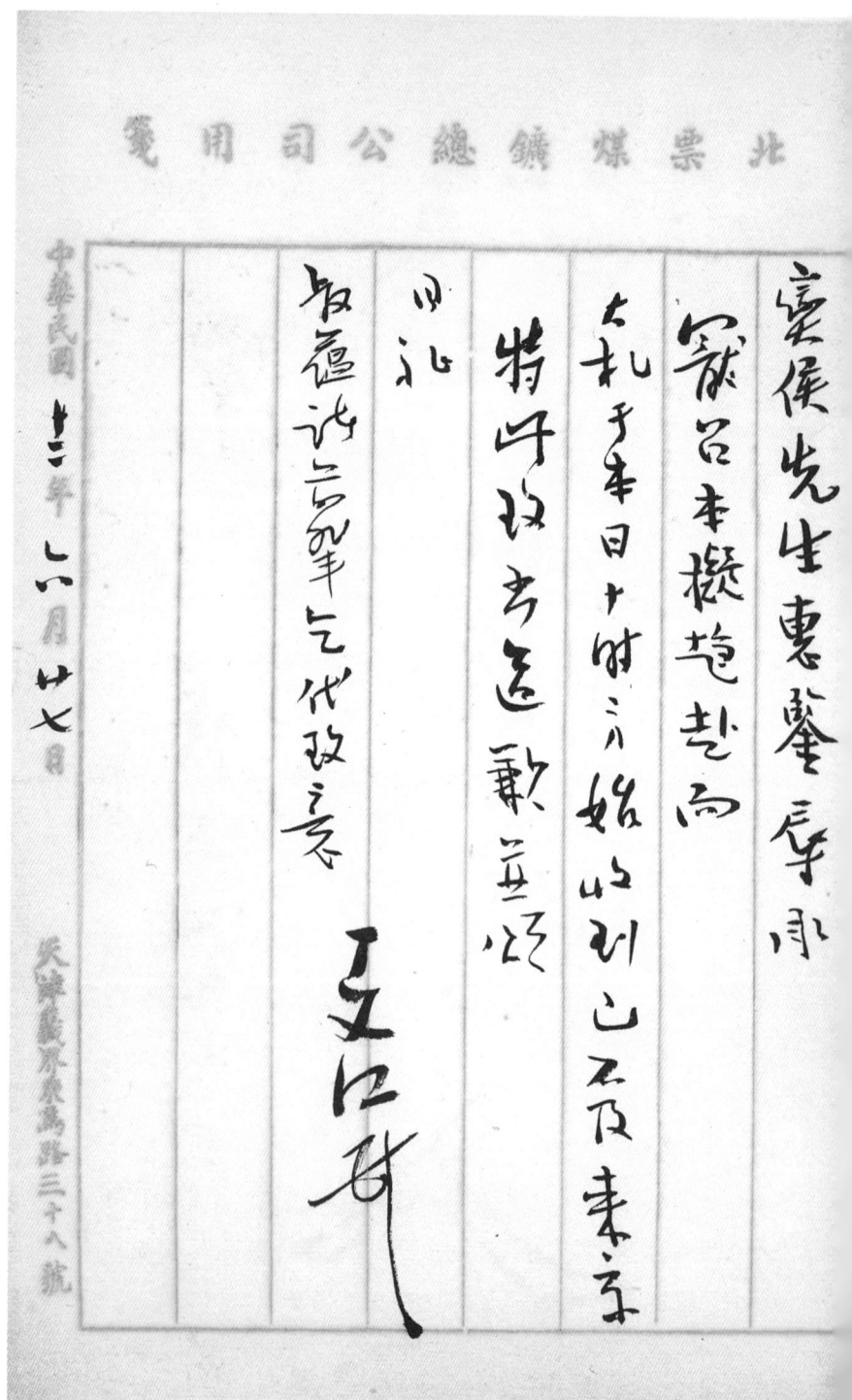

丁文江致金梁书札（27cm×18cm）

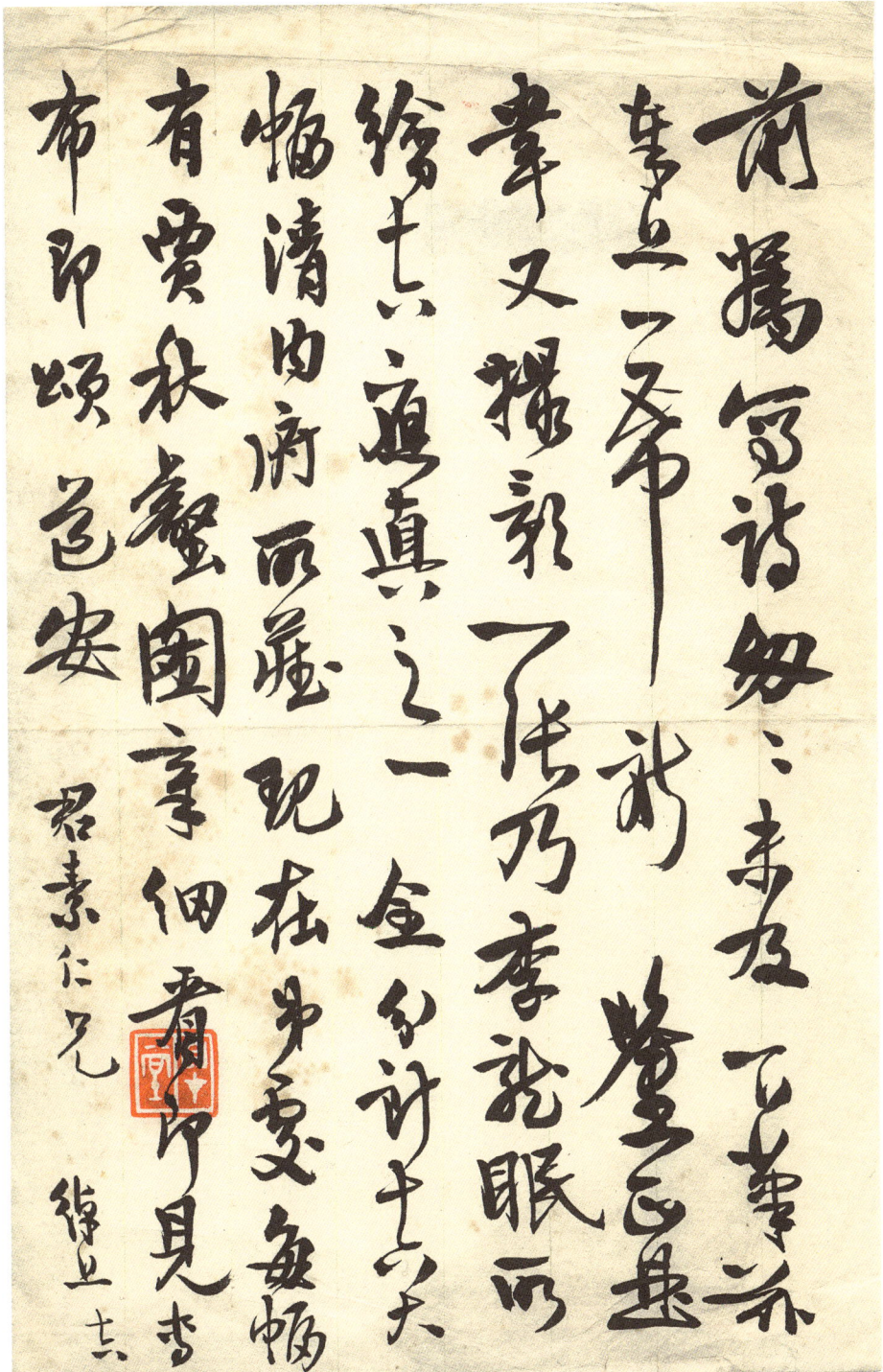

叶恭绰致姚灵犀书札（20.5cm×29.2cm）

通，如"非同小可"一语，古今通用。"小的"与"小人"同义，多用于下对上、卑对尊。谦称使用时，还要视年龄与自己差别的大小而有所区分。相差十岁以内的可自称晚、晚生；小十岁开外的，即可称后学，当然亦可称晚；如小了近二十甚至二十岁开外，则可视对方为长辈了，称后生、后学、仆等更合适些。古人极重尊师，不仅对自己的受业师，凡是学界前辈、科举考官，均以师事之。凡在师辈前，自称均用谦称。最常用的是"学生"，或称"后学""晚学""受业"。与"学生"相近的有"小生"。"小生"的初义与"学生"相近，大约从唐代开始，小生被用为自谦之称。还有一个必须提到的称呼"门生"。"门生"之称始于汉代，在整个汉魏六朝，"门生"的主要含义都不是"学生"，而是门下之人，"依附名势者为门生"。隋唐以后，科举大兴，考生尊主考官为"座主"，而自称为"门生"。由于这类关系很容易拉帮结派，故而历代往往有禁止使用这类称呼的规定，清代更是严加禁止。所以"门生"这一谦称与上述同类的谦称在用法上有着明显的不同。用作自我谦称的还有"某"字。"某"在古代汉语中可以代称人、地、事、物。用以称人，可以是他称，也可以是自称。对同辈中亲近或很熟悉的年幼者，则可称弟，但一般相交或不熟悉的可择用"兄""先生"一类的尊称。

此外，尚有"棘人""散人"等有别于谦称的自称。旧俗，父死后居丧，自称"棘人"。《诗·桧风·素冠》："庶见素冠兮，棘人栾栾兮，劳心博博兮。"毛亨传："棘，急也。"汉郑玄笺："急于哀戚之人。""散人"，闲散的人，即不为世用的人。《庄子·人间世》："且也若与予也皆物也，奈何哉其相物也？而几死之散人，又恶知散木？"唐成玄英疏："匠石以不材为散。"唐代陆龟蒙《江湖散人传》："散人者，散诞之人也。"

父母给子女写信，就不必客套了，直接写"父字示某儿"或"示某儿"。不过，古人子女一般都不止一个，故而在几个儿子之间必然有"长子""次男""幼子"等称呼。古代一夫多妻的家庭并不鲜见，而子女的称呼也就有了区别。正妻所生就称"嫡""嫡子""嫡女""嫡嗣"。嫡子还称"嗣子""世子""后子"等。"嗣子"，含有传宗接代的意思，如《汉书·高后纪》："世世勿绝嗣子"，故而后世常用作对别人家儿子的敬称，如"令嗣""哲嗣""根嗣"等。与"嫡子"相对，妾所生之子就称作"庶子""庶男""别子""孽子"等，这些称呼，先秦时常见，秦汉以后只有"庶子"等还继续使用。在有关子女的称谓中，还有一类情况，就是非

敬啓者 前慶弔仍需款 摺內尚存銀乙千陸百元
乞悲歉 在摺一扣並以專呈
文由 貴肉館接交後收者感此
商務印書館
高張鮑滿任者先生左右
李王
棘人嚴璩稽教
辛未十二月十九日
滿君忠等稅情感涕無涯
30

严复之子严璩值守孝之期致张元济信中，自称"棘
人"，钤蓝色印章（16.5cm×25.6cm）

自己生育的而是收养的子女，可以称为"养子""养女""义子""义女"，今天仍沿用。此外，又可称为"假子"。还有一个常见的代称叫"螟蛉"。这一称呼，来源于《诗·小雅·小宛》："螟蛉有子，蜾蠃负之。"蜾蠃是一种细腰蜂，常捕食另一种昆虫螟蛉，将产卵管刺入螟蛉体内，注射蜂毒使其麻痹，然后负之，置于蜂窝之内，作为蜾蠃孵化出的幼虫的食料。古人不明这一过程，误认为蜾蠃在养螟蛉之子，故而有了上面的诗句，后人也就

夏丏尊给女儿夏满子的信（15cm×24cm）

以此为典故而将养子称为"螟蛉"或"螟蛉子"。古代女孩参加社会活动的机会很少，因此对女孩的称呼从古至今一直是"女"。对别人的子女，一般称为"爱"或"媛"，也称为"令媛"、"闺媛"。与男儿不同的是，古人对女儿是否出嫁十分重视，对未出嫁的女儿有专门的称呼，主要有"处子"或"处女"。所谓"处"，其义是居住、处所，"处女"就是居于家中未曾出嫁的女子。古人对于"处女"的理解，与后来以是否与男性有过性关系来区别是否"处女"，是有所不同的。女儿之夫，从古至今一直称为"婿"，如"女婿""快婿""门婿"等。不过，人家有女无子，恐世代从此绝，不肯嫁出，招婿住女家者，被人轻视，称之为"招赘"，并有专门称谓"赘婿"。女婿到了岳丈家，除岳父母可以称"贤婿"之类，岳父家都不能以"婿"相称，多尊称为"姑爷"或"姑夫"。旧时对人称自己儿子尚有"豚儿犬子"的谦词。《史记·司马相如列传》："少时好读书，学击剑，故其亲名之曰'犬子'。""豚犬"，三国时，曹操对刘表儿子的讥嘲。"豚"：小猪，也泛指猪。《三国志·吴志·孙权传》裴松之注引《吴历》曰："公见舟船器仗军伍整肃，喟然叹曰：'生子当如孙仲谋，刘景升儿子若豚犬耳！'"旧时也以"豚犬"作为称自己儿子的谦辞。

以上简述了人们常用或常见的尊称和谦称。现在来谈书写的形式。自称名，如是双名，则多用其中的一个字。书写形式应写成比正文字体小一号，并偏于右方。一类是：字号(关系词)+尊称+敬词。另外一类：字号+尊称+鉴（览）。鉴、览，都是看、阅的意思；为表示尊敬，还常常在前加"惠""赐""大"等词，写成"惠鉴""赐鉴""大鉴"等。称呼时，或写成"××仁兄阁下"，或写成"××仁兄惠鉴"，但不要写成"××仁兄阁下惠鉴"。这样，把两种形式混合，不合法式。

称呼中的敬词，因收信人的地位、职业、性别等不同，使用起来也有分别，而且词汇也比较丰富，下面分门别类地列出一些常见的：

（1）用于父母的：膝下、膝前。（《孝经·圣治》："故亲生之膝下，以养父母之严。"《注》："膝下，谓孩幼之时也。"后来专用作对父母的敬称。）

（2）用于其他尊亲的：尊前、安鉴、安禀、福鉴、尊鉴。

（3）用于亲友长辈的：尊前、尊右、慈鉴、钧鉴、赐鉴、座前、道鉴。

（4）用于兄弟姐妹的：手足、入览、收览、如晤、如见。

（5）用于亲友平辈的：阁下、足下、执事、尊座、座右、钧右、左右、台前、台

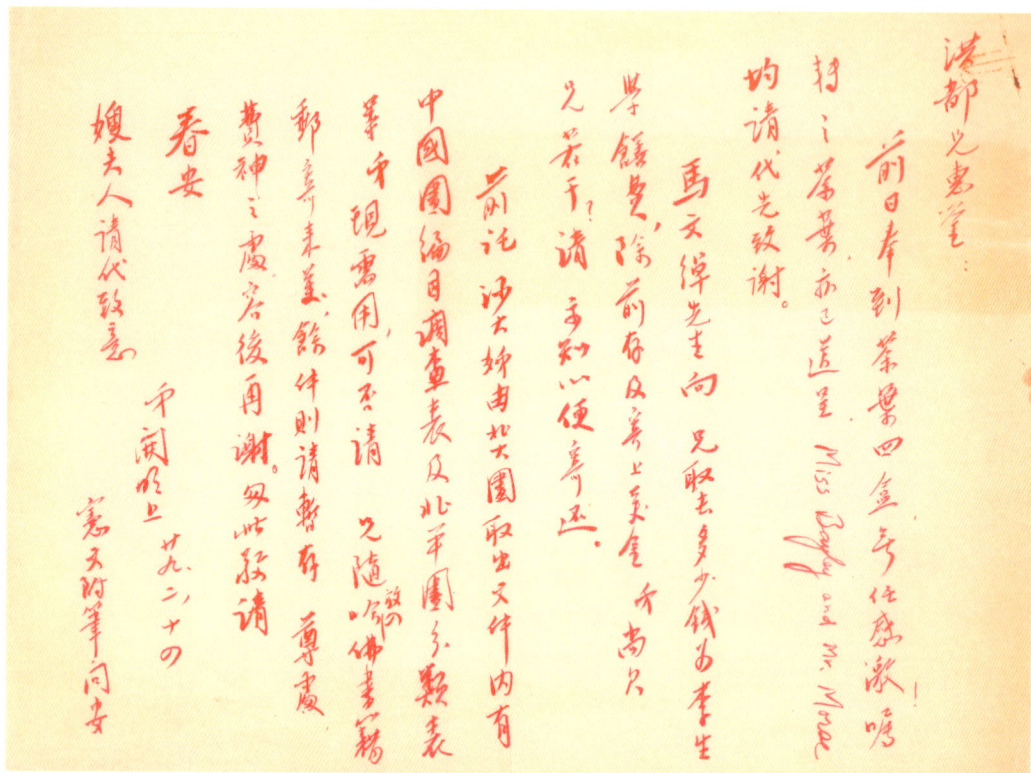

裘开明致田洪都信函（28cm×21.5cm）

下、台右、鉴、览、台鉴、大鉴、英鉴、惠鉴、赐鉴、惠览、赐览。

（6）用于年幼平辈、晚辈的：收鉴、入览、入青、入见、知悉、阅悉、收悉、收读。

（7）用于长辈妇女的：懿鉴、妆前、侍右。

（8）用于平辈、晚辈妇女的：妆次、芳鉴、芳览、雅鉴、雅览。

（9）用于师长的：吾师、函丈、讲席、座前、座右、左右。

（10）用于政界的：台座、钧座、钧鉴、勋鉴。

（11）用于军界的：麾下、勋座。

（12）用于宗教界的：莲座、法鉴、道鉴、清鉴、仙览。

（13）用于学者的：史席、撰席、著席。

芘庵学兄惠鉴 久未通候 敬維
新春多吉 動止增祥 為頌為念 蘇寄上經濟植物學圖十
二幅並說明即希 察收 益將稿費促速寄下以慰慇子
植物分類學講義最後一次校稿 於已印就希情早寄
以期校定敏製織版早日出版也 耑此故頌
春禧
弟 胡先驌林啟 二月十四日
略有修正從一再行寄上 又及
請將蘇寄上經濟植物學稿第九章至第十六章原稿寄下

胡先骕致苊庵书札（12.5cm×22.5cm）

随着社会的进步，"起首语"，也就是对收信人的称呼有了很大的变化。如在称谓上：

（1）给长辈的信。若是近亲，就只写称谓，不写名字，如"爸""妈""哥""嫂"等；亲戚关系的，就写关系的称谓，如"姨妈""姑妈"等。对非近亲的长辈，可在称谓前加名或姓，如"王阿姨""张叔叔"等。

（2）给平辈的信。夫妻或恋爱关系，可直接用对方名字，爱称加修饰语或直接用修饰语，如"萍""丽敏""亲爱的"等；

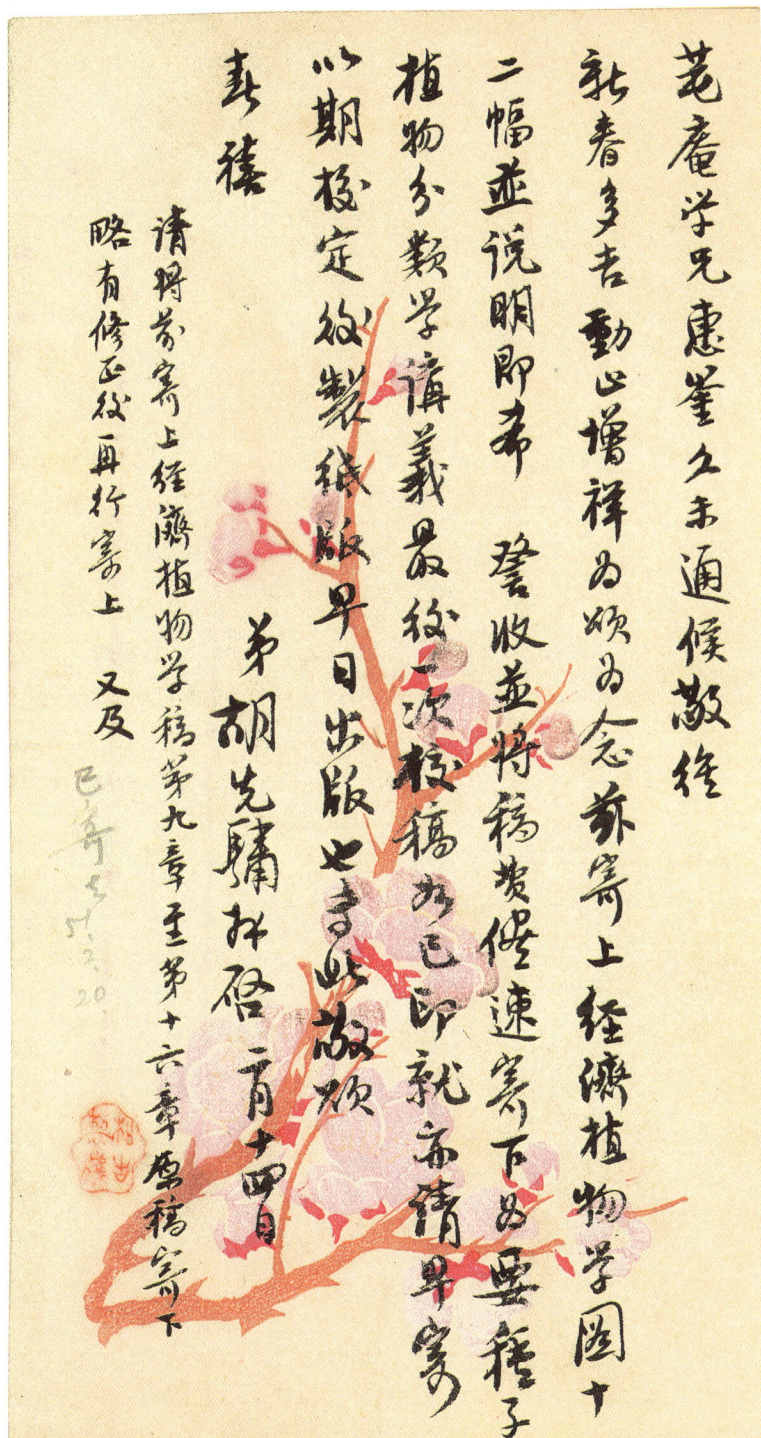

钱穆1955年致商务印书馆信（26cm×25cm）

钱基博（钱钟书之父）致吴伟治信札
（26.8cm×17cm）

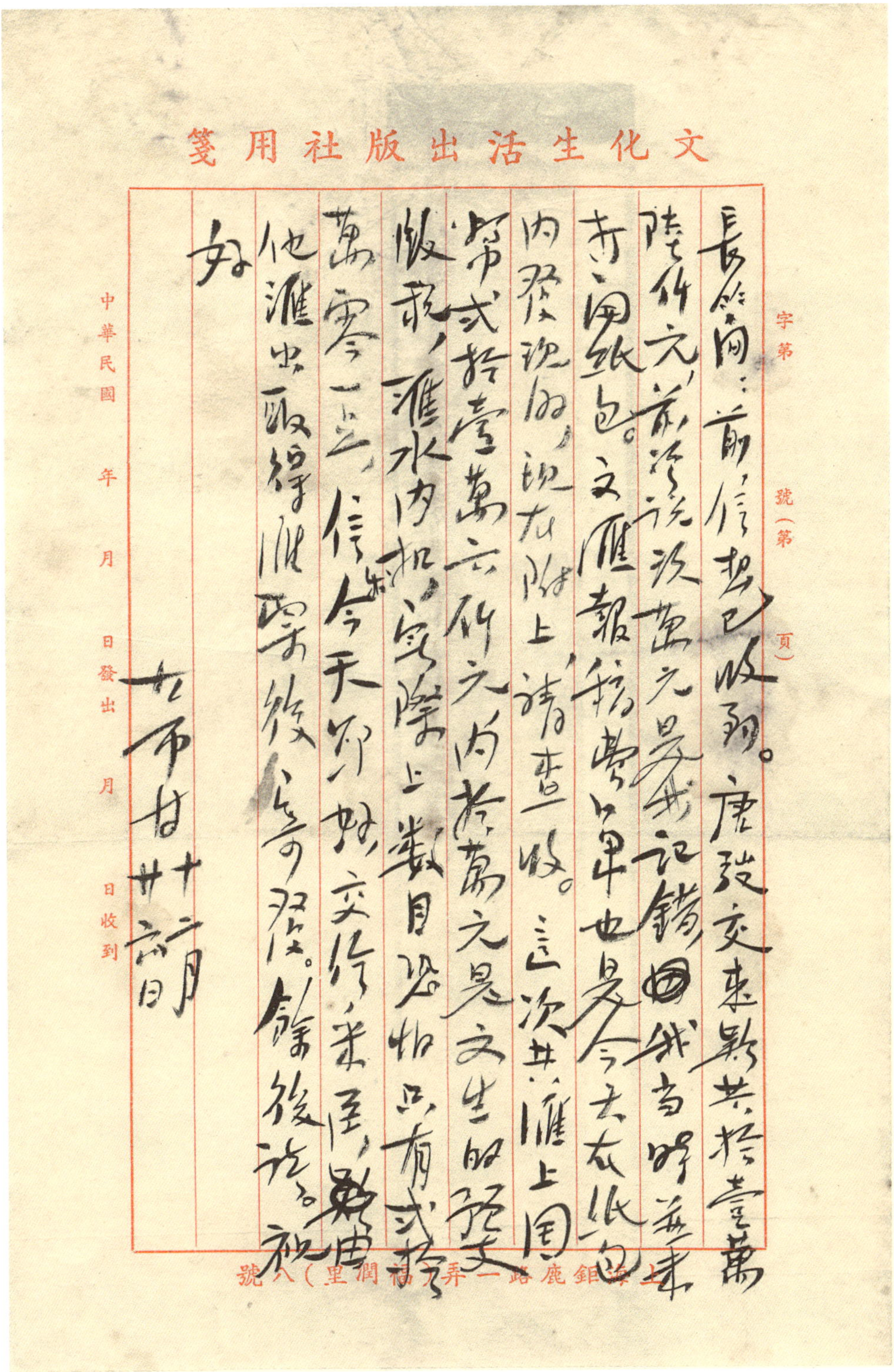

長倩簡：前信想已收到。唐弢交來點共捨壹萬
陸仟元，前洧說汝當元是否記錯，田我言時並未
持閱報告，文匯報稿費二年也是。今支友紙包內
內發現細，現在附上請查收。言次共滙上圖

常式稿費壹萬六仟元办若高元是文生的要
版求。滙水乃祝氣除上數目汝如只有式
他滙出取得滙票發票等程。餘後詳。 祝
万零一正信令天即交伟來毫，另有式

好 丙甲十二月廿六日

中 華 民 國　年　月　日發出
　　　　　　　　月　　日收到

文化生活出版社版用箋

上海鉅鹿路一弄福潤里（八號

巴金致王长简书札（26.5cm×17.5cm）

同学、同乡、同事、朋友的信，可直接用名字、昵称或加上"同学""同志"，如"秋生同学""老李同志""小刘""阿群"等。

（3）给晚辈的信。一般直接写名字，如"国庆""丽华""阿才"等；也可在名字后加上辈分称谓，如"芳晓侄女"等；亦可直接用称谓作称呼，如"孙女""儿子"等。

（4）给师长的信，通常只写其姓或其名，再加"老师"二字，如"方老师""王师傅""子来老师"等。对于十分熟悉的师长，也可单称"老师""师傅"。假如连名带姓，在信首直称"孙顺义老师""张宝旺师傅"，就显得不大自然且欠恭敬。对于学有专长、德高望重的师长，往往在姓后加一"老"字，以示尊重，如"姜老""弥老"，亦可在姓名后加"先生"二字。为郑重起见，也有以职务相称的，如"张教授""陈大夫""秦工程师"等。

（5）给一个单位或几个人的信，又不指定姓名的，可写"同志们""诸位先生""××等同志"等。给机关团体的信，可直接写机关团体名称。如 "××委员会""××公司"。致机关团体领导人的信，可直接用姓名，加上"同志""先生"或职务作称呼，亦可直接在机关团体称呼之后加上"领导同志""负责同志""总经理""厂长"等。

如果信是同时写给两个人的，两个称呼应上下并排在一起，也可一前一后，尊长者在前。

上述五种场合，有时还可按特殊对象，视情况加上"尊敬的""敬爱的""亲爱的"等形容词，以表示敬重或亲密之情。

现在写信正文通常以问候语开头。问候语最常见的是"您好！""近好！"依时令节气不同，也常有所变化，如"新年好！""春节愉快！"问候语之后，常有几句起始语。如"久未见面，别来无恙""近来一切可好？""久未通信，甚念！"之类。问候语要注意简洁、得体。

2. 正文

信的正文，即写信人对收信人说的话，这是书信的主体。正文从信笺的第二行开始写，前面空两字。如果起辞单独成行，正文可在起辞的下一行空两字开始书写。书信的内容各不相同，写法上也无须一律，以表情达意准确为原则。一般说来，应先谈谈有关对方的事情，表示关切、重视或谢意、敬意，然后再谈自己的事情。书信程式中正文前一般有"起语"，也就是书信开头的话。起语有两类：一是以寒暄之语起头，二是直接以"迳启者"之语起头。一般说，比较客气的朋友，或久不通信时，宜用第一类；关系较密切或常有书信往来者，可用第二类。用寒暄之语，便于创造气氛，进入角色。有人说，这好比接待久别的亲友，在谈主题之前，往往要延坐敬茶，叙阔道安，寒暄客气一番，这就相当于信文的开头了。寒暄语要注意见机行事地来借用相应的话题，引出主题，这好似诗歌创作中的比起法，先言他物以引起歌咏之词。如问起居安福，身体康泰，表示思念，颂扬赞佩，等等。如果是复信，常常要写："来札敬悉，俱聆一切""恰诵大教，惠我良多""刻接手毕，无任欢欣""迭展华函，如亲旧雨"，等等。但值得注意的是，寒暄时，要真诚、热情、自然，不可给对方言不由衷、无病呻吟、矫揉造作之感。如有的信写道："××大人侍右：久疏音

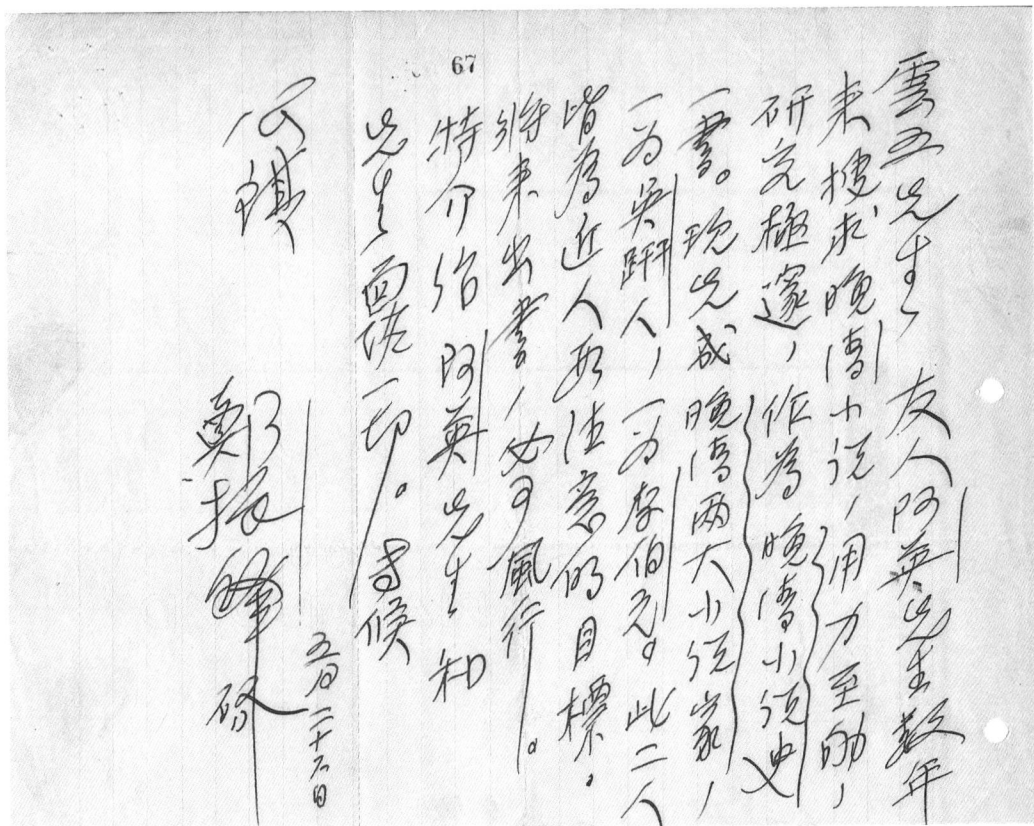

郑振铎致王云五书札（25.5cm×15.5cm）

问，驰慕何极，伏维台候起居万福，至切私祷。"既然有那么急切的思念之情，为什么"久疏音问"？不能自圆其说，纯属虚套。起语还要抓住对方至为关切的大事，表示慰问或祝贺，不可不问不闻。如对方的升迁、乔迁、生子之喜，要在起语中提及祝贺，使对方得到满足。怀想、问候类的起语，一般要写得稍有文采，这样会使感情表达得淋漓尽致，读之有味。如有的信写：

　　惠书敬悉，情意拳拳。接获手书，快慰莫名。

　　昨得手书，反复读之。谕书敬读，不胜欣慰。

　　拳拳盛意，感莫能言。顷接手示，甚欣甚慰。

　　久不通函，至以为念。前上一函，谅已入鉴。

　　喜接来函，欣慰无量。顷奉惠函，谨悉一切。

　　顷接手示，如见故人。得书甚慰，千里面目。

　　得书之喜，旷若复面。数奉手书，热挚之情，溢于言表。

　　顷奉手教，敬悉康和，至为欣慰。久未闻消息，唯愿一切康适。

　　手书已接多日，今兹略闲，率写数语。

还有在开头部分表达钦佩之语的：

　　奉读大示，向往尤深。喜接教诲，真解矇矣。

　　大示拜读，心折殊深。谨蒙诲语，用祛尘惑。

　　大作拜读，敬佩之至。顷读惠书，如闻金玉良言。

　　久钦鸿才，时怀渴想。德宏才羡，屡屡怀慕。

　　蒙惠书并赐大著，拜服之至。

也有在信的开头表达思念之情的：

　　分手多日，别来无恙？岁月不居，时节如流。

　　别后月余，殊深驰系。一别累月，思何可支？

　　海天在望，不尽依依。

　　别后萦思，愁肠日转。

　　离别情怀，今犹耿耿。

　　别来良久，甚以为怀。

　　近况如何，念念。前上一函，谅达雅鉴，迄今未见复音，念与时积。

亦有在开头部分表达问候的：

炳松先生大鑒。接展

手書欣悉 貴館繼續印行萬有文庫第

二集冀為民旅復興運動之助洵屬有益

之刊物。當轉介各學校量力購置即希由

貴館用書面呈部以便飭秘書屬用適當

之手續審理專復順頌

著祺。

弟 王世杰謹啟 十月九日

王世杰致何炳松书札（17.2cm×24cm）

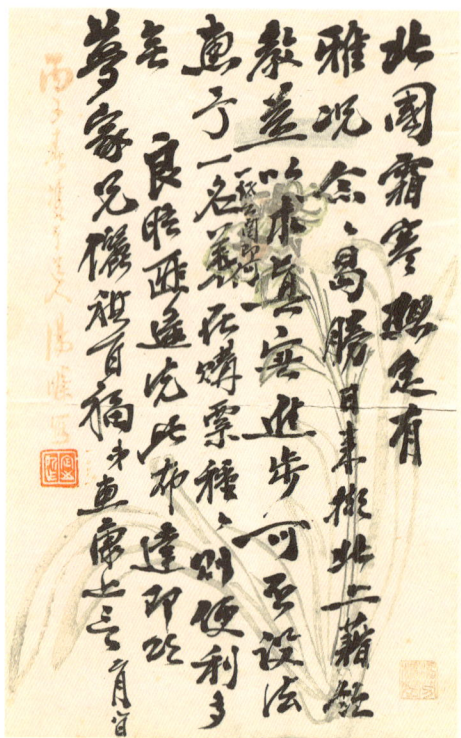

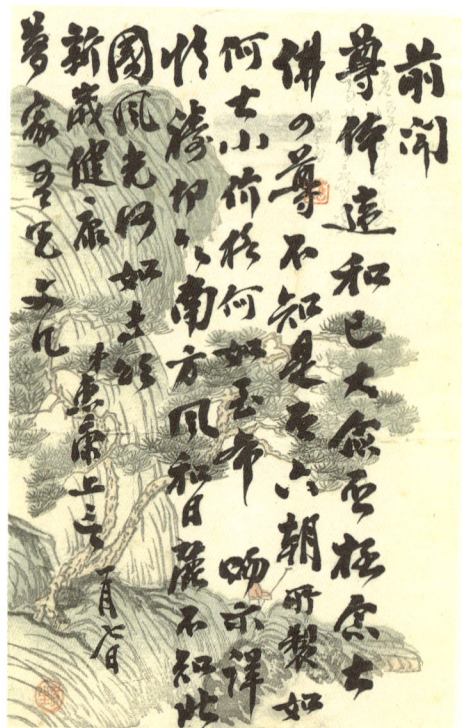

丁惠康致陈梦家书札（25.5cm×17cm×2）

春寒料峭，善自珍重。

阳春三月，燕语雕梁，想必心旷神怡！

当此春风送暖之际，料想身心均健。

春日融融，可曾乘兴驾游？

春光明媚，想必合家安康。

时欲入夏，愿自珍重。

赤日炎炎，万请珍重。

汗暑无常，伏维珍重自爱。

渐入严寒，伏福躬无恙。

入秋顿凉，幸自摄卫。

多有在开首自报平安的：

敝寓均安，可释远念。

阃寓无恙，请释悬念。

贱体初安，承问极感。

贱躯如常，眷属安健，聊可告慰。

微恙已愈，顽健如往日，免念。

常用的引领语中祝贺或致歉语居多：

欣闻……谨寄数语，聊表祝贺。

谨以至诚，恭贺你们……

喜闻……由衷快慰，匆致此函，诚表贺意。

惠书敬悉，甚感盛意，迟复为歉。

音问久疏，抱歉良深。

久未通函，甚歉。

第二类写法比较直接，开门见山。但要根据不同的对象，使用不同的启语，如给父母尊亲的，一般用"敬禀者""叩禀者""跪禀者""跪启者"等；其他尊长，用"敬启者""谨启者""拜启者""谨肃者""兹肃者""敬复者""谨复者"等；于晚辈就用"兹者""启者""兹启者""迳启者""兹复者"等。

3. 书信的结尾

书信的结尾有两个部分，一是书信临结尾时使用的特定词句；二是正文末尾使用的祝颂用语；书信临结束时可选用一些特定的词句：纸短情长，不胜依依；即此搁笔，余

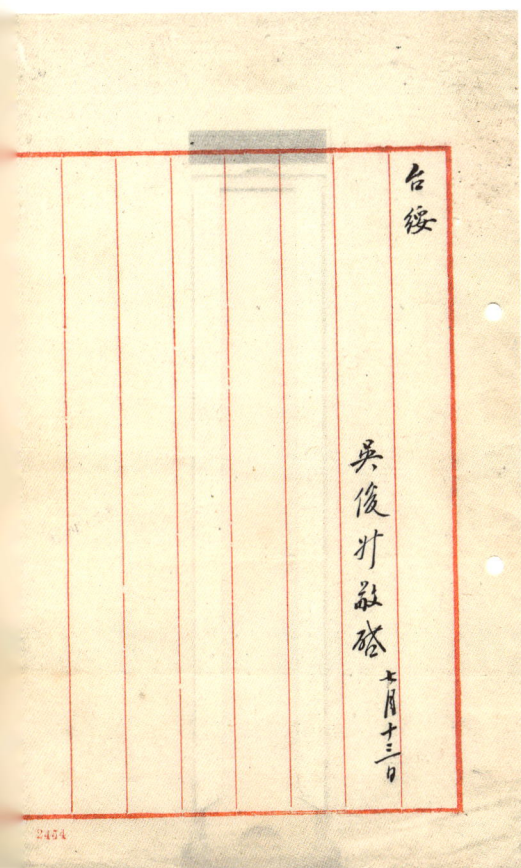

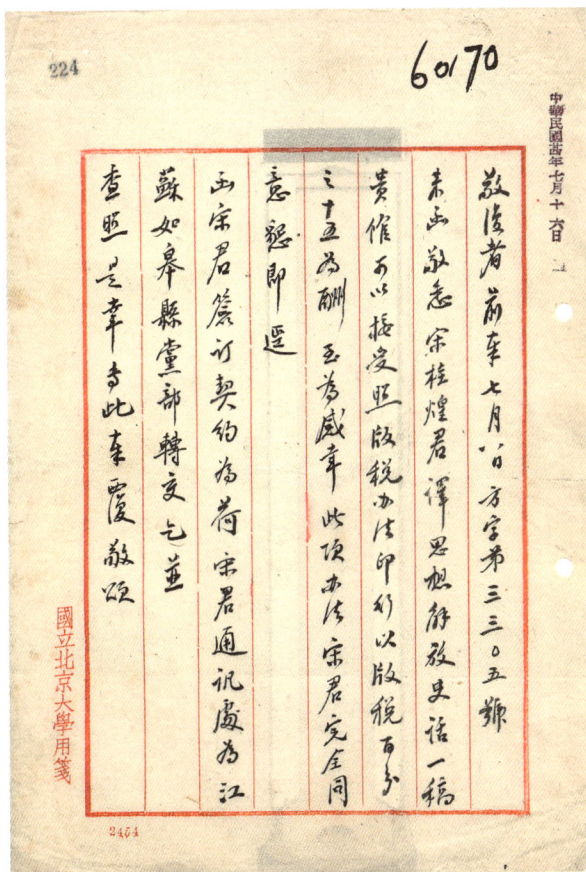

吴俊升致商务印书馆书函（28.5cm×19cm×2）

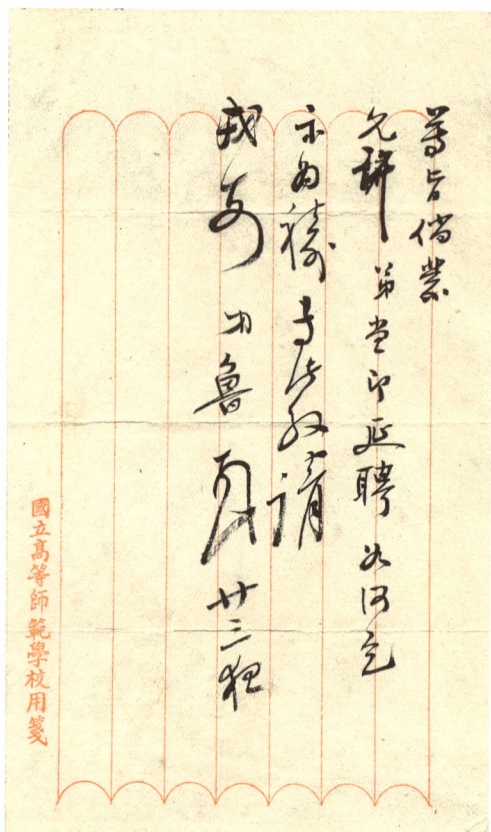

邹鲁致易培基书札（26.5cm×21.5cm×2）

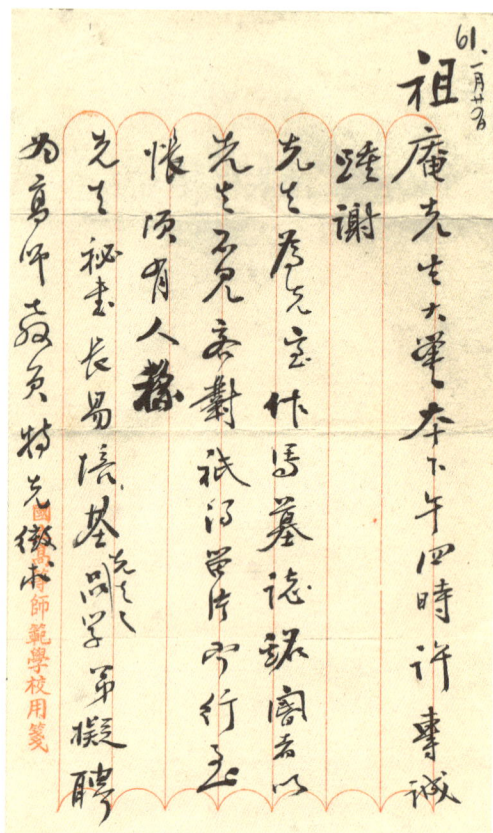

信封（22cm×10.5cm）

容后续；书不尽意，余言面禀；临书仓促，不尽欲言；琐务缠身，恕不多言；草率书此，不成文理；匆此草就，祈恕不恭；等等。

祝颂用语的格式和祝颂方式，是有规矩和讲究的：

先在正文末尾处或另起一行空两格写上：顺祝、谨祝、敬祝、恭祝、即颂、恭请、敬请等。

然后别起一行顶格写：（1）根据时令选用：春禧、夏安、秋祺、冬吉、日安、时绥、近祺。（2）根据对象的身份选用，女性：芳安；长辈：台安、福安、金安；教师：教安；编辑：编安；作家：著安、撰安（上述"安"有时也可改为"祺""吉""绥"等）。（3）根据对象的景况选用，结婚：俪安、同心永结、良缘美结、爱情永笃、新婚幸福；出行：旅安、客安；患病：痊安。要注意选用词语的合理搭配，并常作交叉变换。

关于祝颂的方式也要根据对象的辈分和尊卑，如给长辈写信一般用"敬请福安""敬颂崇祺"，同样给上级写信一般用"恭请""敬请""祗请"等，给平辈写信一般用"即请大安""顺祝商祺"，给晚辈用"顺问"即可。"祺"取吉祥之意，"商祺"仅用于商业中，意思差不多等于白话中的"生意兴隆"。

若具体归纳结尾敬词的使用范围，大致可分为：

用于祖父母及父母：恭叩金安、敬请福安、肃请金安。

用于亲友长辈：恭请福绥、敬请履安、敬叩崇安、祗请提安、敬请颐安、虔请康

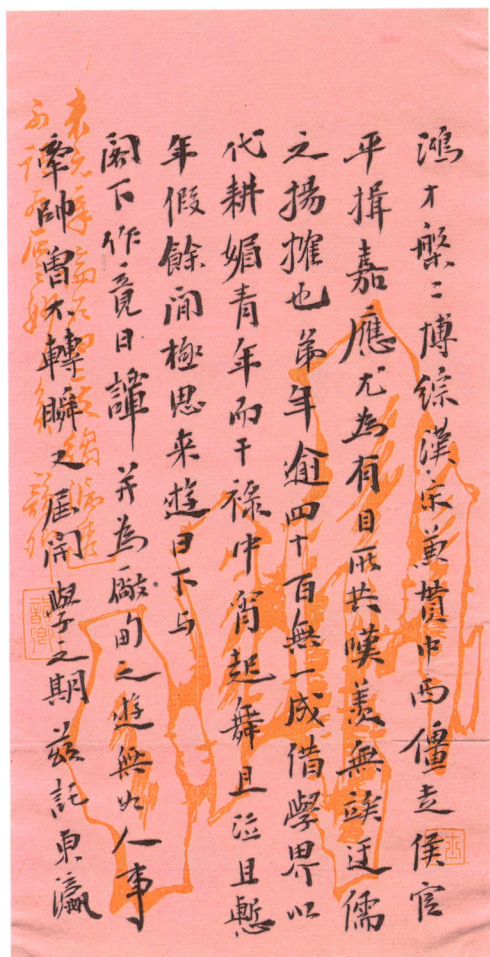

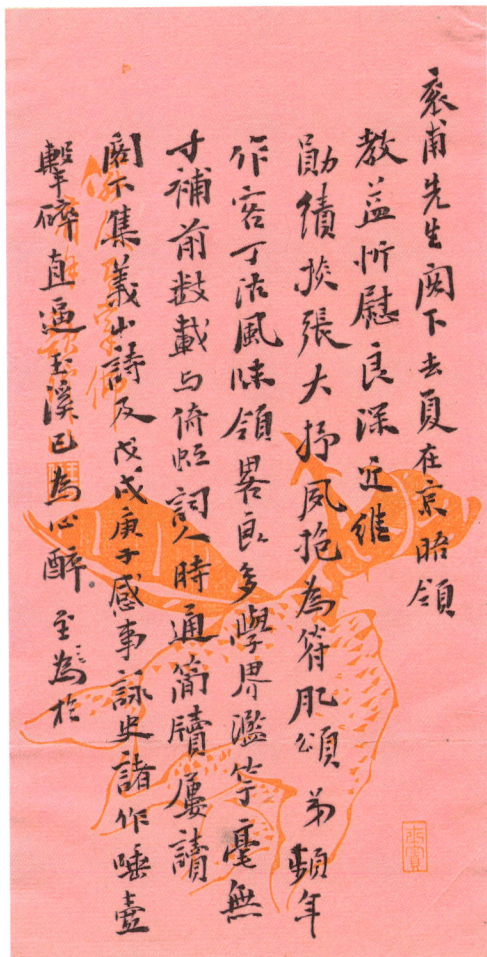

孙雄致汪荣宝书札一、二（24cm×13.5cm×2）

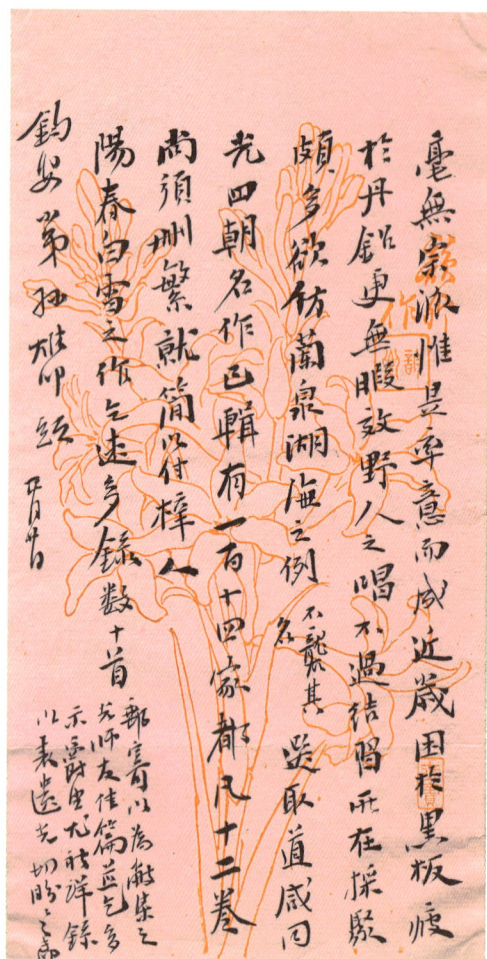

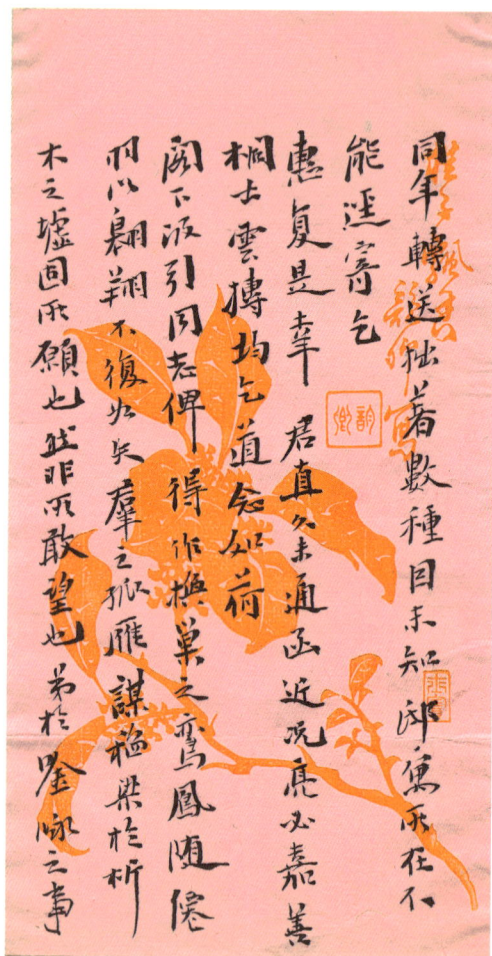

孙雄致汪荣宝书札三、四（24cm×13.5cm×2）

安。

用于老师：敬请尘安、恭请道安、肃请诲安、虔请讲安。

用于亲友平辈：敬候佳祉、并候近安、顺颂起居、顺候大安、敬颂台安、顺颂时绥。

用于亲友晚辈：即询近佳、即问近好、附颂清安。

用于有祖父及父母而在一处者：敬请侍安、敬颂侍福、并候侍祺。

用于夫妇同居者：敬请俪安、顺颂双安、敬颂俪祉（祺）。

用于政界：敬请勋安、恭请钧安、祇请政安。

用于军界：敬请戎安、恭请麾安、肃请捷安。

用于学界：祗颂撰祺、祗请著安、顺请文安、并请学安、即颂文绥、即候文祺。

用于商界：即请财安、敬候筹安、顺颂筹祺。

用于旅客：敬请旅安、藉颂旅祺、顺询旅祉。

用于家居者：敬请潭安、并颂潭福、顺颂潭祺。

用于贺婚：恭请燕喜、恭贺大喜、恭请喜安。

用于贺年：恭贺年禧、恭贺新禧、即颂岁禧。

用于吊唁：此候孝履、顺问苫次、专候素履。

用于问病：敬请愈安、即请卫安、敬祝早痊。

用于时令问候：敬请春安、顺颂春祉、敬请夏安、并颂暑祺、敬请秋安、并候秋绥、敬请冬安、此请裘安、敬请炉安。

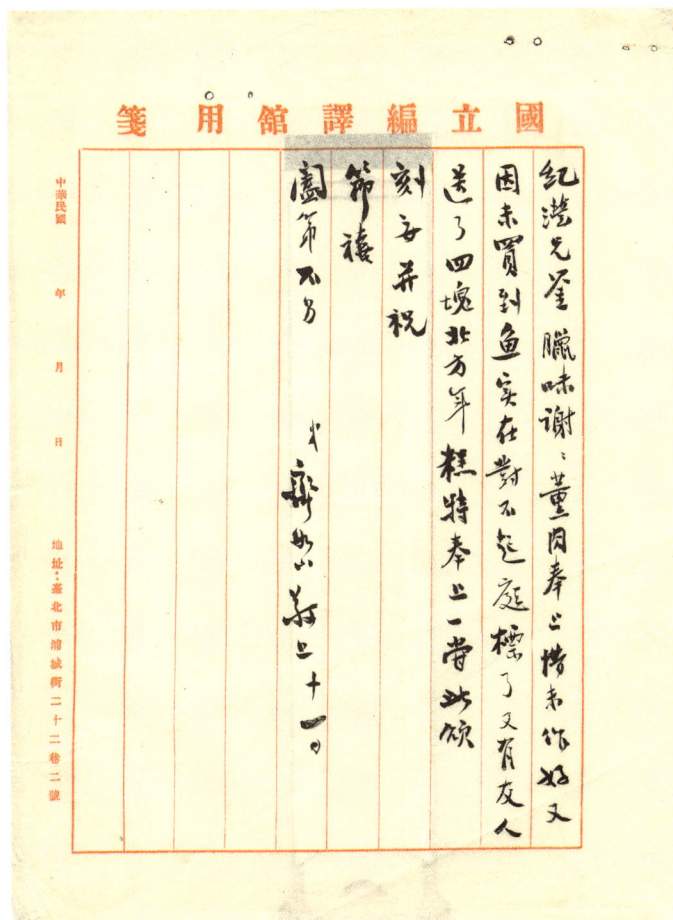

齐如山致陈纪滢书札

（28cm×18cm）

用于当日问候：即颂晨安、即请早安、此请午安、即颂晚安、即请刻安、顺候日祉、即候时祉。

现今书信的结尾已经没有旧时那样多的客套和礼数了，通常人们习惯写法无外乎以下两种：

（1）人们写信在正文写完之后，紧接着写"此致"，转一行顶格或空两格写"敬礼"。"此致"后面不加标点，"敬礼"后面用感叹号。"敬礼"好懂，"此致"是什么意思呢？"此"者，不是指后面的"敬礼"，而是指前面信中所写的内容，作用概指前文，了解全篇。"致"者，尽也，予也，含有无保留地给予或呈现之意。"此致"两字连用，意思是"上面的话说完了"，或者是"上面的话都说与你了"。它是一封信的煞尾，而不是"敬礼"的动

曹禺致刘厚生信函（25cm×16cm）

词，两者之间不存在动宾关系。因此，"此致"后面不应该加标点，应该用换行断开。

（2）不写"此致"，只是另起一行空两格写"敬礼""安好""健康""平安"等词，一定要另起一行空两格，不得尾缀在正文之后。也可以在正文结尾下另起一行写"祝你""敬祝"，再空两格写上"安好""健康"等。

4. 署名和日期

在书信最后一行，署上写信人的姓名，俗称落款。落款，就是写信人自署名字，告知对方此信是谁写的。落款处因不同的书信，有不同的写法。

署名应写在正文结尾后的右方空半行的地方。如果是写给亲属、朋友，可加上自己的称呼，如儿、弟、兄、侄等，后边写名字，不必写姓。如果是写给组织的，一定要把姓与名全部写上，而在署名之后一般要加上敬辞。使用敬辞亦有讲究：

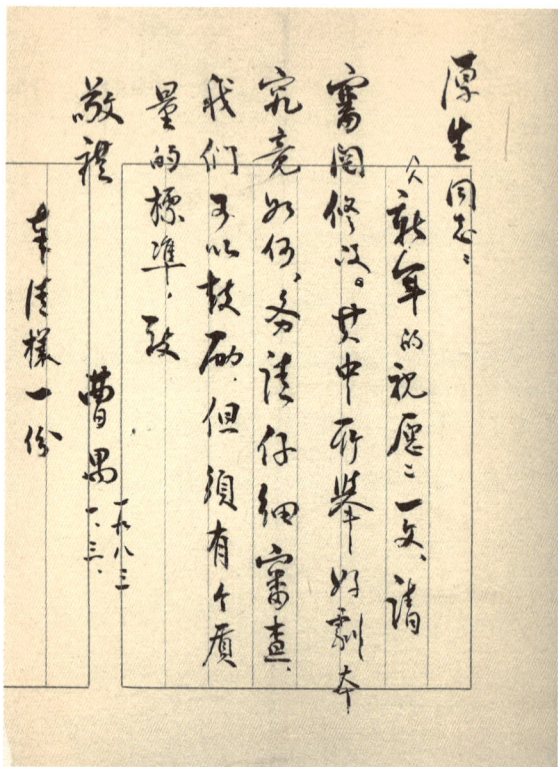

104

用于祖父母及父母：叩禀、敬禀、拜禀、肃禀、谨禀、叩上。

用于尊长：谨禀、谨上、拜上、谨肃、敬肃、敬启、谨启。

用于平辈：谨启、谨白、拜白、手启、手上、顿首、拜启、上言、拜言、启、上、白。

用于晚辈：手谕、手示、手泐、手草、草示、谕。

用于复信：肃复、手复、谨复、复。

用于不具名：名正肃（另具名片）、名心肃、名心印、知恕具、两知。

用于补述：又启、又及、又陈、再及、再陈。

社交类书信，落款包括三项内容：自我谦称、姓名、敬词。如"弟某顿首""仆某谨启"，等等。谦称时，给师长的一般自称门生、学生等；给朋友的，一般自称弟、愚弟、仆等。署名时，写姓名或名字，但不可写字号，以免有不敬之嫌。敬词

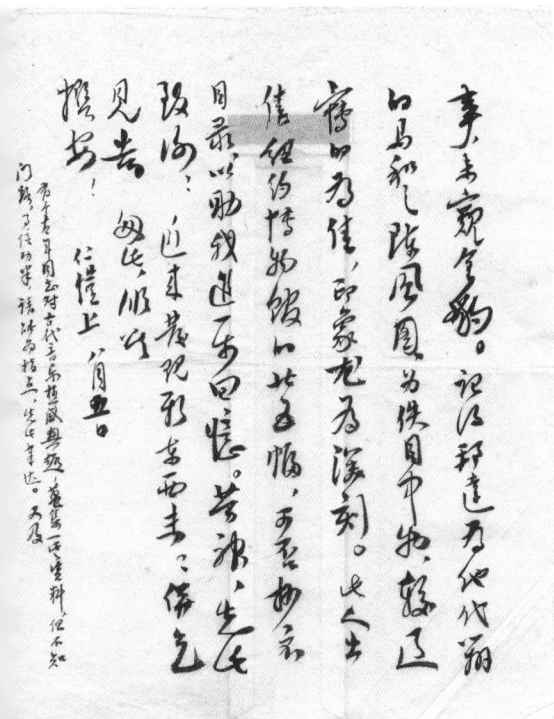

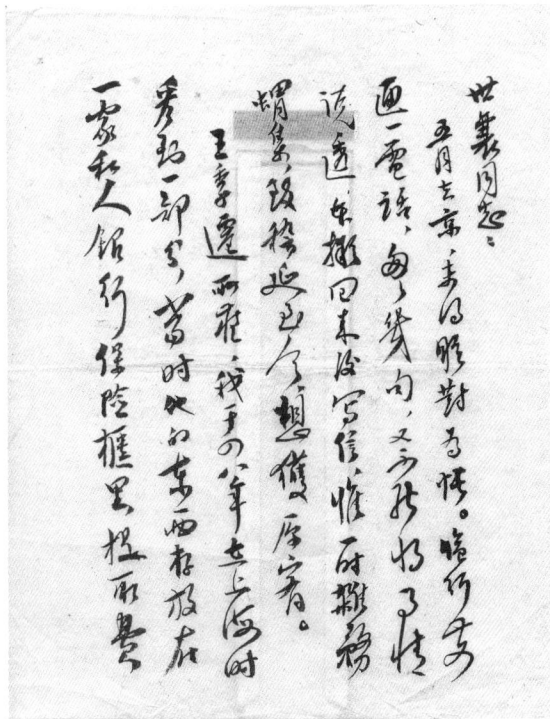

杨仁恺致王世襄书札（28cm×17cm×2）

中法教育基金委員會中國代表團上海通訊處用箋

栢丞先生惠鑒　廿九日

手書奉悉　下茲將吳蘊春君譯

歐戰之原因稿三冊逕上即祈

檢收審查結果益希

示復如

貴館有意即刊再讀耐法偶無意

收稿即將原稿寄還為荷　順頌

撰祺

沈尹默

沈尹默致栢丞书札（33cm×22cm）

张 侠 同志：

来信诵悉。我对于玄奘学识所知很浅，谬承过誉，甚感惭愧！您既频下问，当供献所知，重拟介绍对于玄奘学识真有渊知的王恩洋先生与您共商研究。请于星期六日（最近两周）上午或下午来佛学院面谈为荷！

此颂

康禾！

正果 合十 四月十一日

倘不暇来佛学院可于星期日上午到北海公园内菩提学会（白塔下西）找我

正果大师致张侠函，署名后具"合十"，此为佛教出家人之礼（17cm×24.7cm）

一般有上、启、拜、白、顿首，或敬启、敬上、拜启、谨启、谨白等。

家书类的落款，分为给长辈、平辈和晚辈的。给长辈与年长者，必须自谦要署自己的名而不可用字，以便对方回信时，自宜直呼名。如"孙××叩禀""男××叩禀"（给父母的）、"侄××谨禀"之类的字样。给平辈的署"兄××手启""弟××谨启"之类的字样。给晚辈的，如父母给儿子的，要写"父字""母字""父示""母示"，或"父手泐""母手泐"

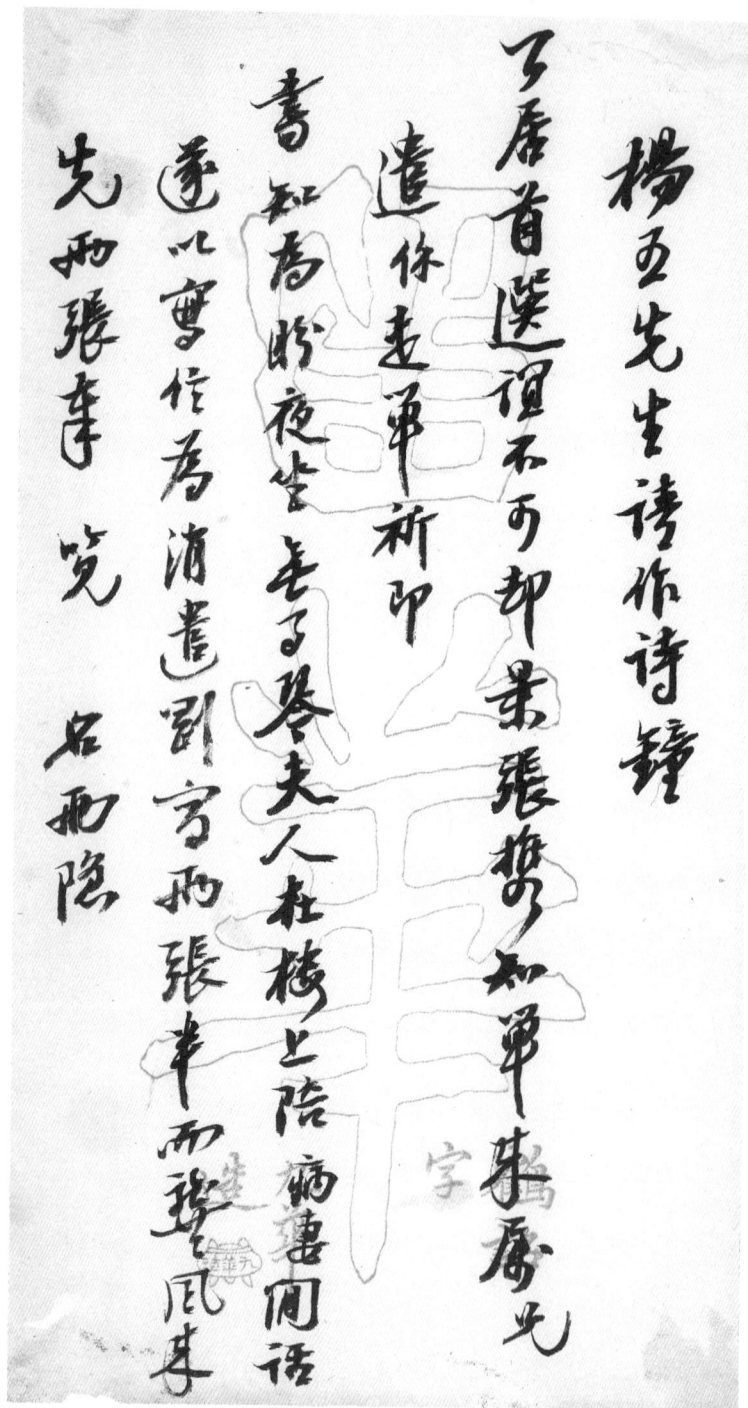

名两隐（樊增祥）致梁鼎芬"杨五先生请作诗钟"札（12.5cm×24cm）

之类的字样。

受信人见笔迹，即知其为谁，心照不宣。除前文谈及有些书信，因所谈之事，不愿署名，或因其他缘故不愿署名，常常写"名心具""名心肃"，用于不具名；名正肃（另具名片）、名心肃、名心印、知恕具、两知，则系于此信之外，另有附帖（即名片），或另有署名之正函。尚有"名单具""名笺肃""名另肃""名另泐"的。也有的信件，在落款处署"两隐""两浑"的，即上下款都略去的意思，如樊增祥先生致梁鼎芬先生的信就有署"名两隐"者。还有注"阅后付丙"的，是希望看完焚去，免为人见（在天干中，"丙"属火，故以"丙"为火的代称）。此类信件一般都是密信。

一般的家书和予友人书信是不钤印的。书信署名同时钤印的一般为公函。如家藏晏阳初先生1948年11月6日，写给金陵大学女子文理学院训导处的公函：

逕复者：顷接大函，嘱签盖桂华珍对保证明书等由，查鄙人原盖印章，现留重庆，因时间关系，为免辗转费时，兹加盖在寓使用之私章奉上，至希查照，惠准通融办理为荷。此复

金陵大学女子文理学院训导处

晏阳初启。卅七、十一、六。

拙著《旧墨记》收录沈钧儒先生于1922—1923年间任北京参议院秘书厅秘书长时写给院内行政委员会的公函，署名下钤有名章。

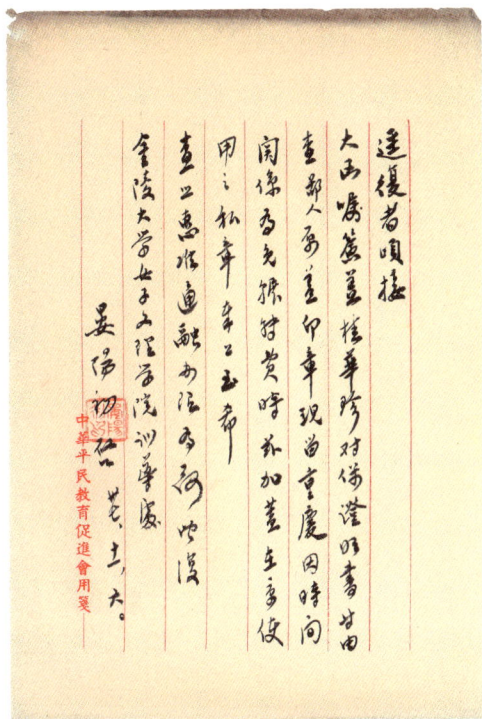

晏阳初致金陵大学女子文理学院训导处函
（19.5cm×28.3cm）

还有一种虽然是私人间通信，但涉及的是公务。如家藏的严复先生致商务印书馆总经理张元济先生的信，严、张二位是故交老友，但张元济同时是商务印书馆的老板，而严复是商务印书馆的股东。因此，他们之间的通信既有朋友间的关心问候，更主要的还有经济利益问题。因此严复给张元济的信，实际上具有公函的性质。

书信中还有一种签章的现象，那就是如同书画经过名家过目、鉴定盖下的鉴定家或收藏家的印章。敝寓所藏名家书信中不乏钤有原藏家印章者。几年前，奉命到广州出差，应一位老先生之约，到其家观赏其藏名家书信，结果发现，他家所藏书函都被他钤有他的私章。我历来反对藏者在名家书信上钤下自家印鉴的，因此敝宅之藏品均未钤本人私印。

前由黄议员元操張秘書長毅華委托逕滬代

毅政法國公電一件茲已於本月四日午後四時

二十五分由大東公司拍發每字一元（共一千三百五十六字洋五

條致蘇里歐班樂衞二人頃易鈔電費存两（細帳即由公司用銀又因電內

元八角共用去現洋两千零三十六元八角統係

墊行挪墊附呈大東收攅一紙（請父黄議員元操滙下為牵本在紙後寫明牧項呈滙祈

鑒核並叩日將歙撥還無任禱盼敬上

院內行政委員會台鑒 八月五日沈鈞儒

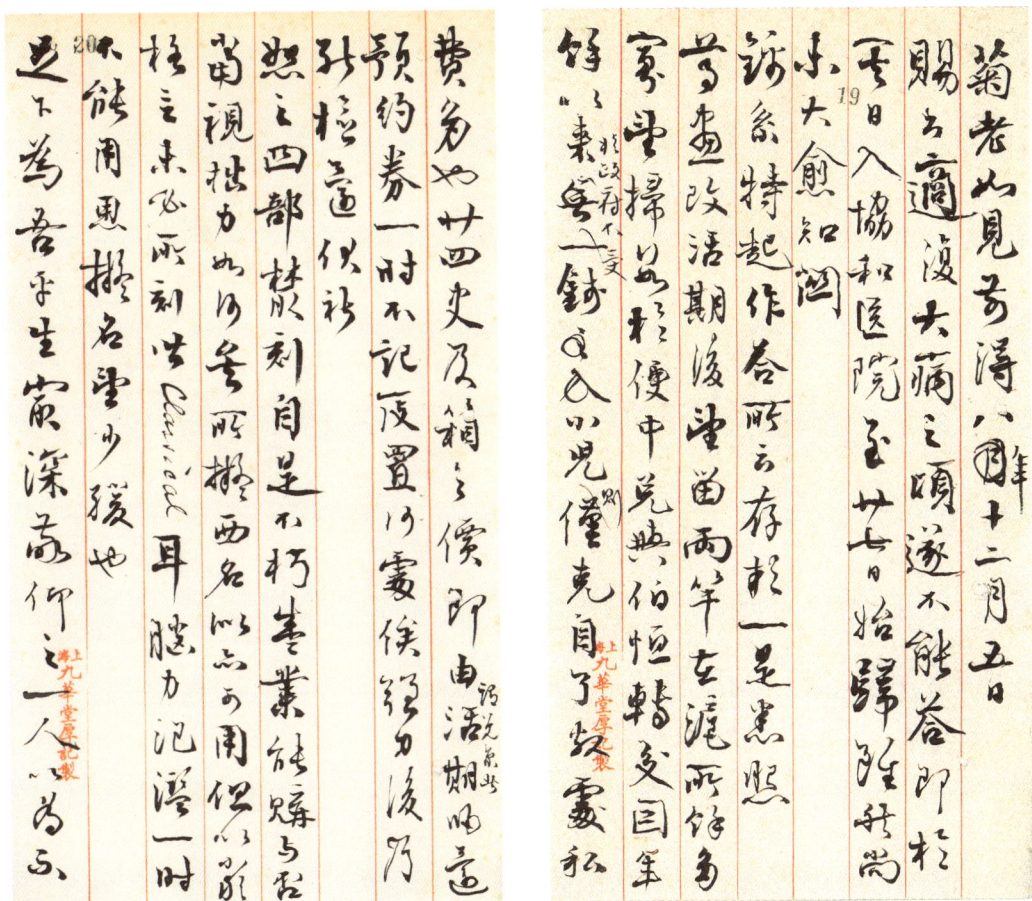

严复致张元济信之一、二页，钤"几道"章。严复，字几道

　　书信的最后一项是注明日期。写信人署名后注明写完信的时间，有时写信人还加上自己所在的地点，尤其是在旅途中写的信，更应如此。注上写信时的年、月、日，是书信的有机组成部分。对于这一节，胡适先生有一段精辟的见解。他在为陶贞白编辑的《明清名贤百家书札真迹》一书所写的序中说："信札是传记的原料，传记是历史的来源。故保存古人的书札的墨迹，即为史记保存最可靠的史料。可惜中国文人学者写信，往往不标年月日，或但记日不记年月，或但记月日而不记年。"他认为这是不"明智"的做法，他佩服张叔末每封信都标年月日的一丝不苟的精神，赞许为值得效法的"风范"。关于这一点，我是很有体会的。在我保存的文人书信中就有许

严复先生致张元济先生信之三页
（13cm×23.5cm×3）

马宗霍致钟山（钟泰）
书札，右下钤有原藏者印章
（19.8cm×29.5cm×2）

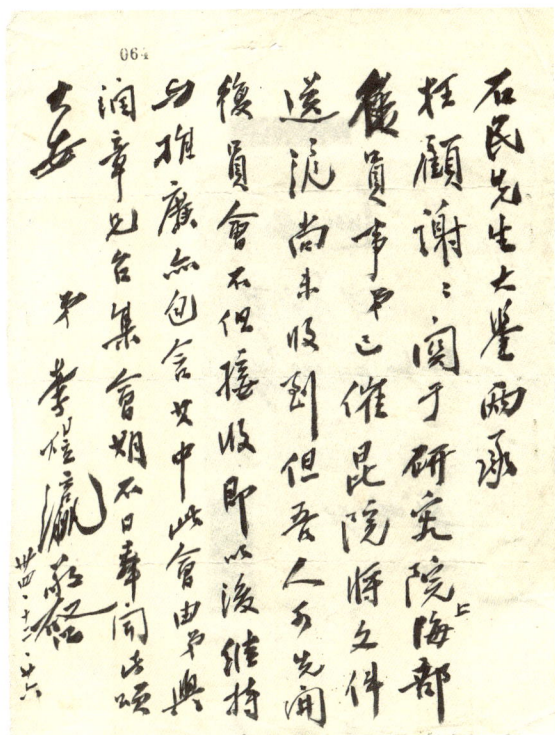

李煜瀛致石民书札，标有年月日（22cm×12cm）

多这样的只标月日，而无年份的信，在研究过程中颇费周折。前人写的浅文言书信，大多只标月日，而不标年。如果我们今天用浅文言写信，要把年月日标全。另外，为适应浅文言书信的特点，年月日都应用小写汉字米写，不宜用阿拉伯数字。如写"一九五四年八月二十三日"不写"1954年8月23日"。

正文写好后，如发现内容有遗漏，可补充写在结尾后面；或写在信右下方空白处，也就是通常所说的"附言"，就是"叙事既毕，而尚有所陈述"的话语。附言之前加上"另""又"等字样；或在附言的后面写上"又及"或"再启"字样。附言的内容很广，可以是对书信内容的拾遗补阙，可以是告知对方联系的地址、方式，也可以是其他有关内容。常有附问候语：

问候尊长：令尊（或令堂）大人前，乞代叱名请安。某伯前未及另禀，乞即叱名请安。

问候平辈：某老请代致意。某兄弟前祈代致候不另。某兄处未及另函，乞代致意。

113

问候晚辈：顺候令郎佳吉。并问令郎等近好。

代长辈附候：家父嘱笔问候。某伯嘱笔问候。

代平辈附候：家兄附笔请安。某兄附笔道候。

代幼辈附候：小儿侍叩。小孙随叩。某某秉笔请安。

上述自称，都要和信首的称谓相互吻合。

最后，谈谈信封上称谓的写法。一般来说，写信与收信双方的关系在信内是做了交代的，信封上所写的称谓主要是写给递信人看的。其实不然，从礼仪上说，信封上的称谓还是蛮讲究的。如果称谓使用不妥当，会让人感到不礼貌，欠修养。如对长辈

金秋云致夏满子书札（30cm×25.5cm）

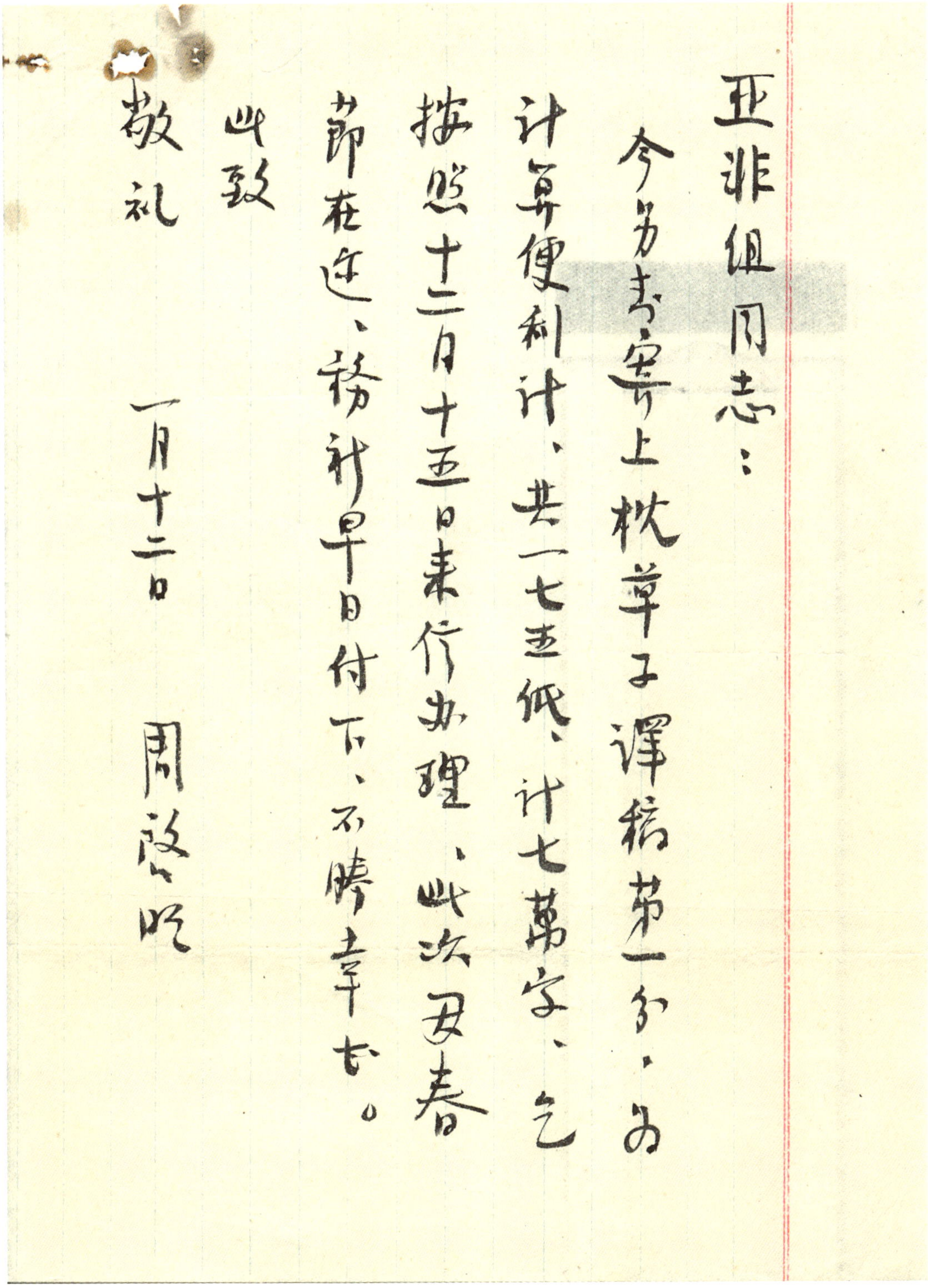

亚非组同志：

今另专寄上枕草子译稿第一分，据
计算便利计，共一七五纸、计七万字、兑
按照十二月十五日来信办理，此次又春
节在近，务祈早日付下，不胜幸也。

此致

敬礼

一月十二日 周启明

周作人致人民文学出版社亚非组同志信札（27.5cm×21cm）

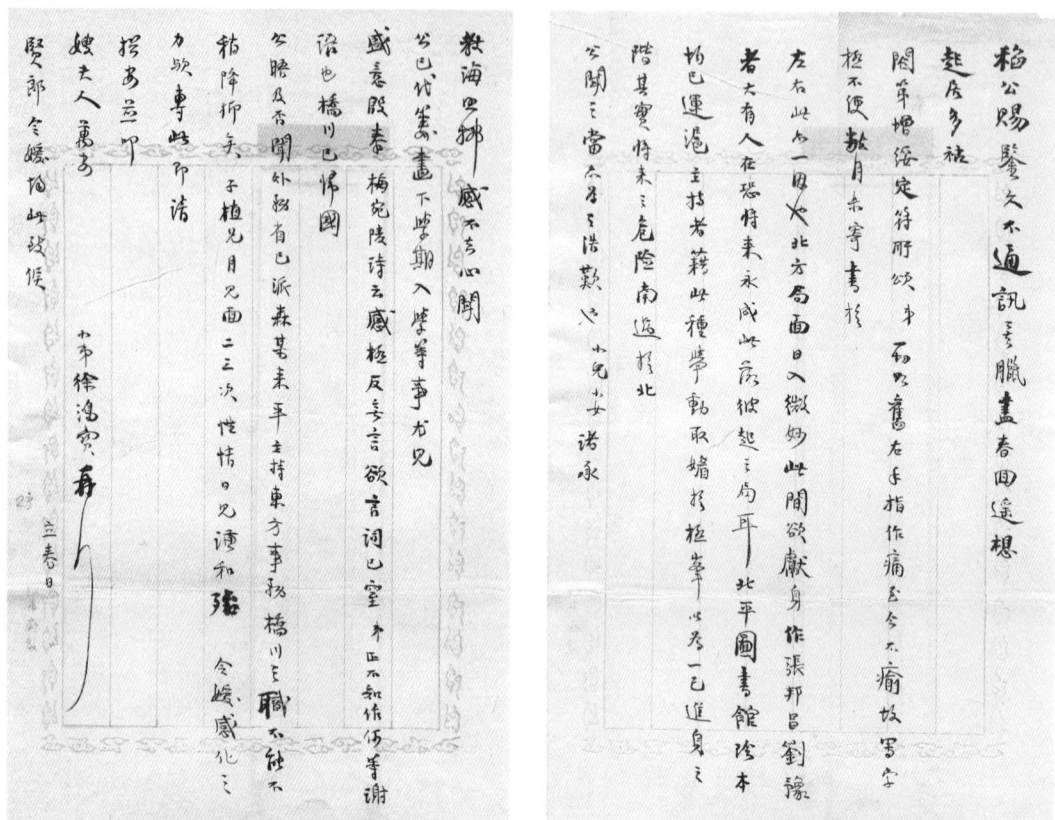

徐森玉致钱稻孙信札（27cm×17.3cm×2）

或年长者为了省事不加任何称谓，就显得失礼。而有的私人信件非要写上官称，如某某局长或某某部长等字样，难免有拍马屁之嫌。正确的做法是应该在收信人称谓之后的收、启前加上适当的修饰词。如台启、台收、尊启、赐启、亲收等。给年长的或是长辈一定要用台启、尊启。加亲字，则有几种含义，首先是不希望别人代拆，二是表示一种亲切感，一般用于亲人间或密友间。此外，"启"前加修饰词一定要恰当，有人写信时总喜欢在信封上的"启"字前加个"敬"字，画蛇添足，反而让收信人不高兴了。因为这个"启"字，是请收信人开启信函的意思，写上"敬启"，岂不是指令

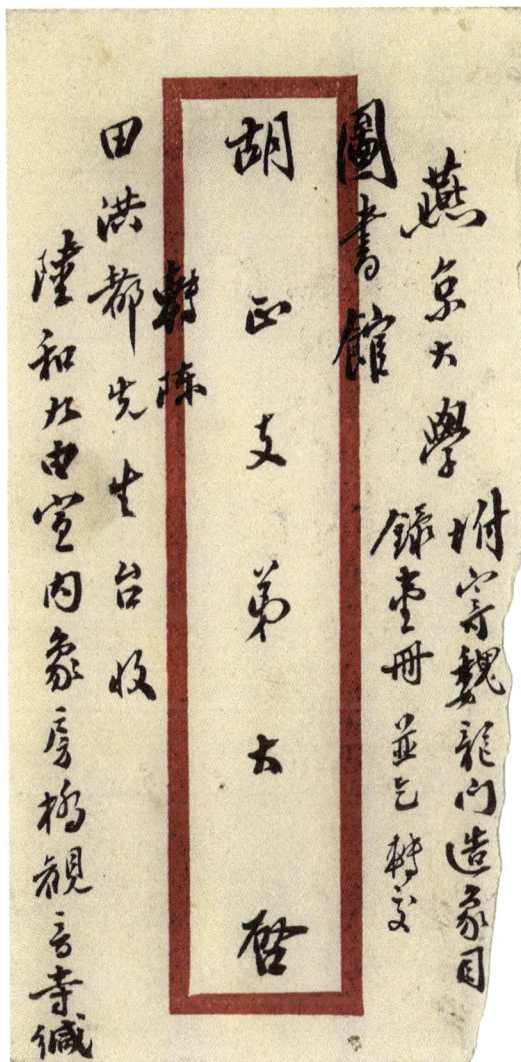

陆和九转陈燕京大学图书馆田洪都信封
（9.5cm×19cm）

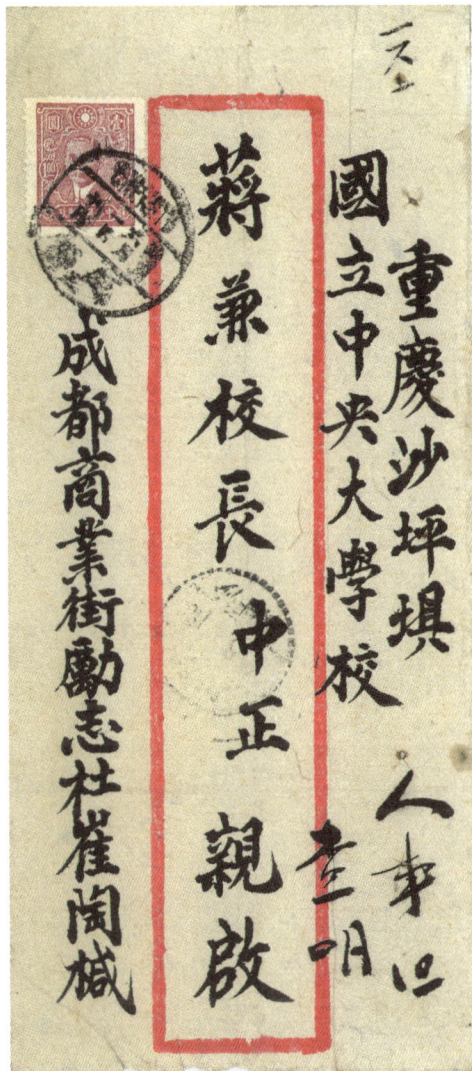

励志社崔陶致蒋介石信封（8.8cm×
19.2cm）

收信人要恭恭敬敬拆开你的信吗？总之，信封不完全是为了投递用的，收信人收到信后首先看到的是信封，所以重视信封称谓和形容词的用法是很重要的。

为便于掌握和使用，以下将书信常用称谓用语及书信常用词语归纳列表如下：

常用称谓用语：

宗亲九族的称呼

称呼对象	称 呼	自 称
祖父之祖父	尊高祖父	玄孙
祖父之父	尊曾祖父	曾孙
祖父	尊祖父	孙
祖父之兄弟	某某尊伯叔祖父	侄孙
父	严亲	儿
母	慈亲	儿
兄	某某胞兄	弟
弟	某某胞弟	兄
子	某某吾子	父
孙	某某吾孙	祖父
侄	某某贤侄	胞愚伯叔
侄孙	某某贤侄孙	伯叔祖
曾孙	某某贤曾孙	曾祖
玄孙	某某贤玄孙	高祖
伯叔父	某某尊伯叔父	侄

注：宗亲指的是同一祖先所出之男系血统，如祖、父、子、孙、兄、弟、姊、妹、伯、叔等。所谓男系血统之宗亲，无论其为嫡子或庶子均是。宗亲的上限为九族，即自己的四世高祖辈至自己下面四世的玄孙辈，包括自己一辈，共九辈（父、祖父、曾祖、高祖和自己下辈的子、孙、曾孙、玄孙），是为九族。凡出嫁的妇女即成为夫家宗亲成员，拜夫家祖宗，不再是自己亲生父母所在宗族之人。此外，如果在礼制上已属于宗亲，虽无血统关系也无妨，如继子与继父之间、庶子与嫡母之间、公婆与媳妇之间、妯娌之间等，都因父权或夫权中心的纽带而成为宗亲。宗亲以外还有外亲和妻亲。"外亲"，旧律称由女系血统而连续之亲属曰外亲。如母及祖母之本生亲属，女、孙女、诸姐妹、诸侄女及诸姑之子孙均属之。外亲的范围比宗亲窄得多，例如母亲的血亲只包括三世，即母亲的兄弟姐妹，上推到母亲的父母，下推到母亲的兄弟姐妹的子女，这个范围之外就都不属于亲属。"妻亲"，指妻子的血亲。妻亲的范围更窄，严格来讲只包括妻子的父母。

另有一说也包括异姓亲属，以父族四代、母族三代、妻族两代为九族。

父系亲属中，自古把五亲之内的称作五服以内的亲属。早先，先人去世，子孙后代按不同辈分穿不同标示的孝服。而五亲之外等亲属来吊丧，不穿那些表示辈分的孝服。五亲之内的父系亲属称之为"五服"，即缘于此。五服之外，亦称族亲、宗亲。

家族称谓表

称 人	自 称	称对方家族	称己方家族
祖父/母	孙/孙女	令祖父/祖母	家祖父/母
父/母亲	儿/女	令尊/堂	家父/母
伯父/伯母	侄/侄女	令伯/伯母	家母/伯母
兄/嫂	弟/妹	令兄/嫂	家兄/嫂
弟/弟妇	兄/姊	令弟/弟妇	舍弟/弟妇
姊/妹	弟、妹、兄、姊	令姊/妹	家姊/妹
吾夫	妻	尊夫	外子
贤妻	夫	尊/嫂夫人	内子/人
吾儿/女	父/母	令郎/嫒	小儿/女
贤媳	愚	令媳	小媳
孙/孙女	祖/祖母	令孙/孙女	小孙/孙女
贤侄/侄女	愚伯/伯母	令侄/侄女	舍侄/侄女
君舅/姑	媳	令舅/姑	家舅/姑

注：舅姑，旧时指公婆，今已不用。

亲戚称谓表

称 人	自 称	称对方亲戚	称己方亲戚
外祖父/母	外孙/孙女	令外祖父/母	家外祖父/母
姑丈/母	内侄/侄女	令姑丈/母	家姑丈/母
舅父/母	甥/甥女	令母舅/舅母	家母舅/舅母
姨丈/母	姨甥/甥女	令姨丈/母	家姨/丈母
岳父/母	子婿	令岳/岳母	家岳/岳母
姊丈	内弟/姨妹	令姊丈	家姊丈
妹丈	内兄/姨姊	令妹丈	舍妹丈
表兄/嫂	表弟/妹	令表兄/嫂	家表兄/嫂
表弟/弟妇	表兄/姊	令表弟/弟妇	舍表弟/弟妇
内兄/弟	妹/姊婿	令内兄/弟	敝内兄/弟
襟兄/弟	襟弟/兄	令襟兄/弟	敝襟兄/弟

（续表）

称　人	自　称	称对方亲戚	称己方亲戚
姻伯/伯母	姻侄/侄女	令亲	舍亲
姻兄/嫂	姻弟/侍生	令亲	舍亲
贤内侄/侄女	愚姑丈/母	令内侄/侄女	舍内侄/侄女
贤外孙/孙女	外祖父/母	令外孙/孙女	舍外孙/孙女
贤甥/甥女	愚舅/舅母	令甥/甥女	舍甥/甥女
贤婿	愚岳/岳母	令婿	小婿
贤表侄/侄女	愚表伯/伯母	令表侄/侄女	舍表侄/侄女

注：1. 姑姑、堂姑的后人不属于父系亲属，因此不在五亲之内。

2. 外祖父、外祖母，在我国北方若干省份称"姥爷、姥姥"。山东、山西等地称外祖母为"姥娘"。苏南吴语方言地区称外祖父、外祖母为"外公、外婆"。安徽合肥地区的人称外祖父为"位爹爹"，称外祖母为"位奶奶"，表示外祖父、外祖母相当于"爷爷、奶奶"的辈分和地位。

3. "姨"，在这里指母亲的姐妹。

师友世交称谓表

称　人	自　称	称对方师友世交	称己方师友世交
老师/师母	受业	令业师	敝业师
世伯/伯母	世侄/侄女	令世伯/伯母	敝世伯/伯母
学兄/姊	学弟/妹	贵同学	敝同学
同学	小兄/愚姊	令高足	敝门人
世兄	愚	令世侄	敝世侄

其他用语

对象	知照敬辞	祝颂问候语		启告语
		请候语	安好语	
祖父母 父母	膝下、尊前	恭　叩 敬　请	金安/福安	叩禀/敬禀/敬叩
师长	函丈/道鉴/坛席	恭　请	道安/铎安/教安	敬上/谨上/谨启
长辈	尊前/尊鉴/赐鉴	敬　颂	尊安/福安/崇安	

（续表）

对象	知照敬辞	祝颂问候语		启告语
		请候语	安好语	
平辈	台鉴／雅鉴／惠鉴		台安／大安／近安	谨上／谨启
晚辈	青鉴／如晤／如握		近好／近佳	手书／字
文教界	道鉴／文席／撰席	恭　请	道安／文祺／撰安	
财经界	台鉴／大鉴	敬　颂	筹安／财安／商安	
宗教界	道鉴／法鉴／坛席	即　请	道安／法安／教安	谨上／谨启
军政界	钧鉴／钧座／勋鉴	顺　候	钧安／勋祺／政安	
部门主管	钧鉴		钧安／钧祺	
居丧者	礼鉴／苫次		礼安／苫安	

书信礼节用语：

开头提称语

对象	常用提称语	备　注
祖父母、父母	膝下、膝前、尊前	岳祖父母、岳父母亦同
长辈亲友	尊前、尊右、尊驾、赐鉴、座下、座右、侍下、侍右、钧右、钧侍	平辈之年长者，也可适当选用
平辈亲友	阁下、足下、台右、执事、台启	执事：不敢直接说话之意
平辈之年幼者	青盼、青睐、如握、如晤、如见、如面、如谈	青睐：即青眼（与白眼相反），比喻对人的喜爱或重视
儿女等晚辈	知之、知悉、见悉、阅悉、亲阅、收阅	女婿、儿媳、孙儿、侄儿、外甥等亦同
领导干部、首长	钧座、台座、麾下、台前、案前	麾下：指军队的首长
教师、师傅	函丈、帐下、座右、道席	函丈：教师的席位
文人学者	史席、著席、撰席、文几、案前	席：即职位。旧时称教师为教席、西席
长辈妇女	懿座、懿前、妆前	女界亲属、朋友、同事可以参用
平辈妇女	妆次、妆阁	

书信用词：

收到来信

颁来手示，颂悉一切	承赐教言，十分感激
大示拜读，心折殊深	得奉云翰，不胜感戴
大札拜读，敬佩之至	大函细读，尊意俱悉
得聆教益，如坐春风	得书之喜，喜不自胜
奉展芳翰，如见玉颜	忽得兰言，欣喜若狂
华翰先颂，甚忍下怀	惠示奉悉，如亲威颜
兹蒙惠书，无限感激	昨接云朵，聆悉一切
接奉环云，慰如心颂	昨接还翰，喜悉一切

时间飞逝

白驹过隙，寒暑三度	光阴似箭，日月如梭
春风东去，夏风南来	光阴荏苒，时序频迁
人间岁改，天上星回	时光流水，日月飞梭
寒暑易节，春秋换季	岁月不居，时节如流
岁月荏苒，裘葛几易	岁月易得，弹指人生
岁月易逝，十载一瞬	岁月难驻，人生易老
物换星移，春秋三度	

倾诉思念

故园代切，梦寐神驰	别来良久，甚以为怀
别后萦思，愁肠日转	多日不见，孺念甚殷
海天在望，不尽依依	春雨霏霏，思绪绵绵
海大相望，思念切切	离情别绪，耿耿于怀
握别以来，深感寂寞	遥隔云山，久疏音问
心路咫尺，灵犀相通	一别累月，思何可支
自别芝晖，思念殊深	一日不见，如隔三秋
频年不晤，渴想良深	秋水伊人，怀念不已

（续表）

道歉请谅

抱歉之情，莫可言表	久未请安，深以为歉
多承过奖，不胜惭愧	满腔歉意，寤寐难安
久疏问候，抱歉良深	夙夜抚怀，殊深歉仄
屡未奉答，歉甚愧甚	未能践约，抱歉良深

言犹未尽

情长纸短，不尽依依	书不尽意，余言后叙
书何尽言？略陈鄙陋	书未尽情，余候面叙
书不尽怀，余候后禀	楮墨有限，不尽欲言
言不尽思，再祈珍重	

　　根据前述及所列各表，书信的程式可归结为：一、称呼；二、起语；三、主体；四、结尾语；五、祝安语；六、落款；七、日期；八、附言。附言一项，要视情况而定。

夢家〻

多月未見矣日昨接嘉禮吉帖闕唯之所謂寤

寐求之者

夢家幸福慶羨〻淑女君子和合百年借覊俗外子赴

皖未得登堂申賀歉仄良深翹企

盛儀為無量頌臨頴欣祝敬賀

雙喜不莊

方孝侅謹拜　嘉平二十三日

第七讲

书信语言的文学色彩及避讳

　　我国书信经历了两千多年的进化，不断地随着时代的发展而变化，不断注入新的时代内容，终于演变成如今丰富多彩、琳琅满目的书信文化。其中许多具有浓厚的文学色彩的书信语言，形成了书信文化的一道靓丽的风景。这里仅就我国庆贺婚嫁、娶妻、祝寿等用语和古代书信中的避讳方法作如下介绍。

　　贺人娶妻：1. 书成博议，诗咏关雎。2. 鸿案相庄，雀屏中选。3. 淑女君子，和合百年。 4. 秦女吹箫，何郎傅粉，双双并映，孔雀屏开，令人艳羡！

　　贺人嫁女：1. 祥征卜凤，喜得乘龙。2. 凤占得婿，燕婉宜人。

　　贺人生子：1. 种玉征祥，弄璋志庆。2. 阁下累世积德，自应佳子联芳，克昌厥后，今世弄璋有庆，不必试啼声而知为英物也。

　　贺人生女：1. 祥征玉胜，婉听娇啼。2. 喜当弄瓦，贵等异珍。3. 闻得千金，明珠在掌，快何如之！况他年射雀征祥，乘龙获选，更有可贺者也。

　　贺人得孙：1. 桐必生阴，瓜还绵瓞。2. 孙枝挺秀，出自君家，皆非凡物，含饴绕膝，斑舞添行，于门之报，当自未有艾也。

贺人迁居： 1. 里必择仁，邻皆有德。2. 祥征燕贺，居庆鸠安。3. 遥想一窗新竹，风拂珠帘，三径好花，露涵玉砌，植谢家之庭书，接孟氏之芳邻，诗所云乐土乐土，爰得我所者，阁下共有之也。

贺人寿诞： 这里又分祝男性寿和女性寿，以及长者、平辈，等等。再细分，从二十岁到百岁，贺语均有讲究。如：

祝二十寿：华诞天开，正中军请缨时也。亟当趋贺，以颂天保之章。

祝三十寿：生逢三秩，正丈

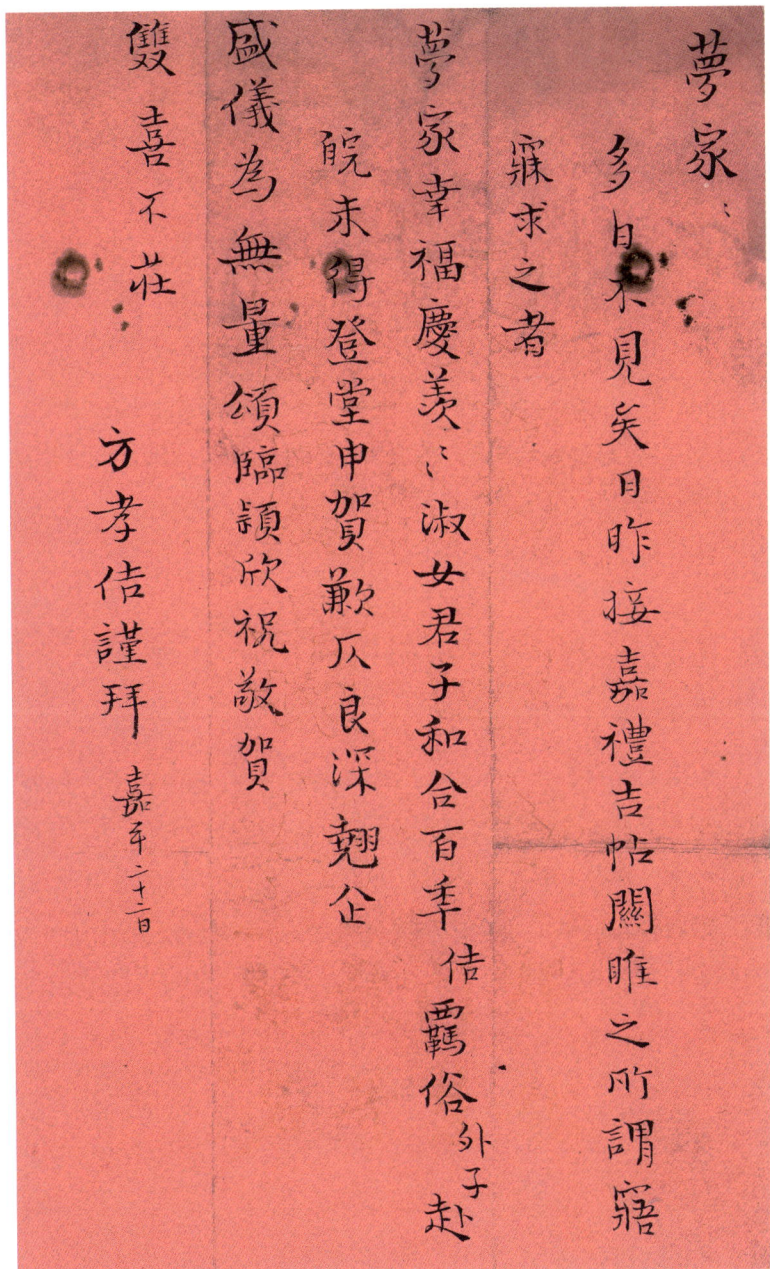

梦家：

多日不见矣日昨接嘉礼吉帖阕雎之所谓窈窕求之者

梦家幸福庆羡淑女君子和合百年岳骊俗外子赴

皖未得登堂申贺歉仄良深翘企

盛仪为无量颂临颖欣祝敬贺

双喜不庄

方孝岳谨拜　嘉平二十二日

方孝岳贺陈梦家娶妻函（15cm×25.5cm）

夫有为之时，阁下适届此年，行看德业之日近矣。

祝四十寿：欣逢强仕之年，当举称觞之庆，弟虽羁身异地，敢不遥祝千秋乎！

祝五十寿：年届知非，期颐恰半，培之以硕德，何难上寿预征乎！

祝六十寿：异马援据鞍之日，同王祥始侍之年，进兜酒而祝华堂，其欢欣为何若耶？

祝七十寿：荣跻七秩，德劭古稀，当借此北海之樽，祝南山之寿。

祝八十寿：子牙兴会之年，申公应聘之日。此去期颐不远，上寿百年，何难预卜。

祝九十寿：寿跻耄年，去百岁几何矣，鹤算遐龄，当为君家预进一筹。

贺百岁寿：人生百年，三万六千日，年登期颐，不知消却几许春光矣。翘瞻德星，不胜陆地神仙之羡！

古时对人的年龄、婚龄、时令，以及金钱、酒、月亮、雪等物，以至于"中国"亦有雅称（别称）。

各年龄段的别称：

孩提：幼儿时期；总角：童年时期；及笄：女子15岁；弱冠：男子20岁；花信：女子24岁；而立：30岁；不惑：40岁；知命：50岁；花甲：60岁；古稀：70岁；喜寿：77岁；米寿：88岁；白寿：99岁；耄耋：80—90岁；期颐：100岁。

婚后各年别称（注：此开始为西方民俗，晚清之后中国亦逐渐流行）：

第一年：纸婚；第二年：棉婚；第三年：皮婚；第四年：花果婚；第五年：木婚；第六年：糖婚；第七年：毛婚；第八年：铜婚；第九年：陶婚；第十年：锡婚；第十一年：钢婚；第十二年：丝婚；第十三年：花边婚；第十四年：象牙婚；第十五年：水晶婚；第二十年：磁婚；第二十五年：银婚；第三十年：珍珠婚；第三十五年：珊瑚婚；第四十年：红宝石婚；第四十五年：青玉婚；第五十年：金婚；第五十五年：绿宝石婚；第六十年：白金婚。

民国以前的文人，书信往来时会以别称代指月令、季令和节令，尤其是书画家会使用富有艺术气息的别称，大致归纳如下：

月令别称：

一月：正月，初春，端春，端月，初月，寅月，春阳，首阳，新正，月正。

二月：仲春，中春，正春，如月，杏月，令月，花朝。

三月：晚春，末春，嘉月，花月，桃月。

四月：初夏，孟夏，仲月，梅月，麦月，麦秋，槐月。

五月：仲夏，榴月，午月，端阳等。

六月：晚夏，暮夏，暑月，伏月等。

七月：初秋，孟秋，上秋，申月，兰月等。

八月：仲秋，桂月，酉月等。

九月：晚秋，季秋，凉秋，菊月，玄月，秋白等。

十月：初冬，孟冬，吉月，良月，阳月，小阳春等。

十一月：仲冬，中冬，子月，葭月，畅月等。

十二月：季冬，残冬，末冬，暮冬，腊冬，严月，腊月等。

季令别称：

一年四季，一季三个月，常用孟、仲、季来称呼。如：孟春、仲春、季春。

春：阳春，三春，九春，芳春，青春，艳阳，阳中。

夏：朱夏，三夏，九夏，朱明，昊天。

秋：金秋，素秋，三秋，九秋，素商，高商，金天。

冬：寒冬，三冬，九冬，安宁。

节令别称：

正月初一：正朝，三朝，元春，元旦，元日，元正。

正月初七：人日。

正月十五：元宵，元夕，元夜，上元，灯节。

二月初一：中和日。

三月初三：重三，上巳，三巳，上除，令节。

四月初八：浴佛日。十九日：浣花日。

五月初五：端午节，蒲节，午日。

六月初六：天贶节。

七月初七：七夕，星节。

七月十五：中元。

八月十五：中秋节，仲秋节。

九月初九：重阳节，菊花节，重九。

十月十五：下元。

十二月三十：除夕，守岁。

钱的别称：

钱的别称，最通用的是"孔方兄"。因古时铜钱中有方孔，因此称钱为"孔方兄"或"孔方"。钱的别称还有泉、邓通、阿堵物、青蚨、上清童子以及家兄等。"家兄"，含有取笑和鄙视的意思。《晋书·鲁褒传》引鲁褒著《钱神论》："亲之如兄，字曰孔方。失之则贫弱，得之则富昌。无翼而飞，无足而走。"

酒的别称和雅号：

琼、玉液、金浆、家酿、香醪、红友、玉友、欢伯、杯中物、三酉、般若汤、杜康、白堕、曲生、曲秀才、金浆太醴、福水。

雪的别称：

琼玉、碎玉、冰花、六出、碎琼乱玉。

月亮的别称：

蟾宫、月宫、玉盘、银钩、婵娟、桂宫、望舒。

中国的别称：

九州，据《新华词典》：传说中的中国上古地理区域。九州为冀州、兖州、青州、徐州、荆州、扬州、豫州、梁州、雍州（见《尚书·禹贡》）。《淮南子·地形》又载：古代中国设置九个州：神州、次州、戎州、自州、冀州、台州、济州、薄州、阳州。后来，九州泛指中国。

赤县神州，《史记·孟子荀卿列传》战国邹衍言："中国名曰赤县神州。"赤县，《诗北山传》："中国名曰赤县。赤县内，自有九州。"《穀梁传·桓公五年》又载："九州之内，名曰赤县。"神州，《中华大字典》："神州，中国之别称。"始于战国后。

海内，《辞源》"四海"条注：古人以为中国四周皆是海，所以把中国叫作海内，外国叫海外。

华夏，《史记·夏本纪》："禹封国号为夏。"夏，原为国号。《左传·定公十年》："夷不乱华。"华，原为国名。后称华夏为中国。

中夏，《后汉书·班彪传》："目中夏而布德，瞰四裔而抗棱。"

函夏，《汉书·扬雄传》："以函夏之大汉兮，彼曾何足与比功。"晋朝张景阳

《七命》："王猷四塞，函夏谧宁。"

九牧，《荀子·解蔽》："此其所以代殷王而受九牧也。"又据《汉书·郊祀志》载："禹收九牧之金，铸九鼎，象九州。"

九区，晋朝陆士衡《皇太子宴玄圃宣猷堂有令赋》："九区克咸，燕歌以咏。"

九域，《汉书·律历志》："《祭典》曰：'共工氏伯九域'。"宋朝《九域图》《九域志》，皆为记全国各地的地理图志。

八州，《汉书·许皇后传》："殊俗慕义，八州怀德。"

最后再说说书信中的避讳。旧时，写信、说话遇到君主或尊亲的名字是不能直接说出和写出的，必须用其他方法避开，谓之避讳。还有一种情况，家中添丁生女，取名字的时候，要听取家族中辈分高、年龄长的人的意见，以避免孩童的名字与前辈长者重名，一般五服以内是不能重名的。至今北方仍遵循这样的规法原则。避讳起于东周之初，但在春秋以前，只是一种社会习俗，尚无固定的制度。古时候，书信和文章中常用的避讳方法，有改字、减笔、增笔、拆字、合字、空字，或以"某""讳"等字代替。避讳还有公讳、私讳之分。公讳亦称国讳，指全国臣民都要敬避的尊长之名；私讳，亦称家讳，指家族内避宗亲长者之名。公讳主要包括避在位之君主名和避庙讳。如秦始皇嬴政，又名正，便改"正月"为"端月"，或读作"征月"。汉代为避高祖刘邦讳，汉石经于《论语》《尚书》中"邦"字多改为"国"字。汉代历经数帝，为避讳各帝之名则"盈"改为"满"，"恒"改为"常"，"启"改为"开"，"彻"改为"通"，"弗"改为"不"，"询"改为"谋"，"奭"改为"盛"，"骜"改为"俊"，"欣"改为"喜"，以避汉帝刘盈、刘恒、刘启、刘彻、刘弗陵、刘询、刘奭、刘骜、刘欣等人讳也。西汉末庄光，字子陵，和南阳刘秀自幼相好。刘秀当了东汉开国皇帝，庄光不肯趋炎附势，到富春江上隐居。以后，东汉的皇帝们，因明帝名"庄"，这庄光的姓犯了御讳，就给其改姓为"严"。从此连庄光钓鱼的地方，也被改为"严陵山"和"严子陵钓鱼台"，那一带的地理行政区域，也成了"严州"。唐人为避李世民讳，改《四民月令》为《四人月令》，把"民部尚书"改为"户部尚书"。甚至因唐高祖李渊的祖父名虎，而将"不入虎穴，焉得虎子"的成语，改为"不入兽穴，焉得兽子"。唐朝武宗皇帝李炎，为了维护帝王之尊严，对这个"两火相重"的御名，禁止全国臣民触犯，连带有"炎"的合成字，也加以改变。于是和炎字读音全然不同的"谈"字，也给改成了"谭"字。更有甚者，唐时风习，因鲤鱼的

"鲤"与唐朝的国姓"李"同音，因此对鲤鱼不能直称，而尊之为"赤鯶公"。对这"赤鯶公"任何人都不得捕食。宋、金避讳极严。譬如避高宗"构"的嫌名竟达55字之多。宋代雕版刻印的古书，凡皇帝名都缺笔避讳。据说《水浒传》中武大郎卖的炊饼，原本叫蒸饼，就是因为犯了仁宗皇帝赵祯的庙讳（嫌名），所以蒸饼就改称炊饼了。金诸帝也广避嫌名。到了元代，因元代帝王之名是汉字译音，无所谓讳。明初也不避帝王讳，明末才有规定。崇祯三年，礼部奉旨颁行天下，避太祖、成祖庙讳，及孝、武、世、穆、神、光、熹七宗庙讳，"今上御名"亦须回避。如明光宗名朱常洛，则明季刻书，太常寺作太尝寺，常熟作尝熟。熹宗名朱由校，则汲古阁刻《十三经》，于"由"字皆作"击"。清自东北入关以后，帝王之名始用汉字，第一个以汉字为名的顺治帝名"福临"，生前死后都未加避讳。据说当时有个汉臣奏请避御名，顺治帝没有准奏，还指着"五福临门"的匾额说，如果把"福临"这两字避了，这么好的吉祥语就用不成了。不能因为朕一人，就使老百姓没福。清朝避讳自康熙以后开始。公讳还包括避太子名、避后妃名，避皇后祖、父名，避权贵名，避权臣祖、父名，避孔子名。如吕太后名雉，雉便改称野鸡。私讳多是子女避祖、父名。如司马迁的父亲司马谈，司马迁为避家讳，就把赵谈改为赵同，亦名同子，所以在《报任安书》里就出现了"同子参乘"的字样。苏轼祖父名序，他代人作序时便改为"叙"，其父苏洵则改序为"引"。古时历代为避讳而擅改前朝人名、地名、官名、书名、年号、谥号等，甚至追改古书，造成了古籍内容的混乱。但是对于解释古书之疑问，辨别古书之真伪及时代，尤于版本学上作用显著。譬如瞿镛《铁琴铜剑楼书目》载《史记集解》一百三十卷，敬、竟、殷、匡、恒字缺笔，避宋代讳也。因宋版书避帝王讳，而元刻仿宋不避宋讳，由此可以判定此本乃宋椠，又因宋仁宗名祯字不缺，故又可以进一步判定刊刻于宋仁宗之前（见李广宇《书文化大观》）。

實甫仁弟先生比手足久跪音問皆暌李東
峯頃知蹤迹闊問
觀並家
贊餉商務請洽入
名對欠人際遇可謂榮矣月前由礫陽詞宗愛通對
惠函並
賜大著頃墨藉係文事經濟
以來時屬爽許竹賢京處黎書云羅年文字亞
交徐筱雲出都門舊雨目羅東市朝衣三惨聞
光緒丙申秋中鈞
之膽熱心悰　乗輿西幸以之傳聞

第八讲

书信的书写材料和书写工具

随着时代的发展和进步，书信的书写材料和书写工具，发生了巨大的变化。书写材料，从竹、木简和绢变革到纸。谈到记录文字的工具，不外乎是用于刻制、书写两大类，这种状况直到现代也基本没有改变。在金石、甲骨等质地坚硬、表面光滑、吸湿性差的文字载体上书写，则必须使用质地更坚硬的契刻工具。距今6000年的陶文，使用的契刻工具可能是用玉石或动物的牙骨制作的。殷商时代的甲骨文，学者一般认为，当时的刻字工具最可能是铜制的刀具。类似的契刻类书写工具还有剞劂、刻刀和出现较晚的铁笔。今天篆刻所使用的刻刀，至少在战国时期就产生了。因为用契刻的方式书写汉字很不方便，要书写一段比较长的文字，或应付大量的书写记录工作，就难以胜任了。商、周以后，这种书写工具逐渐退出了一般性的文字书写和记录，只在一定范围内使用，人们开始把字写在木简、布帛或者纸上，这样一来汉字的书写工具，就由笔来代替了。《西京杂记》卷三："扬子云好事，常怀铅提椠，从诸计吏，访殊方绝域四方之语，以为裨补辅轩所载，亦洪意也。"扬子云：扬雄。铅：铅粉笔，用以写字。椠：木板，铅和椠都是古代用以书写的工具。据考证，在西安半坡、山东大汶口等地发现的距今约六七千年的陶文上，有好几种图案，如人面纹、游鱼图案等，是用笔或类似的工具描绘的，说明后来广为使用的毛笔很早就已经具备雏形了。现存最古的毛笔是出土于湖南长沙郊外战国时代楚遗址的"长沙笔"，笔全长21厘米，笔杆是实心的竹竿，笔杆一头劈成数开，笔毛夹在其中，用细丝线缠紧，外面再涂上一层漆，笔毛是上好的兔剪毛，长约2.5厘米。据说，笔的创始人是秦始皇身边的大将蒙恬。《史记》中说："蒙恬筑长城，取中山（今河北北部的平山县）兔毛造笔。"对《史记》中的记载，也曾有过疑问，既然自古就有书契，便应有笔，怎么说是秦代的蒙恬才造出了笔呢？晋代崔豹在《古今注》一书中有一段关于笔的"牛亨问答"。内容是：牛亨问曰："自古书契以来，便应有笔，世称蒙恬造笔，何也？"答曰："蒙恬始造即秦笔耳。以柘木为管，鹿毛为柱，羊毛为被，所谓苍毫，非兔毫竹管也。"由此看来，蒙恬只是把柘木为管，改造为以竹为管，使笔字从"竹"，或许也就是小篆"箓"字的出处呢。长沙笔的发现，证明笔诞生于秦始皇之前。秦汉之际还有用木头做笔杆的。汉朝以后毛笔的制作工艺基本未变，在笔管的选材上，主要有象牙、琉璃、斑竹、玉管、犀角等，在笔毛的选材上主要有兔毫、羊毫、鹿毫、狼毫、小儿胎发、虎毛、马毫、貂毫等。

几十年来，中国各地先后出土了一些古代的文具。其中，1975年湖北省江陵凤凰山167号西汉初期墓葬中出土毛笔一支，长24.9厘米，竹质笔杆，笔头尚遗存墨迹，并配有笔筒。168号西汉墓也出土毛笔一支。长24.8厘米，竹质笔杆，笔杆极细，直径0.3厘米，笔尾削尖，粗端直径0.5厘米，笔头栽在笔杆腔里。出土时，笔杆插在竹质笔套内，笔套一端为竹节，一端打通，长29.5厘米，直径1.5厘米。可以把整支毛笔放进去。为便于取笔，笔套中间一段两侧镂空达8厘米。可惜的是笔毫已经腐烂，无法判定用的是哪种动物毛。与笔墨同时发现的"小刀"，是今天人们常用的文具刀。那时的用途主要用于削制竹、木简，或者刮去写错的字。刀对于司职笔墨文事的官吏来说和笔同样重要，所以古时候，常称他们为"刀笔之吏"。凤凰山出土笔、墨、砚等文具之前，已从湖南省云梦的秦墓中发现了墨砚，但是，云梦秦墓没有出土笔及其他文具。在目前已知的同类文物中，出土的秦墨、秦砚的年代最早。似乎可以判定，文房四宝早在那个时候就已经有了雏形或者已经出现了。

"笔、墨、纸、砚"是中国古代书房中最常见的四种文具，合称为"文房四宝"。宋代苏易简著《文房四谱》五卷，分笔谱二卷，砚、墨、纸谱各一卷。宋代

叶梦得《避暑录话》卷上："世言歙州具文房四宝，谓笔、墨、纸、砚也，其实三耳，歙本不出笔，盖出于宣州。"文房之名，大约始于我国南北朝时期，"文房"是古代司职政府公文的衙门，后来专指文人的书斋。文房，乃是文人雅士挥毫泼墨、留下千古绝句和描画锦绣河山之所在，而"笔、墨、纸、砚"作为行文作画必不可少的工具，堪称"文房四宝"。古人有"笔砚精良，人生一乐"之说，精美的文房用具，在古代文人眼中，不只是实用的工具，更是精神上的良伴。

文房四宝，笔居首位。"笔"的本义为书写工具，古代有"染翰"一词，指的是用笔蘸墨书写。翰：毛笔。《文选·潘岳秋兴赋》："于是染翰操纸，慨然而赋。"唐代李善注："翰，笔毫也。"《梁书·萧介传》："初，高祖招延后进二十余人，置酒赋诗，臧盾以诗不成，罚酒一斗，盾饮尽，颜色不变，言笑自若。介染翰便成，文无加点。高祖两美之曰：'臧盾之饮，萧介之文，即席之美也。'"《史记》的作者司马迁在叙述孔子生平时说："至于为《春秋》，笔则笔，削则削，子夏之徒不能赞一辞。"这里的"笔则笔"，应为用毛笔书写、记载之意。由此，"笔"又引申为"文笔"，表示文章的写作技巧与风格。宋代诗人范成大在描述自己"老将老矣"时说："笔意不如当日健，鬓边应也雪千茎。"这里的"笔意"应指文笔。与"笔"有关的成语很多，如，至今人们常用的"双管齐下""妙笔生花"等。"双管齐下"的"管"就是笔。意为两笔同时运用。宋代郭若虚《图画见闻志》卷五载：

清代竹竿大霜毫笔。长26.4cm，径1.3cm。管上端阴文填蓝楷书"大霜毫"。其名乃对白色兔毫毛笔之形象称谓也（清宫旧藏）

唐代张璪善画松，"能手握双管（笔），一时齐下，一为生枝，一为枯干。"后因以比喻两种方法同干一事或两事并作。"妙笔生花"，《南史·江淹传》："少时梦人授五色笔，由是文藻日新。后宿于冶亭，梦一丈夫自称郭璞，谓淹曰：'吾有笔在卿处多年，可以见还。'乃探怀中，得五色笔以授之。尔后为诗，绝无美句，时人谓之才尽。"又五代王仁裕《开元天宝遗事》："李太白少时，梦所用之笔头上生花，后天才赡逸，名闻天下。"

用栗鼠的尾毛做的一种毛笔，则是古代最贵重的毛笔。宋代欧阳修《归田录》卷二："蔡君谟既为余书《集古录目序》刻石，其字尤精劲，为世所珍。余以鼠须栗尾笔、铜绿笔格、大小龙茶、惠山泉等物为润笔。君谟大笑，以为太清而不俗。"宋代苏轼《孙莘老求墨妙亭》："书来乞诗要自写，为把栗尾书溪籐。"如今，我们能有缘得见那些"矫若游龙，翩若惊鸿"的书法珍品和那些妙笔生花的千古奇文，真的要感谢那些"笔"呢。

墨，有字画显影剂的美称。虽然它给人的印象很"乏味"，但若没有它，中国书画奇幻美妙的艺术意境恐难实现。北魏贾思勰在《齐民要术》中还有这样的记载：三国魏书法家韦诞制墨，"参以真珠、麝香，捣细合烟下铁臼，捣三万杵"。难怪小时候有人用古墨给患了腮腺炎的小孩"画腮"。原来，古墨除了能用来描绘美景、欣赏把玩外，还有神奇的医药价值。

造纸术是中国古代的四大发明之一，相传是汉代蔡伦发明的。有关"纸"（笺纸）的广泛应用，将在下文中有所详述，此处不赘言。

砚，虽然屈居"四宝"之

端石琴式砚，明末，长8.5cm，宽3.7cm，高1.6cm。砚背面有四小足，底刻"河东置研"，署"钱谦益题"（清官旧藏）

　　澄泥石渠砚（清宫旧藏），此砚式古雅，色如紫玉。细润而坚，为乾隆朝仿古砚之佳品。砚底部内凹，刻篆书"贻子孙"，底边环刻乾隆帝御铭："方盈寸有半，围以渠而周，铜平石平泥乎，合一相阅千秋，边幅虽小，其用无穷，如寸土赞化工。乾隆丁酉春御题。"并"太璞"御印

　　歙石荷叶式砚（清宫旧藏），长14.5cm，宽13.5cm，厚2.5cm。此砚为清乾隆宫廷造办处制御用砚

雍正款松花江石砚（清宫旧藏），长12.5cm，宽8.4cm，厚1.2cm

端石双龙砚（故宫博物院藏），长22cm，宽18.2cm，厚3.6cm

末，但名堂却最多。端砚、歙砚、洮河砚、澄泥砚等都是难得的宝砚。这些极品在唐宋时就是贡品，堪称"国宝"，是历代帝王、文人雅士青睐之物，无论是大文豪韩愈，还是大书法家米芾，无不对它赞不绝口。现藏故宫博物院里的端石双龙砚，砚面上部及砚边雕作波涛汹涌的海水，正中一龙翻腾踊跃，右侧一龙昂首仰望，二龙之间，嵌金珠一颗，形成二龙戏珠图。砚下方为砚堂，金珠辉煌，间以飞云、海浪，呈云海相接之意。整个砚面上下浑然一体。砚左侧隶书铭"康熙十八年（1679）五月恭制"，砚背有乾隆御题。另有一方雍正款松花江石砚，砚堂尚留有朱墨痕迹。砚背刻有："以静为用，是以永年。"下署"雍正年制"款。此为雍正御用。

随着时代的进步，读书写字的人逐渐增多，文具也随之得到改进，并且种类明显增多。尤其是对最重要的笔毫部分，人们想了很多办法，书写质量得到显著改善。人们对制墨原料也讲究起来，煤烟子、香料要用上等的，并且在墨块的形状、装饰方面，也下了不少功夫。此时，还出现了放置笔的笔架，以及用于支撑肘、腕的"腕枕"和"镇纸"等辅助工具。"腕枕"亦称"臂搁"。据说在古代，臂搁被称为"秘

沉香木雕菊花臂搁（清宫旧藏），长26.9cm，宽7.6cm

阁"。《长物志》《考槃馀事》《竹人录》中有载，"秘阁"指的是汉代内府的一个图书档案机构，由秘书监掌管。汉魏时期，"秘阁"成为皇帝的秘书机关尚书省的别称。而在纸张发明以前，皇家藏书是一些刻写有文字的竹木片，这种藏在秘阁中的竹木片后来也被代称为"秘阁"。再后来，人们将用来枕臂的竹木片沿用"秘阁"一名。到了明清，"秘阁"的基本用途是搁臂，且"秘阁"与"臂搁"读音相似，于是逐渐只称"臂搁"了。臂搁是中国"文房清供"的特产。它的诞生源自中国古代的书写方式，是一种辅助书写工具。古代文人书写时，悬腕自右向左竖书，稍不留意，手臂或衣袖极易刮到刚写完的字画。臂搁，就是为了防止手臂沾墨的枕臂之具。在书写时枕于臂下，不惹字墨，同时防臂上汗水渗纸，有时还可当文镇压纸，十分好用。臂搁因此成为文人的必备之物，犹如美人之镜，须臾不能离身。

由于常置案头，臂搁身兼饰物之能，外表极其重要。它不仅讲究材质，雕镂工艺也求精湛，是被收藏的珍玩。据载，臂搁的材质种类很多。明代屠隆在其专著中提到，有玉、木、竹、漆质的臂搁。另从考古发掘和传世臂搁中，又证实还有以象牙、瓷制成的。无论是何种材质，臂搁上通常雕刻丰富的图案，如刻书画以作欣赏，镌座右铭以为警策，刊挚友亲人赠言以为留念。明清两代的竹刻艺术发展极盛，种类繁多，名家荟萃。几乎所有的竹刻名家都有臂搁作品传世，其中有几位代表人物的作品，值得藏家关注。嘉定派的朱三松，他刻的人物臂搁精致深厚，生动自然。明末"留青"刻法创始人张希黄所刻的臂搁，使用了他独创的竹刻技法，图案高出竹雕地子，好似浮雕。经年之后，刻成的图案泛黄，而竹肤颜色变深，形成明暗对比。清道光年间的名家方治庵，工山水画，擅长"陷地浅刻"（以竹为地，下刀不深），他用此法刻的臂搁文人气十足。另外，明代金陵派创始人濮仲谦、清代康熙年间嘉定的吴之璠等人的竹刻臂搁也均为珍品。如今，到浙江省博物馆，人们可以欣赏到雕刻精致的竹制臂搁。在上海博物馆馆藏的80余件文房珍品中，除了笔墨纸砚外，也包括臂搁。单从数量上看，竹制臂搁最多。在古代工艺品艺术市场上拍卖的臂搁，也以竹制为主。专家认为，竹制臂搁市场价格高低，主要以臂搁上的雕刻好坏为依据，以明中期至清中期的真品为优。如果臂搁的雕刻者是名家，则更具收藏价值。

镇纸是放置在书桌案头上的文房用品，又叫纸镇或镇尺，有金、银、铜、玉、木、竹、石、瓷等材质，形态各异，有一定的分量，可压纸，上面雕刻有各种图画和诗词名句。它们有的成对，有的单件；有的一字一画，有的独立成幅，书、画、文辞、雕刻集于一身，使人爱不释

清竹雕留青仙人臂搁（清宫旧藏），高0.7cm，长23.5cm，宽6.8cm

手，历来是收藏中的珍品。镇纸的出现可追溯到西汉时期。据说西汉时期，邯郸地区成安县内有一个叫戴圣的童子，自幼丧父。戴圣母亲仿效孟母从严教子。因无钱请师父，就带孩子请庙里的和尚指导学文习字。和尚见戴圣勤奋刻苦很是高兴，但检查他的作业，字体却毫无长进。和尚经过几天的观察，发现戴圣没有按要求练习，而是每张纸都写得又挤又满，一问才知学子无钱买纸，便给了戴圣一两银子，说："你拿去买纸，要按规定写字，才能学有所成。"戴圣说："师父教我，不收我学费，我倒接受师父银子，万万不敢。"和尚见他执意不收，就说："这是师父借给你的，拿去买纸要紧。"戴圣收了银子，舍不得买纸，而是天天把银子压在纸的上方练字，看着银子，心里总想："我一定要好好学习，将来学成，有了钱先还老师的银子。"他把银子当成了老师对自己的鞭策。镇纸由此发展而来。 这只是一个传说，而镇纸出现的真正原因，与古代文人的情趣有关。古代文人读书、写字、作画之余，时常会把小型的青铜器、玉器放在案头上把玩欣赏，在玩赏的同时，也会用来压纸或者是压书，久而久之，便产生了一种文房用具——镇纸。古代镇纸大多采用兔、马、羊、鹿、蟾蜍等

独角兽镇纸。为独角异兽形，作伏卧状，回首前望。下承紫檀木座（清宫旧藏）

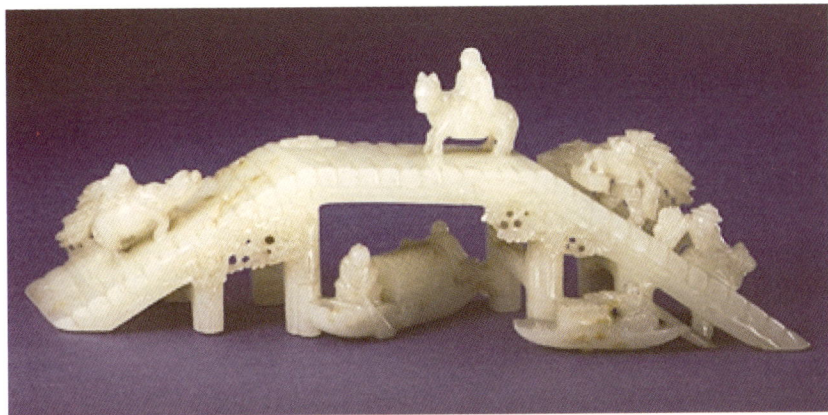

清·青玉过桥形笔架，高7.3cm，长24cm（清宫旧藏）

动物的立体造型，体积较小而分量较重，材质多为玉、陶瓷、铜以及水晶，等等。明清两代，书画名家辈出，极大地促进了文房用具的制作和使用，镇纸的制作材料和造型也有了新的变化，材料除了继续使用铜、玉之外，还增加了石材、紫檀木、乌木，等等，形状大多为长方形，因为这个缘故，镇纸也常常被叫作镇尺、压尺。

"文房四宝"是中国独具特色的书写工具，不仅有实用价值，也是融会绘画、书法、雕刻、装饰等各种艺术为一体的艺术品。在翰墨飘香的中国传统文化中，它们总是同文人士大夫的书斋生涯相关联。文人士大夫赋予了"文房四宝"深沉含蓄的魅力，"文房四宝"则成就了文人士大夫温文儒雅、挥洒激扬的风姿。两者水乳交融的结合，形成了中国文化特别是书画艺术无与伦比的意蕴，也使笔、墨、纸、砚在一代又一代的传承中变得愈加完美和精致。其中最著名的是宣纸、徽墨、湖笔和端砚。

和中国名家书画一样，名贤书信，除了有着丰富的历史内涵之外，还有极高的艺术观赏价值，一封书信往往也是一件精妙的艺术品。名贤书信之所以让人赏心悦目，爱不忍释，当然与作者的身份、书法、内容有关，而与书信所用的纸绢、笔墨、幅式、装潢、印章等方面也是密不可分的。其中最为关键的与其用纸有关。

"纸"是中国古代的四大发明之一，西汉时代就有了纸。随着人们书写需求的提高，人们制作了一种小巧精美专门用来题诗和写信的纸张——笺。纸没有出现之前之"笺"为小竹片，读书时随记心得，系在竹简上以备参考。后为注释之一种。

注书称"笺"，始于汉代的郑玄。古人治学，讲究师承，凡引申前人之说，则称为"笺"。郑玄解释《诗经》以毛公《诗传》为据，或是补充，或是发挥，不与毛传相杂，故其注称为《诗笺》。"蔡侯纸"出现以后之"笺"，多指用于题词、写信所用的笺纸了。旧时文人写毛笔字、写信时都十分讲究用笺。据史料记载，大约自唐代已有专门用来写信的笺纸了。旧时公文私札大多使用行笺，可以是白纸，也可以是朱丝栏的行笺，一般公文多用十行

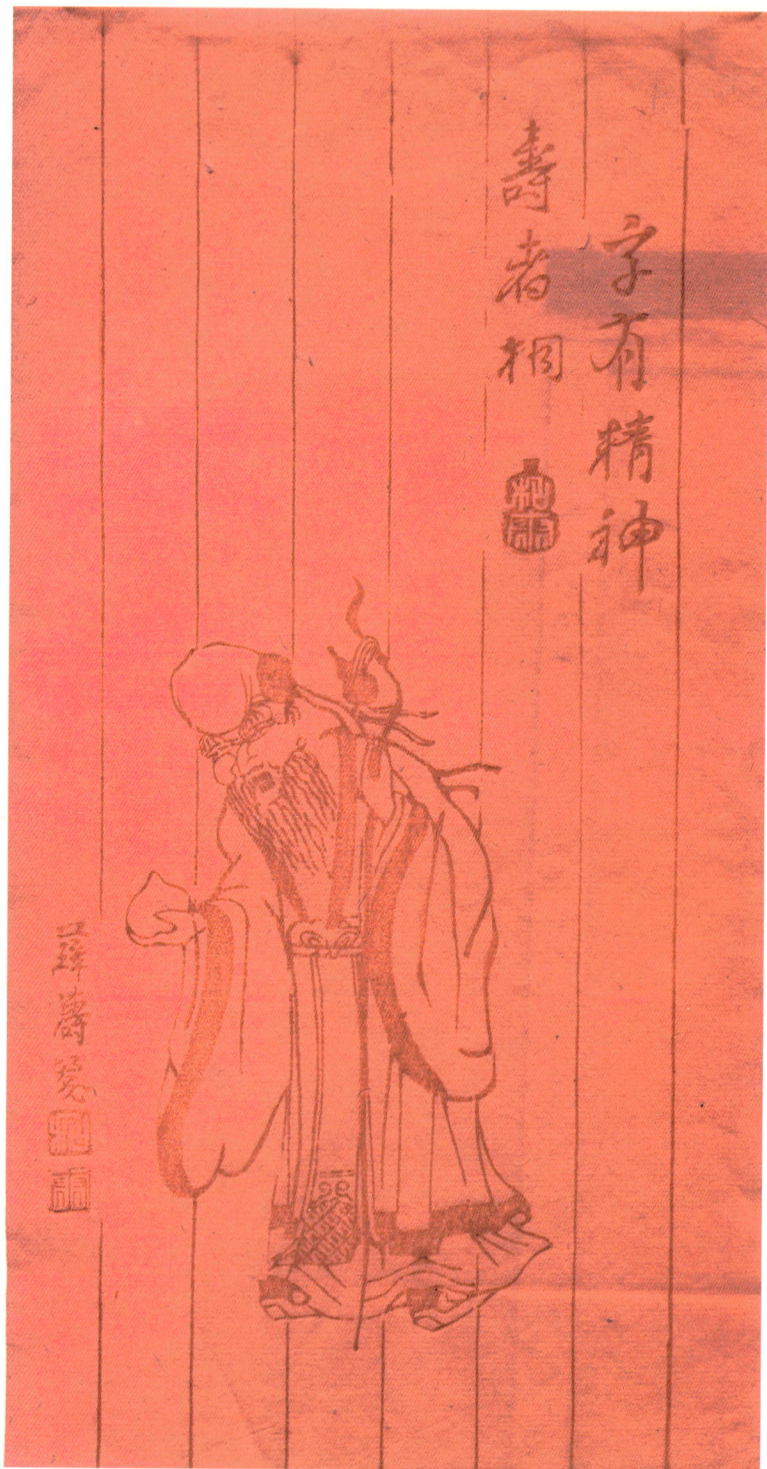

清·薛涛笺

笺，而私札多用八行笺，根据纸张大小和行距宽窄，多分为大、小八行。此外，如果书信人尚在服中（即为先人戴孝期间），也常使用青丝栏八行笺书写信函。

笺纸，亦有花笺、彩笺、锦笺等美名，是旧时文人雅士用于题咏或书信的一种幅小而华贵的纸张，纸质匀薄、细腻、柔滑，并印有淡雅而精美的图案花纹，尤以名家绘稿者更具观赏价值。陆游诗云："古纸硬黄临晋帖，矮笺匀碧录唐诗。"说的即是笺纸的佳妙。饰以花纹的笺纸出现于唐代，至明代达于鼎盛，品类有新安玉笺、磁青笺、金花笺、冷金笺等，纹饰有花鸟、走兽、山水，色彩由原来的单色笺、双色笺演进为工艺极其精湛的五彩笺，更是达到了一个令人叹为观止的艺术高度。

据传彩笺始于唐元和年间，才女薛涛（即薛陶），以彩色纸印制诗笺，为当时人所看重。宋代李石《续博物志》卷十："元和中，元稹使蜀，营妓薛涛造十色彩笺以寄，元稹于松华纸上寄诗赠涛。"唐代李匡义《资暇集》卷下："松花笺代以为薛陶笺，误也。松花笺其来旧矣，元和初，薛陶尚斯色，而好制小诗，惜其幅大，不欲长，乃命匠人狭小之。蜀中才子既以为便，后减诸笺亦如是，特名曰'薛陶笺'。今蜀纸有

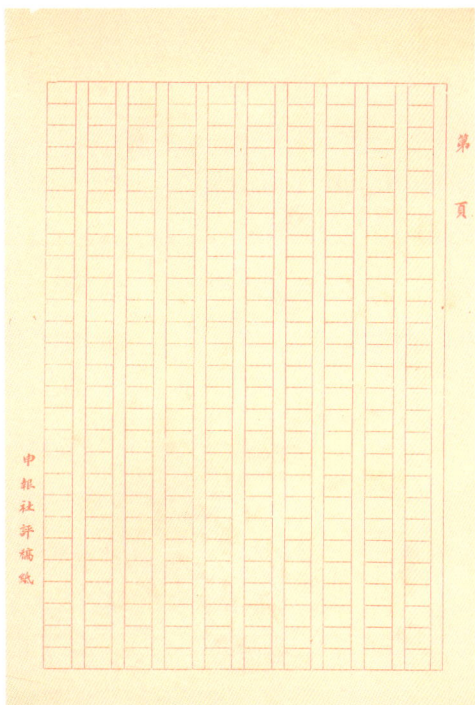

申报社专用稿纸（21cm×29.5cm）

大八行素信笺（19cm×26.5cm）

小样者，皆是也，非独松花一色。"薛陶，即薛涛。著名文人元稹、白居易、杜牧、刘禹锡等与薛涛唱和之间均用薛涛花笺。薛涛是一位名妓、女诗人，还是一个发明家。其最伟大的贡献就是"薛涛笺"，她把四川特产的胭脂木浸泡捣拌成浆，加上云母粉，渗入井水，制成粉红色纸张，上有松花纹路，专门誊写自己的诗作。让男诗人们为之倾倒，成为时尚和新锐的表征。当时，地方官共换过了11位，每一位继任者必定拜访她，成为官场惯例。当时与薛涛诗文酬唱的名流才子甚多，如白居易、牛僧孺、令狐楚、张籍、杜牧、刘禹锡、张祜等。与薛涛堪称知己的元稹有诗云："锦江滑腻峨眉秀，幻出文君与薛涛"，应该是对这位对书信有巨大贡献的佳人最恰当的评价了。

在薛涛笺发明之前，尚有三国吴人谢景初所制的深红、粉红、杏红、明黄、深青、浅青、深绿、浅绿、铜绿、浅云等十色笺，世称谢公笺。元费著《蜀笺谱》："纸以人得名者，有谢公，有薛涛。所谓谢公者，谢司封景初师厚，师厚创笺样，以便书尺俗，因以为名。"宋代多用这类笺纸，大多为色纸，至元代制笺，始于杂色粉笺上印金银花饰，益增华美。明代以后，笺纸的艺术追求更在图案花纹上。将笺纸辑成图册，则称为"笺谱"。著名的如明代吴发祥的《萝轩变古笺谱》和胡正言的《十竹斋笺谱》，所画清供、博古、山水、花鸟、人物、历史故事等，极其精致典丽。这两部笺谱均用套色木刻水印，并在世界印刷史上率先采用"拱花"技术。所谓"拱花"，就是凹凸版，以表现流水、白云等缥缈恍惚的立体虚幻效果。

清代嘉庆、道光以后，文人学者自印自制笺纸之风兴起，他们多依个人喜好订制书笺，突出个性化的审美情趣，如敝寓所藏俞樾用笺仿唐人行卷格式，左下角只印自己的号，皆别具风格；黄遵宪、康有为、梁启超、刘师培等均有

蓉生仁兄館丈惠覽接

手書知

辱比坐擬為嶺袤捉起人文

甚善兄於二月二十一日始

函西湖以在徒清掃墓腰呂

百傷扶杖龍鍾甚可笑愐矣

康君丙番新學侶徑考在滬

正見言令又承

賜諒此書用意甚善函其說

之是吾恐人人異若一時不

能遽空也

俞樾致蓉生书札（25cm×22cm）

每日四來飯家之起居四媳既做家之飲食
家裡種有心豆橘而食之心也鮮美心為快慰
內外孫皆曰不見則監督以為之有時患不辦
其游也也懶用心此是一卷心之法往之事過輒
忘又渡問之報之以一笑此書有早午晚
三餐以當俗云晚飯少吃口活到九十九字之少
食總不為食小餓而宜要之其常想吃而已手
此嚴顺康絕
全家大小在念兄瀛
一九八○．八．二日

孫點在此家則眠食如常天熱每日搓一身
易一汗衫褲此別伴家之人點他了之回現

商衍瀛致胞弟衍鎏书札用溥儒绘山水人物画笺（28cm×18.5cm）

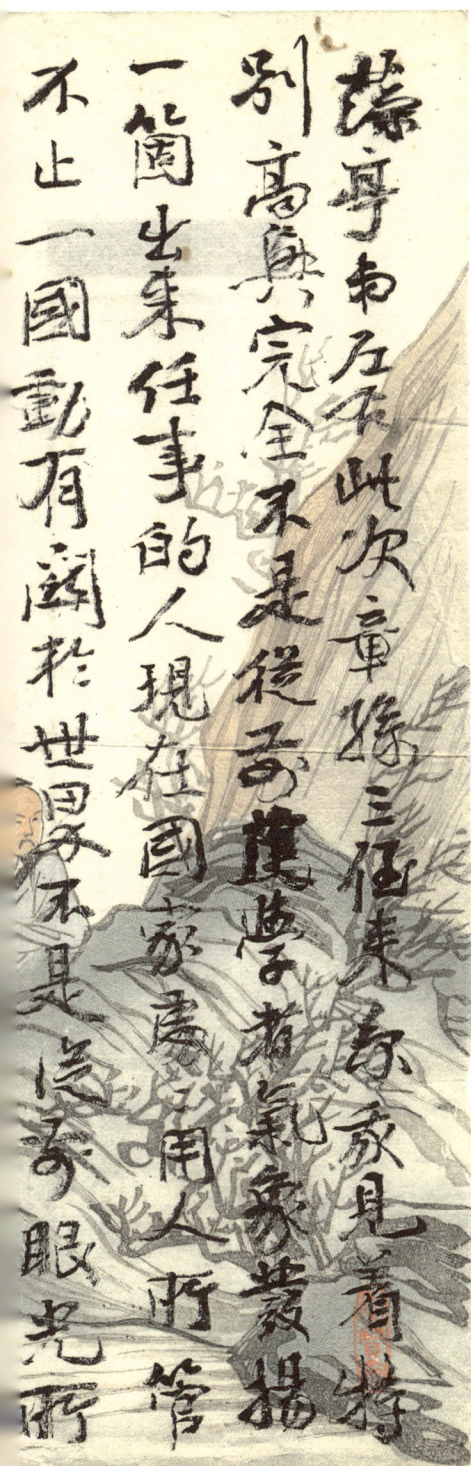

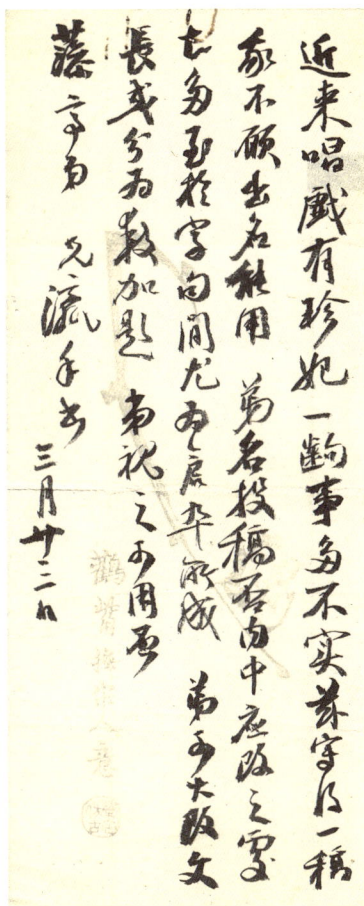

商衍瀛致商衍鎏书札（16cm×23cm）

专用笺纸。本文中林钧先生"丁卯浴佛日石庐抚楚铸文字"笺和"吴太和大安寺鉴文壬戌秋石庐集字作笺"尤为古雅。

道光、咸丰以后，以名画家作品为笺纸图案之风大行其道。特别是近代以来，北京的荣宝斋、上海的朵云轩等都出过大量精美的笺谱、笺纸。北京琉璃厂的南纸店大多是出售彩笺的，品种最多的当属清秘阁、荣宝斋、宝晋斋、淳菁阁等南纸店，除了新印彩笺外，尚能搜求到明清彩笺，当然已经不忍使用，成为收藏家的藏品。鲁

燕翁先生撰席 此上蓝笺亮誉
惠重甚厚
璪平志稿事及地志补刻评语之拟我鉴文
不照言补入。白续别笺再告
波兹有刻若剧名志补问与
芸下多进自言已承勘函托查沙月好信此续师
阳永菊文斋审可已于画问径达未由睿使烦
一速勾责多重续原先谷
芳稿仍承 才林宛川

吴太和大安
集字作笺
民秋石庐
吴太和大安寺鉴文

林钧以
"吴太和大安
寺鉴文壬戌秋
石庐集字作
笺"致柯燕舲
书札（16cm
×25.6cm）

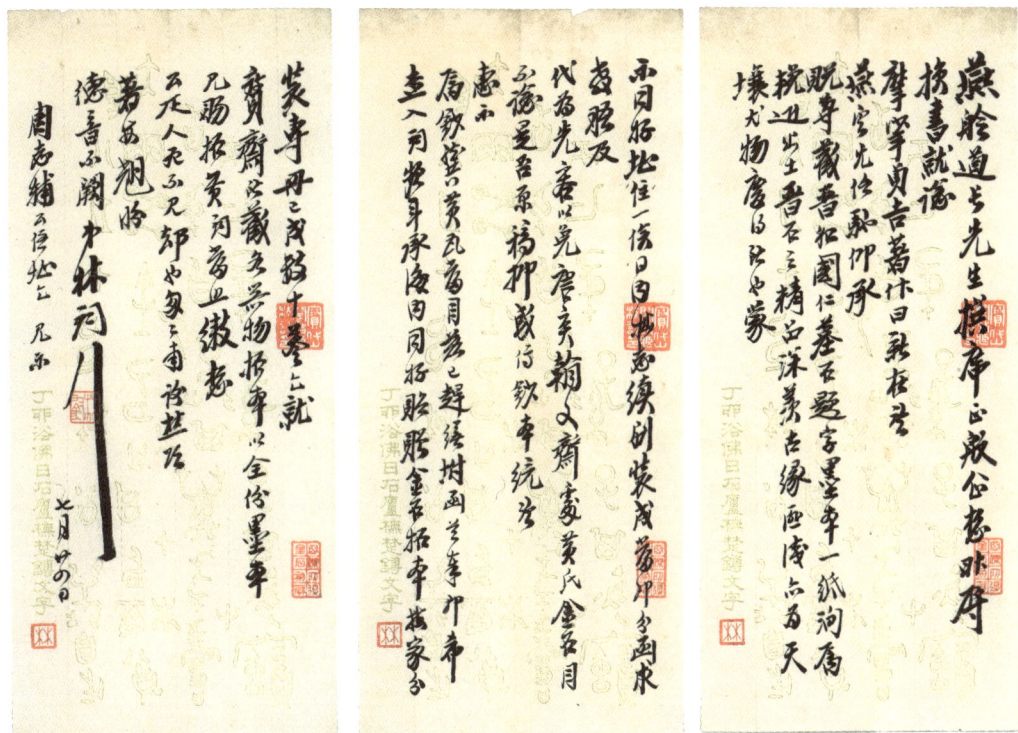

林钧"丁卯浴佛日石庐抚楚铸文字"笺致柯燕舲书札（14.8cm×32.2cm×3）

迅与西谛（郑振铎）先生在20世纪20年代末至30年代初在琉璃厂遍求彩笺300余种，都是厂肆木刻水印的名家书画，可谓精美绝伦。后来在两位先生的多方努力之下，终于在1934年制成《北平笺谱》，前后两次共印200部委托荣宝斋发行。今天，不要说那些彩笺原件，就是这部木版套色水印的《北平笺谱》也可以抵上明版图书的价值了。翌年又委托荣宝斋翻刻了明代的《十竹斋笺谱》。《十竹斋笺谱》，是明代（1644）休宁（今属安徽）胡正言旧制，原谱藏于北平通县王孝慈家中，是西谛先生通过赵万里借来供荣宝斋印制的。

民国时期许多画家都曾为琉璃厂笺纸店作过画笺，吴昌硕、虚谷、齐白石、姚茫父、陈师曾、溥儒、张大千、金拱北、陈半丁、王雪涛等绘画名家都参与过笺纸的绘稿，其中一些木版沿用至今。1911年，天津文美斋刊印了一部《百花诗笺谱》，图案有紫丁香、玉兰、菊花、万年青等草木花卉，作者张兆祥是天津人，擅画花鸟，设

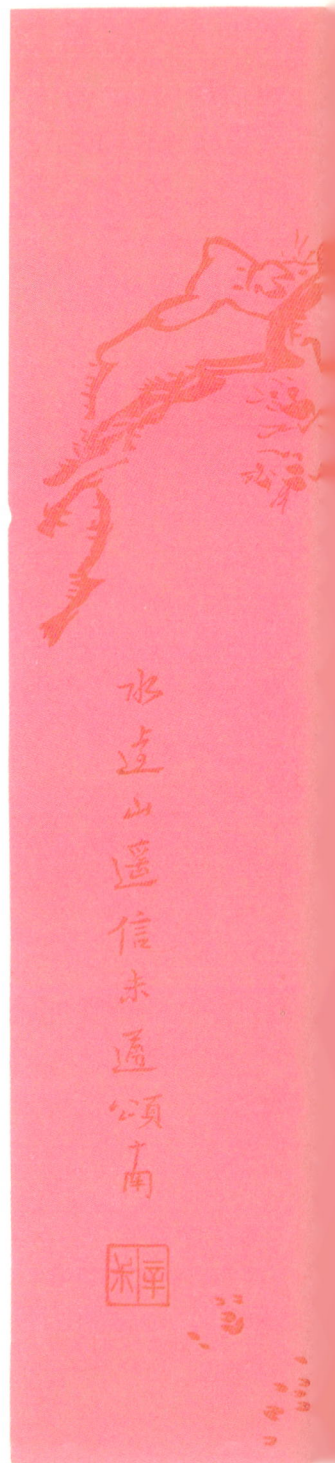

民国初年之画笺（12.5cm×22.5cm）

中使传宣内府家书至今且付中麻不泾

珍重红鲜一朵埙德尺一计扭

清代海上虚
白斋制画笺，今已
不多见（12.5cm×
22.5cm）

龍中拭淚御手調羹力士脫靴
貴妃捧硯 青蓮學士語

色艳雅，备极工致。上海商务印书馆涵芬楼所制汤定之花卉笺；齐白石87岁那年，作清供图题记笺，正值交通银行成立30周年之际，交通银行定制的，极为古朴。

戏曲小说中的木版画也是笺谱内容，《西厢记》《金瓶梅》中版画都曾作过彩笺，陈老莲的"水浒叶子"所制信笺最为精美，人物栩栩如生，极具收藏价值。20世纪30年代初，琉璃厂曾精选一些京剧名家的演出戏单作为笺纸图样，全都是采用实际演出的戏单制作，除广和楼、吉祥戏院、第一舞台之外，还有不少堂会戏和赈灾义演的戏单子，殊为别致。这些戏单子也如宋元版本一样，以淡化形式制成笺纸，依稀可见当时名伶合作演出的盛况，除却作为文字载体的笺纸之外，同时还有戏曲史料的价值。

民国时期多用宣纸制作信笺，最为普遍的是八行笺。新中国成立后，信笺多用机制纸制作，并由竖格改为横格。在文人墨客中，也有用各种图案的花笺和私用特制笺的。

敝斋所藏的书信中，有的就是用彩笺书写的，如夏宇众先生写给黎锦熙先生的信所用信笺乃齐白石先生绘制的蔬果画笺。精美绝伦的彩笺，配以清雅的文辞与法书的庄静，交相辉映，让人看

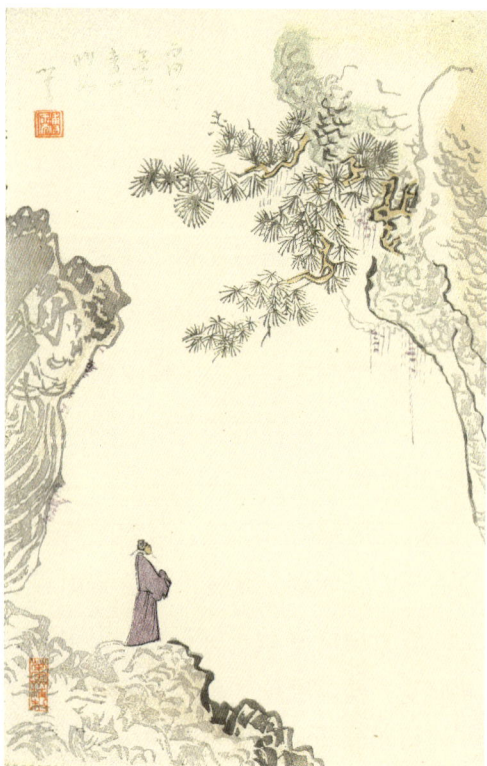

到一个逝去的时代，或是一种正在消逝的文化氛氲。

彩笺作为一种文具已渐渐失去了它的实用意义，但作为文玩确是颇有艺术价值的藏品，大概是纸张不好保存或缺乏对其重视的缘故，时下要在京沪、江浙的文玩市场上寻求几套旧时的彩笺已非易事了。近几年各大拍卖会的古籍善本专场上，均有笺纸、笺谱参拍，虽然它们价格不菲，但都得到藏家追捧，以较高价位落槌。

也是因为"文房四宝"及其他文房用品不仅具有实用价值，而且更有着艺术内涵，并且，深深地根植于民族文化，因此收藏文房用品不同于一般的古玩。如果说"文房四宝"彰显了中国文明的博大精深，那么书房里的其他小玩意，则充分表现了文人墨客们是浪漫的和满怀情趣的。笔筒、笔架、笔洗、臂搁、水丞、镇尺、墨床、砚滴、印盒、印泥、印章、奇石、香炉、古琴……都是书房中少不了的"宝

荣宝斋《北平笺谱》之溥儒作山水人物
画笺（28.3cm×18.5cm）

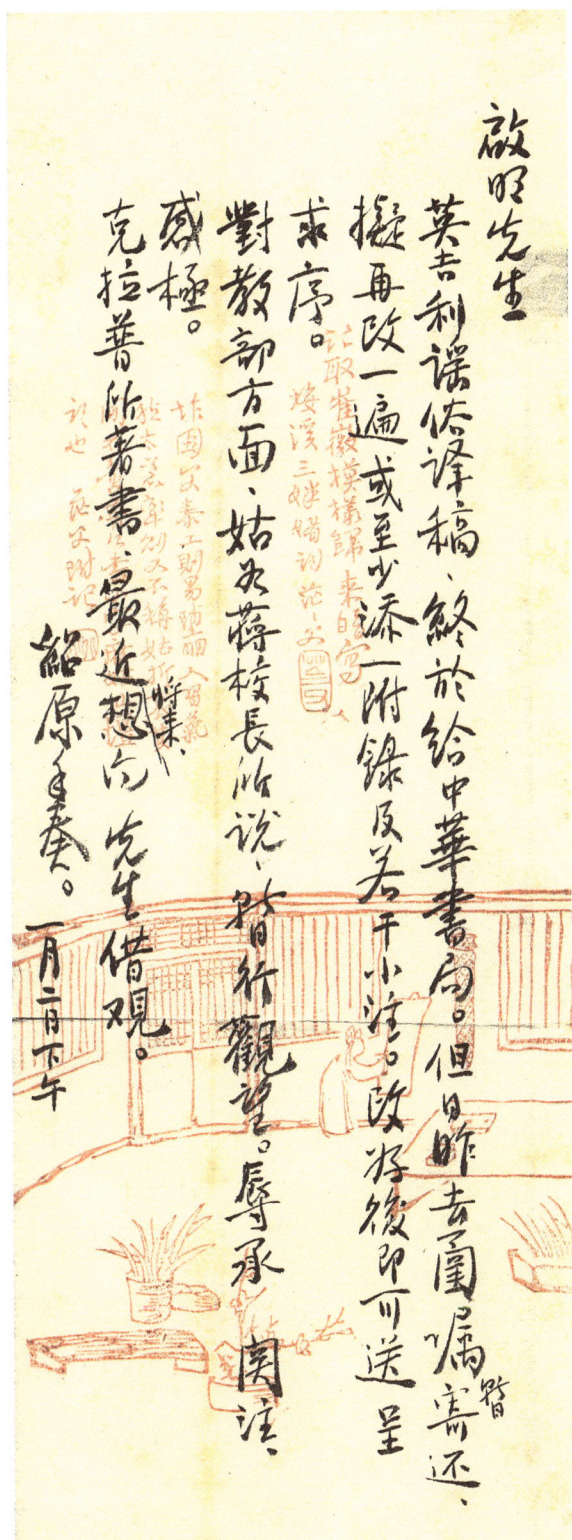

啟明先生

英吉利謠俗譯稿，終於給中華書局。但日昨去圖[書]館寄還，擬再改一遍，或至少添一附錄及若干小注，改訂後即可送呈求序曰……對教部方面，姑先蔣校長所說，逕行觀覽。辱承關注，感極。

克拉普所著書，最近想向先生借觀。

紹原頓首　一月二日下午

江绍源致周作人信札
所用笺纸图案为姚茫父所
绘（12.5cm×22.5cm）

159

于非厂作花鸟笺纸（25cm×9.5cm）

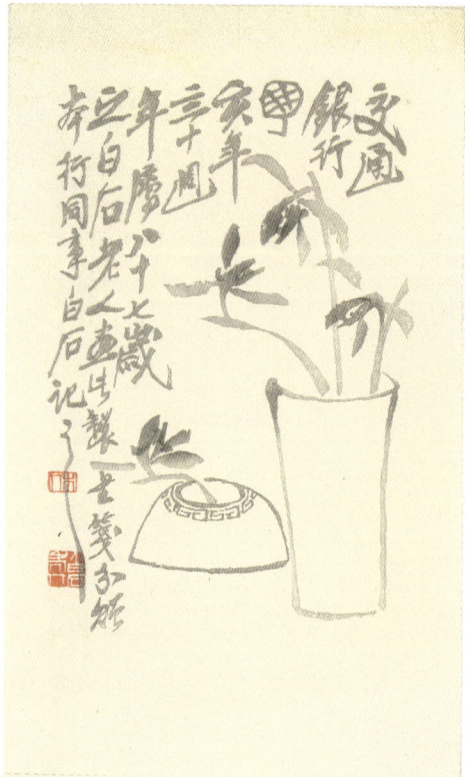

齐白石清供画笺（上，27cm×17.2cm；下为交通
银行建行30周年而作，26.5cm×16cm）

耐庐居士手摹汉瓦中"长毋相忘"信笺（28cm×18.2cm）

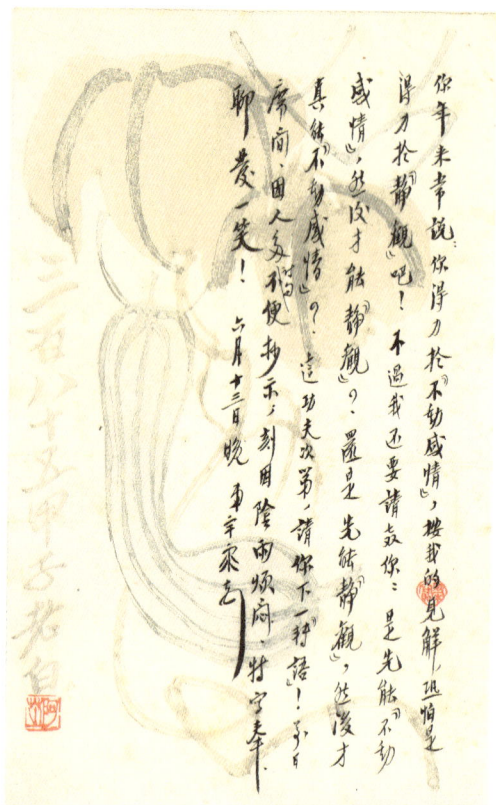

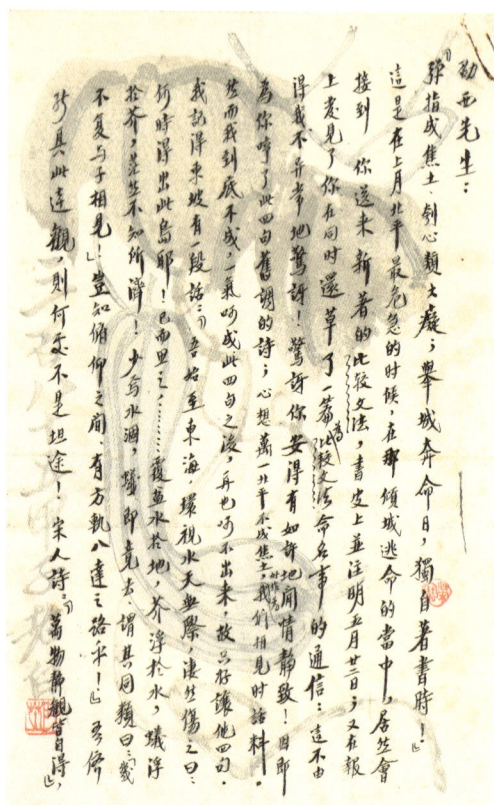

夏宇众致黎锦熙先生书札所用信笺为齐白石老人所绘蔬果图（15.5cm×25cm×2）

物"。它们不仅心思细密地集中国文人之所需，而且工艺巧妙，造型美轮美奂，满怀意趣意境。难怪今人也对它们爱不释手，一掷千金。

中国古代的文房用具，历经唐宋元明之后，至清代达到了鼎盛时期。除了被誉为"文房四宝"的笔墨纸砚外，更潜心发展一些辅助工具，即人们所说的"文房清供"。文房清供，俗称"文玩"，特指书房清雅的陈设器具，即与笔墨纸砚相应发展而来的各种辅助用具。文房清供自汉代开始兴起，唐宋时期得到发展，出现多种不同用途、形式的文房器具，明清时期达到鼎盛，成为点缀书案、赏玩自怡的书斋实用陈设品。这些器具制作小巧精致，常陈设于书斋文案，明代文人又称为"斋中清供"。 根据不同用途，文房清供又分：纸用类有镇纸、裁纸刀等；笔用类包括笔挂、笔筒、笔架、笔匣等；墨用类包括墨床、墨盒、墨缸、墨屏等；砚用类包括砚屏、砚匣、砚山；水器类包括水滴、水盂、笔洗；辅助类包括帖架、书灯、香熏、香炉、古琴、拜帖匣、铜镜以及书斋家具等，可谓种类繁多、数目庞大。后来又把那些各种材质制作的鼻烟壶、核桃制品及文人案头书桌可用以把玩的各类精巧小摆件均列入其中。

而文房清供中有文房第五宝之称的是水丞，就是水盂、砚滴，是置于书案上的贮水器，用于贮砚水，被人称为是"文房第五宝"。它最早出现于秦汉时期，形制多种多样，但以随形、象形居多，另一些则是圆形的，或扁圆，或立圆，以扁圆形居多，同时人们将有嘴的称"水注"，无嘴的则称"水丞"。水丞的用料非常丰富，有陶土、瓷品、铜质、玉石、水晶等数百余种。清末民初，还出现如笔插、笔架兼水丞、水注。其中玉水丞以明代玉工陆子冈所制的最为著名。而水丞的图案更是五彩缤纷，清乾隆时所制的掐丝珐琅水丞，色泽斑斓，雍容华贵，此外图案为童婴趴在丞中戏玩这类题材的婴戏水丞，在明清时也较为多见，是当时盛行的吉祥图案之一。

右图两件文房即为清宫珍藏之物。右上为清乾隆年制蓝套级玻璃螭龙纹水

清乾隆掐丝珐琅云龙纹笔架。高15.5cm，长20.5cm，宽4.5cm。（清宫旧藏）底镌阳文"大清乾隆年制"楷书款

清乾隆画珐琅花鸟纹印色盒。高2.5cm，口径4.8cm，足径2.6cm。（清宫旧藏）足底中心蓝色双方框内书"乾隆年制"双竖行楷书款。当为宫内造办处的高手绘制

清乾隆粉彩雕镶荷叶香橼盘。高3.8cm，长
15.7cm，宽10.5cm。（清宫旧藏）底书"乾隆
年制"青翠回字篆书款

明永乐青花内外底龙戏珠纹
棱口洗。2004年某拍卖公司以
4094.375万港元成交

丞，系吹制而成。通体以海蓝色玻璃为胎体，外套豆绿色玻璃花纹。腹部雕双螭，灵
动矫健，有很强的立体感。外底中心阴刻单方框，内有双竖行楷书"乾隆年制"四字
款。右下是一件清康熙画珐琅花卉纹水丞。水丞作长方圆角形，铜镀金口，四乳足。
通体在白底上饬缠枝花卉纹，有荷花、牡丹、菊花、牵牛花等。花朵或大或小，都以漫卷的绿叶相围绕，其布局在随意中蕴涵着对称，聚而不乱。外底以蓝釉书"康熙御制"双竖行楷书款。

下页上部左为铜鎏金"蟾滴"，造型独特，一尊三足蟾蜍，身披金色龙甲。口衔一条金链，延伸至背，背部中有圆孔，两侧各有一只三足小蟾蜍以口咬住金链，趴在大蟾蜍身上，稚态可掬。据文献记载，砚滴形制有很多。主要形状亦多为兽形，有麒麟、蟾蜍、天禄、鱼、龟、天鸡、狮、象等多种形态，其他还有葫芦形砚滴、铜鼎砚滴及中空石所做的砚滴等。

"蟾滴"是砚滴的一种，有关蟾滴的最早记录，见于西汉刘歆编著的《西京杂记》，此时的砚滴被称作书滴。《西京杂记》卷六载："晋灵公冢甚瑰壮……唯玉蟾蜍一枚，大如拳，腹空容五合水，光润如新玉，取以为书滴。"《饮流斋说瓷》："蟾滴、龟滴，由来旧矣。古者以铜，后世以瓷。明时有蹲龙宝象诸状。凡作物形而贮水不多者则名曰滴。"晋时青瓷砚滴，多龟形，称"龟滴"。雕塑成蟾蜍形的，名"砚蟾""蟾滴"，别称"金小相"。《和靖集》和《研北杂志》载有鼎式和蟾蜍形砚滴。蟾蜍形砚滴还见于宋刘克庄撰《后村集》中的《蟾蜍砚滴》："铸出爬沙状，儿童竞抚摩。背如千岁者，腹

清乾隆蓝玻璃螭龙纹水丞。高3.7cm，口径3.3cm

清康熙画珐琅花卉纹水丞。高2.8cm，口径2.5cm。

汉晋时期铜鎏金蟾蜍砚滴。
（双序斋藏）长12.5cm，高5cm

南北朝铜异兽形砚滴。（清宫旧藏）
高7cm，长16.8cm

奈一轮何。器较瓶罍小，功于几砚多。所盛涓滴水，后世赖余波。"由马泽修、袁桷于元延祐七年（1320）编纂成书的《延祐四明志》中的《奉国军节度使彭城钱公碑铭》："蟾供砚滴，霞蓊诗情。"此"蟾供砚滴"可能指蟾蜍形式。元陆友撰《研北杂志》："所谓蟾蜍者，云此物三足，与蛙不同……而有距世所范为砚滴者，或不尽似也。"《研北杂志》还记载："李仲芳家有南唐金铜蟾蜍砚滴，重厚奇古，磨灭处金色愈明，非近世涂金比也，腹下有篆铭。"就目前所知，考古发现的砚滴数量不多，且多出于汉晋时期墓葬之中。最早的为东汉时期，有确切纪年的为东汉元嘉二年，即152年，晚者时代为晋早期，最晚的出于元代遗址。考古发现及收藏品的砚滴形制主要有蟾蜍、羊、玄武、神兽、鸡等。

因此类文玩小巧而雅致，最能体现文人雅士的审美情趣，故在文玩类的工艺品中，属于品位较高的藏品。

镇纸收藏也是连年攀升，如明晚期石叟款铜嵌银丝螭纽镇尺长24.7厘米，在2003年嘉德春拍中成交价为8.25万元；清代象牙竹纹镇尺长25.3厘米，在北京瀚海最新的起拍价在3万元左右。在2004年春拍市场上，镇纸创造了不少拍卖纪录。如一对明寿山石高浮雕蟠螭纹镇纸，估价20万至30万元，成交价达到了104.5万元，这是镇纸拍卖首次超过百万元大关，让藏界看到了其巨大的市场潜力。而一块田黄雕竹形纹镇纸也以12.1万元成交，这块田黄随形刻作竹节形，竹根与竹节较写实，而竹枝、竹叶的装饰稍见写

紫砂桃式砚滴。是清雍正朝紫砂像生器中的精品，高5cm，口径2.2cm（清宫旧藏）

清中期文竹贴花方水丞。高2.9cm，口径3.4cm，底径6cm。（清宫旧藏）此器形制乖巧可人，色泽淡雅，为同类制品中的佼佼者

意，虚实结合，恰到好处。由此，我们不难看出材质珍罕、雕工精良的镇纸，无疑具有很大的升值潜力。2008年北京翰海的拍卖会上，一款颇具特色的镇纸也以22万元成交，这款清乾隆时期的白玉螭龙合璧连环镇纸，采用白玉质，圆环形，环侧一切为二，两环相套可错可合，环外雕四螭首及两组变形兽面纹。此件镇纸为仿古制品，似以良渚文化玉环为本，稍加变化。它显示出在镇纸的收藏中，除了雕工之外，巧妙的设计也非常重要。精品书画镇尺亦难求。刻书画镇尺作为文房用具之一，常由书画家作稿，其程序也与刻铜墨盒一样先挑选中意的镇纸，或铜，或木，或牙，或竹。按常理，有声望的书画家所挑选的必定是材质精良、造型别致的光板镇

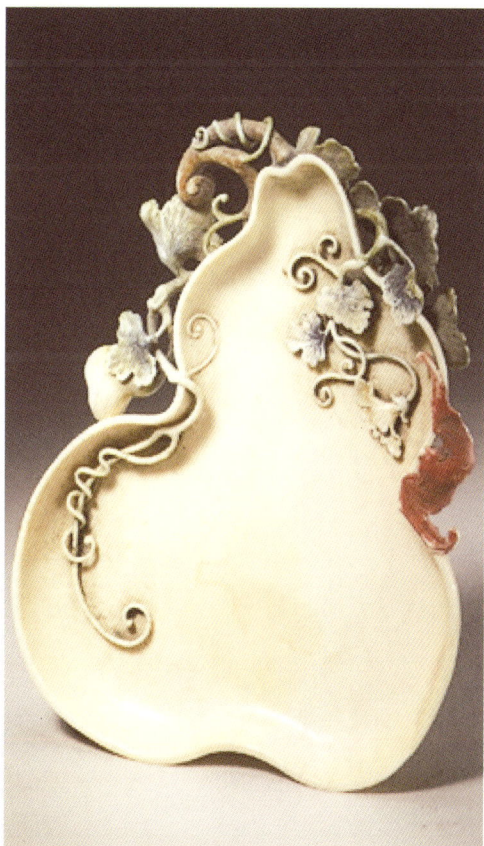

清象牙雕葫芦形笔舔（清宫旧藏）

167

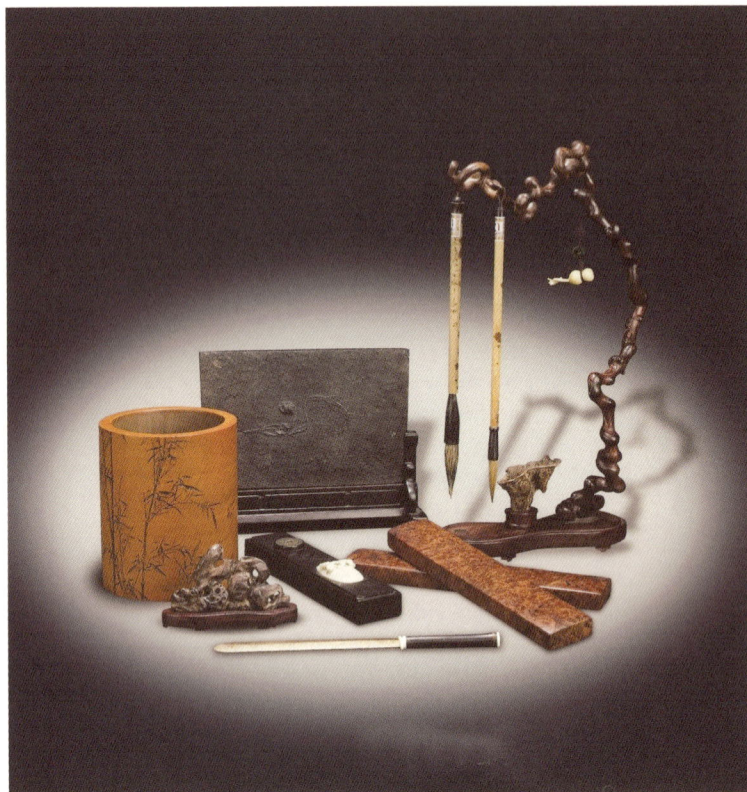

书斋中的文
房用品

纸，在上面均匀地涂上一层白粉以衬其底，然后书画家便可在其上纵横驰骋地构思、发挥了。镇纸上的书画作品，其实是书画家本人作品的袖珍化，它的章法、笔法、气韵应与大幅作品一致。事实上有一部分书画家不大会作袖珍小品。以前没有复印机和照相技术可以随心所欲地放大和缩小，所以一般能在小小的镇纸上作书画，又能得其神韵的书画家必然功力深厚。待书画家完工后便由镌刻名家在其上按书画的特点，平心静气一刀一刀地细心镌刻完成。雕刻家务须深谙书画家的笔墨、个性，用手上的刀按书画家作品的特征进行再创作，将其特色淋漓尽致地体现出来，因此小小的镇纸凝聚了书画家和镌刻家的共同心血，也可说是他们的联袂之作。这种联袂不是随意的，因为书画的笔法、章法、气韵，必须与雕刻的风格气韵相匹配，故此每件成功的上品皆极为难得。

集实用与美观于一身的裁纸刀，一直是文房收藏的重要品种之一。据说1949年广东解放时，叶剑英主管军政大事。办公桌上有两件他十分喜爱的文房用品，一件是瓷笔筒，另一件就是象牙柄的裁纸刀。叶帅常用它拆看公文，可谓刀不离手。文人之所以如此喜爱裁纸刀，不仅是因为自古以来就有"君子武备"的说法，更因为裁纸刀的精湛工艺，可以体现出其主人的身份。敝斋珍藏清末民初著名学者王先谦的几件文房用品，其中就有以竹作柄及鞘、紫檀镶口、钢制刀刃的裁纸刀，鞘上刻有深峻大方的八个大字：志同道合，义重金兰。从字面上看，想必是刀之主人为纪念与友结为金兰知己所制。另镌刻：王先谦存。

整器以竹黄为鞘、柄，匠心独具，包镶拼贴技法精绝，包浆亮丽，集实用与美观于一身，为少见的文房精品之作。

各个时期的裁纸刀受到市场的关注和藏家的青睐，大概是近几年才有的。从目前的拍卖市场来看，纸刀的刃基本上都是以象牙制作，但在柄及鞘上，除了使用竹黄之外，还有其他材质的。不过，虽然在拍卖市场上也不乏镶翠、镶宝石的裁纸刀，但投资者似乎更青睐那些竹木材质的。这大概印证了那句话：宁可食无肉，不可居无竹。一把清中期的竹黄象牙信差刀，在北京翰海的春拍中以33600元成交。竹黄是以楠竹为材，去

王先谦专用竹鞘、竹柄裁纸刀，长30.2cm，两刃峰及尖部极为锋利

除竹青和竹肌，所留下如纸般的竹黄片，并经煮、晾、压等流程，再施以刻、贴繁复工序而成，所制出的器物纹理清晰、精细美观。盛行于清代乾隆年间，宫里的竹黄器除呈贡品外，也曾召匠人入宫制作。

另外一把民国时期的连鞘牙雕纸刀在中拍国际的春拍成交价也达到11000元。在目前的拍卖市场上，成交价最高的就是在2005年北京翰海春拍时，一把估价仅为25000元至35000元的清乾隆竹黄浮雕夔龙纹象牙纸刀，其成交价达到了21.45万元。

笔用类包括笔挂、笔筒、笔架、笔匣等。笔山，也称为笔架、笔格，是文房用品中架笔的器物。古人作书画时，在构思和暂息间借以置笔，以免笔杆周转污损他物。笔山始于何时，已无从考证，但据《艺文类聚》记载，早在南北朝时期已经有笔山了。笔山的质地最为广泛，玉、石、金、铜、瓷、木皆可制成。家藏一民国瓷人物多功能笔山，构思极为精妙，通体为一男童造型，面容憨态可掬，脖上挂八卦形玉佩，怀中抱一猫，半躺半坐于一榻上，背后一笔插为注水口；壶嘴为出水口，身体为储水器。腿躬起处及壶口嘴处可置笔。笔山的形式除了一般的山形之外，更有许多生动别致、

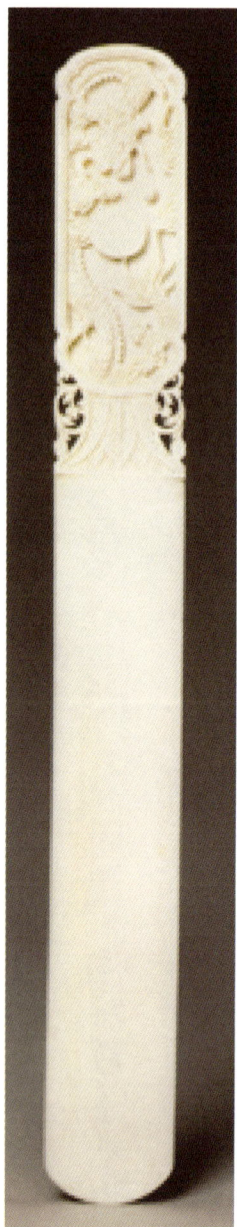

清代牙雕云龙纹纸刀，长30.2cm。上部为刀柄，略厚。下部光素，为裁刀，锋刀极薄，顶端圆滑

神态毕备的造型。这类笔山的艺术观赏性就远在实用性之上了。如在2008年香港佳士得秋拍中，一件竹雕苍龙教子笔山，估价40万至50万港元，成交价达到了86万港元。此次拍卖的这件竹雕苍龙教子笔山，小龙身姿矫健，爪扣焰珠，盘旋在浪间云端，玩兴未泯，而苍龙则深情地望着小龙，慈情毕露，似对小龙谆谆教导。综观目前在拍卖市场上受到追捧的笔山，几乎都出自名家珍藏。在2006年中国嘉德春拍中，一件沉香木圆雕灵猿笔格从15万元起拍，成交价达到了20.9万元。这件来自翦淞阁珍藏的笔格，由上品沉香木制成，灵猿交足趺坐岩岳之上，形态结体之传神，虽寥寥数刀，已称绝技。古时用之为君子之表征，在李白的诗中就有"君子变猿鹤，小人为沙虫"之句。在2007年北京保利秋拍中，"省吾庐"珍藏的一件白玉松鹿笔架，估价12万至15万元，成交价则达到了20.72万元。其选用名贵白玉整体镂雕而成，为典型明代风格，在晚明玉雕中雕工精细，保存完好，没有任何损伤，十分罕有。清乾隆年间即被收藏家珍藏，并配置黄花梨座。虽然与竹木等材质相比，铜质笔山也为数不少，但其中的精品却不多见。一旦市场出现精品，就立刻会受到投资者的追捧。在2000年中国嘉德

清代紫檀浮雕螭龙大笔筒

周芷岩竹雕十八罗汉笔筒

秋季拍卖会上，一件铜透雕鹭莲山形笔架，估价2.5万至3.5万元，成交价则达到了18.7万元。这件笔架采用青铜材质，雕工老辣、神重于形，是明代文房中的典型器物。山形笔架满铸十八双鹭鸶与荷花，下承长方形底托，六如意头式足，纹饰细腻，工艺精湛，为同类器中的精品，寓意为一路连科，也就是平步青云的意思。类似的一件笔架，在2006年北京翰海秋拍中的成交价超过了28万元。

笔筒是插笔的器具，也是极具传统意味的中国艺术品。中国古代很早就有盛装毛笔的器具。前文中有关笔的叙述已有涉及。但那还不能称为现今概念的笔筒。真正意义上的笔筒出现在明代。明中期以后，笔筒广泛置于书几案头，如同笔、墨、纸、砚一样，成为与读书人朝夕相伴的宠物。中国的笔筒工艺精湛，意趣横生，超凡脱俗。其取材多为竹、木、陶瓷，也有用玉石、树根、象牙、金属等制作。造型多为圆筒形，直口，直壁，也有器口为梅花、葵花、方头、卷书、八方、六方、四方、不规则等不同形态的。虽形制变化不大，但装饰方法最为丰富，有刻、镂、雕、绘等多种艺术手法。竹笔筒意义深邃，文趣盎然；木笔筒古雅大方，取材考究；瓷笔筒则青花、五彩、粉彩、青花釉里红、哥窑瓷、龙泉窑瓷、钧瓷，琳琅满目，无所不有。玉石、象牙、镶嵌笔筒皆多以材质和工艺见重，精工奇巧，极富神韵。

由于笔筒是一种文化积淀很深，人文色彩很浓的文房器具，深受历代文人的喜爱。一只精美的笔筒置于案头似乎彰显着主人的闲情雅趣，以致物我交融，与日月相对的文人诗情勃发，文采斐然。也由于上述原因，笔筒在近年来引起文化艺术品市场的广泛关注。尤其是明清笔筒精品、绝品，已成为拍卖会上一道独特的风景，其价位频频爆出新高。清雍正仿木釉墨彩山水高士访游笔筒，成交价2209.04万元，清康熙竹高浮雕山水人物笔筒成交价1140.56万元。

笔洗是涮洗毛笔的盛水瓷器，虽然是文房中的专用器具，但在很长一段历史时期内都是与一般瓷器如碗、盘、碟、钵的造型相混淆。笔洗真正形成了制作意义上的独立概念，从一般瓷器范围中剥离出来的时代，大概起于明代而兴盛于清代。在传世的古代笔洗中，以瓷质最为常见，因为铜质易锈，玉质造价昂贵，所以除了帝王贵胄，一般文人使用的笔洗，都是瓷质的。家藏一件清同治年制（红双框篆字款）粉彩燕式双龙笔洗，制作典雅，文人气息浓郁，双龙造型生动。瓷笔洗，明代至清早期、中期的市场价格都在几十万元乃至百万元以上，清末民初造型精美、品相上乘的也在万元以上。

近几年来在拍卖中"露过脸"的文房精品，价格甚昂。1997年嘉德拍卖会，一支明宣德青花卷草纹瓷笔杆拍出52.8万元；2004年北京翰海秋拍，一支明万历竹刻花卉笔杆拍出60.5万元。1995年，清代制墨名家汪节庵制的"御题西湖十景诗彩硃"在北京翰海拍卖会上经过激烈竞价以55万元人民币落槌；1996年，北京翰海将乾隆御制的"天府永藏"玺墨拍至46.2万元。2007年年底，清乾隆御题西湖十景集锦色墨（十锭）以448万元人民币的高价成交，创下当时中国古代文房类拍品的世界纪录。2003年，嘉德拍卖会金绘龙纹宫纸（49张）拍出26万元；2006年6月，十张清代金绘龙纹丈二匹旧宣纸拍出3.63万元。2005年，唐代王丘六足莲花奉双凤池砚在北京拍出126.72万元。2005年，清乾隆松花石雕灵芝纹砚以285.776万元成交，创造当时砚台拍卖的最高价。2008年年初上海的一场拍卖会上，"清乾隆五彩八卦纹套墨"以110.88万元成交。2004年，一件古代文人盛水涮笔的器皿，明永乐青花内外底龙戏珠纹棱口洗,以4094.375万港币成交；2005年，一件高17.2厘米的清康熙竹高浮雕山水人物图笔筒，

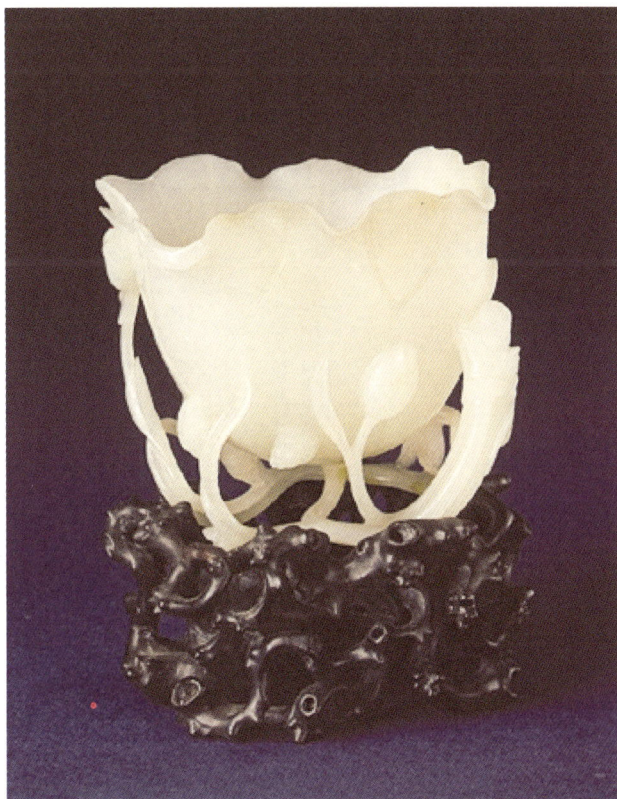

清中期白玉鱼螺
荷叶洗（清宫旧藏）

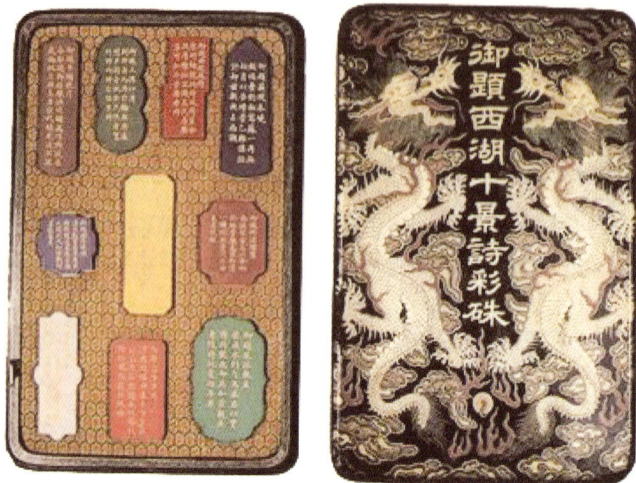

清乾隆御题西湖十景集锦色墨

胡开文制"大富贵亦寿考"五色墨，套墨五锭，
每锭均长16.3cm，宽3.6cm，厚1.2cm。5锭彩色墨，
分红、青、绿、白、藕荷五色，其形状、规格、图案
完全相同

以高出估价10倍的价格，1140万港币成交；同年，北京翰海春季拍卖会文房清供专场上，168件拍品，拍出了1767.59万元人民币。

基于人们对文房艺术品的日益追捧，各拍卖公司都纷纷推出相关专场。仅在2008年，中国嘉德、北京翰海和西泠印社就分别推出了"文房清韵——笔墨纸砚"专场、"寄闲楼雅玩"专场和"文房清玩——近现代名家篆刻及案上雅玩"专场。此外，长风拍卖也在香港的春季拍卖中推出"家几光辉——文玩杂项"专场，北京保利和上海嘉泰也不落后，分别举办了名为"文房艺术和文房家具"和"国石三宝——海外传世印石案珍"的专场拍卖。从专场数量增加的情况上可以看出市场对文玩藏品的需求上升。从成交率上考量，文房藏品的表现也相对好于现代艺术藏品。例如，在中国嘉德2008年秋季的拍卖会中，首次推出的"国石国艺"专场创下了91%的成交率，109件拍品的成交总额达到1596万元人民币。就单件藏品的价格来看，其市场价值在长达十余年的过程中基本呈稳定上升趋势。例如杨季初的紫砂笔筒目前的拍卖价格在86万元左右，而几年前，这件藏品的价格大约为20多万元。从较长的时间段来考察，这种趋势则更加明显。比如，明永乐青花内外底龙戏珠纹棱口洗，在1997年公开拍卖价格为1600万港元；而到2004年，这个价格已经升至4094.375万港元，七年升值了近2500万港元。

综合上述文字，我们可以想象，旧时的文人墨客，坐在书香四溢的书房里，书桌上置有精美的文房四宝和精雅清供，然后轻轻地把一张精美的彩笺铺展在书桌上……其风雅真是一切尽在不言中。

梦家兄：

来画早已收到。尊事曾与吴晗同志商谈过。他目下容当调力设法，因他事忙，也不能马上候书托这事。昨日遇到时据云已与何其芳所长说妥，由文学所向北大借用。此事谅无问题，请自宽念。久稽裁谢，甚赖在此

敬礼

　　　　　　　夏鼐 七月十四日

第九讲
书信的表情达意功能和观赏性

有文章说，书信有表达七情六欲的本事，有言语的全部温柔与细腻以及言语所望尘莫及的大胆表达能力。人世间最珍贵的就是感情。尽管人们的语言、种族、信仰，各自所处的时代、境遇，个人的文化、爱好不尽相同，但有一点却是相同、相通的，那就是人们渴望交流，渴望沟通，渴望真情。而这种真情的交流和沟通，只有借助语言和书写，别无他法。虽然面对面说话和书信都可以表达诉求，但书信表达诉求可能较少顾虑，表述也更为准确而富有文采。有人说，书信正是一座沟通信息、传递感情、使心与心相通的神奇的桥，是恰当准确的。清代的文廷式在一首《蝶恋花》中写道："重叠泪痕针锦字，人生只有情难死。"世间只要真情不灭，而最能表达人类真情实感的书信的功能就不会泯灭。

一封书信从写信开始，然后要经历寄信，盼回信，拆信，读信，反复读信，回信；然后又是寄信、盼回信……这样的一个周而复始的过程，给人们带来的是无穷无尽的遐想、思念、盼望，也使人们的生活变得有滋有味。

先说写信。当忙碌了一天，夜深人静时，白日里沉积的杂冗事务渐渐地离去，焦躁的思绪也开始平和下来，这时进入信中的境界，平日里那萌动在心底难以流露的真情，就会挣脱世俗的羁绊，自由地、忘情地、淋漓尽致地、洋洋洒洒地喷涌而出。此时，心也投入，情也投入，百无禁忌，直言无隐，文情并茂，自然真实，字字句句出自肺腑。这时你会觉得天变大了，地变宽了，心胸变得开阔了，生活丰富多彩了。与亲人朋友在书信里会面，开怀畅谈，无论是委婉陈情，直言叙事，还是含蓄规劝，明白晓示；也不管是比喻说理，议论辩旨，还是虚心相问，热情奉达，根本的要求在于把要说的话说尽，把要说的话明白无误地告诉对方。因是随着自己的脾气、按照心里的喜爱来写，写起来自然顺手，流畅自如，所谓"条畅以任气，优柔以怿怀"（刘勰《文心雕龙·书记》）。而且贵在明快，辞若对面，使读信人有读其书如见其人，阅其字如响在迩之感。信写好了，要尽快寄出去，让亲人朋友尽快收到。但有时会出现信写好了，已经封上了，却又感到意犹未尽，于是又拆启，再封上。"写信难，写不尽"，自古以来就一直折磨着世世代代的写信人。特别折磨着那些谈情说爱的青年人。"相思意已深，白纸书难足"（宋代陈亚《生查子》）；"泪眼描将易，愁肠写出难"（唐代薛媛《写真寄夫》）；"欲将感恋裁书旨，多少鱼笺写得成？"（唐代刘兼《别郡后有寄》）。元代马致远的《双调·寿阳曲》，通过写信人剔灯、灭灯，欲写又止，含蓄蕴藉地表现了既爱又恨的心理，也说明了信其实不是那么好写的："云笼月，风弄雨，两般儿助人凄切。剔银灯欲将心上写，长吁气一声吹灭。"其实作为一般的普通家书，并不是难为之事，这里所说的是相思之情难以在书信里写尽。元朝无名氏的《双调水仙子》："欲拈斑管书心事，无那可乾坤天样般纸。"即使整个乾坤和天一样的纸，也难以写出这种刻骨的相思啊！

寄信和盼回信的过程是紧密相连的。前边已经谈到了，古代民间书信的传递非常不容易。众所周知，古代官方的邮驿系统只是"传军国急，达官司文书"，民间通信是完全被排斥在外的。民间书信的传递手段在数千年里，一直非常落后。常见的传递方式是托私人捎带。虽然也有派"专人传书"的，但那只是达官显贵的事。托熟悉的顺路人捎带书信，是古代民间书信传递中最广泛、最常用，有时竟是唯一可采用的方式。我国最早的一部诗歌总集《诗经》里就有这样的诗句："我戍未定，靡使归聘"（《采薇》）；"谁将西归，怀之好音"（《桧风》）。分别是说："驻地没有一定，哪有人捎个家信"；"有谁回西方，请他捎个平安。"可见，古时无论是离家戍边的战士，还是羁留外地的商旅，与家人通信，只有遇到熟人才能捎转，别的通信办法是没有的。唐代许浑诗"欲寄家书少客过，闭门心远洞庭波"，标题即是《郑秀才东归凭达家书》。

明代高启诗"不遇流徒谪戍边，家书那得去人传"的标题也是《托流人寄家兄》。清代陈沆诗"尔到长沙去，平安寄两行"的标题是《渡河遇相识寄家书》。

托相识的顺路人捎带家书，一是不可能信写了马上就可找到相识的顺路人捎带；二是即使找到了相识的顺路人，在传递的时间上也根本没有保证，书信的遗失、延误在所难免。唐朝的韦应物在《送李二楚中》就有"风波朝夕远，音信往来迟"的诗句；清代的郭嵩焘《清蝉》中有"霜信惊还速，乡书每达迟"的词语。这里的"迟"字描述了书信的传递过程的缓慢、耽搁、延误。托人捎带书信，不仅仅是延误，书信的丢失、损坏也是常见的事情。《世说新语》记载，东晋的时候，有个叫殷羡字洪桥的人，曾在豫章（今江西南昌）任太守，因那时候通信困难，他离任的时候，托他带信的人很多，他表面答应得很好，可是刚刚出城，就把上百封信件都投入水中，满怀怨气地对这些信说："沉者自沉，浮者自浮，殷洪桥不为致书邮！"古代邮差驿卒的社会地位是很低微的，因此殷羡不愿意为他人作邮差。堂堂太守不能屈就当邮差，本可以当面告诉托信人，何必将别人的满腔希望付诸流水？

实际上，古代需要递送或捎带信件的主要是官宦或书香人家，普通的平民百姓很少有人识字，无特殊情况也没有派专人递送或托人捎信的机遇。古代也有人把私人的信件托官方的驿站捎带传送，寄信者把书信装在竹筒中，称为邮筒。这种做法始于晋代的陆机。陆机家在吴郡，他在洛阳时曾写一封家信，装在竹筒中绑在他家所豢养的一只黄狗的脖子上，那黄狗就把信送到吴郡的家中。后人仿效陆机，也用竹筒寄信或寄诗文作品。五代时著名高僧贯休诗云"尺书裁罢寄邮筒"，是说寄书信；宋代欧阳修诗云"邮筒不绝如飞翼"，王安石诗云"邮筒还肯寄新诗"，都是说寄诗作。清代蒲松龄《聊斋志异·自叙》说他爱收集鬼狐故事，于是"四方同人，又以邮筒相寄"。由此可知，邮筒是古代私人寄送书信的一种常见的方式，流行的时间很长久。

人们企盼着亲友的来信，也想寄书给朋友，但求人带信不仅不能如期到达，还会遗失甚至被人毁掉，于是人们把青鸟、红叶、鸿雁、鲤鱼、家奴（鸽子）以及犬等等，杜撰成能传书送信的邮递员的化身，后来也就成了书信的代称。前文我曾说过古人把鲤鱼作为信使的故事。古代人认为鲤鱼象征吉祥、勤劳、坚贞，所以将鲤鱼作为信使。闻一多先生认为"双鲤鱼"并非真正的鲤鱼，它是一种用两块鱼形木板做成的特殊的"信封"，中间可夹书信。"呼儿烹鲤鱼"，只是解开绳索打开"信封"，但《宋书·符瑞志》又说把书信结成鲤鱼形状，是蔡邕之后的事。"双鲤鱼"到底何指，成为学界的一桩悬案。史载，唐玄宗朝颇有声誉的宰相张九龄，"少时家养群鸽，每与亲知书信往来，只以书系鸽足上，依所教之处飞往接之。九龄目之为飞奴，时人无不爱讶"（唐王仁裕《开元天宝遗事》）。正是这个张九龄，后来写有《感遇》十二首，第十首写道："袖中一书札，欲寄双飞翼。冥冥独不见，耿耿徒缄忆。"是说要凭飞鸟寄书信，高空却见不到飞鸟的影子，只有不安地徒然把相思闷在心里。连张九龄都感叹寄信之难，一般的文人和老百姓寄信之难可想而知！前文曾提到鸿雁传书典出《汉书·李广、苏建传》。关于鸿雁传书，尚有黄庭坚《寄黄几复》诗："我居北海君南海，寄雁传书谢不能。"李商隐《离思》诗："朔雁传书绝，湘篁染泪多。"杜甫《十二月一日三首》之一："一声何处送书雁，百丈谁家上濑船？"黄庭坚《送刘季展从军雁门二首》之一："试寻北产汗血驹，莫杀南飞寄书雁。"以青鸟喻信使，典出《艺文类聚》卷九十一引《汉武故事》："七月七日，上于承华殿斋，正中，忽有一青鸟从西方来，集殿前。上问东方朔，朔曰：'此西王母欲来也。'有顷，王母至。有二青鸟如乌，夹侍王母旁。""上"，指汉武帝。"青鸟"，神话中三只脚的黑色鸟，相传为西王母的使者，后遂用青鸟、青鸟使、青雀、青鸾等指信使。如白居易《山石榴花十二韵》："好差青鸟使，封作百花王。"李商隐《无题》诗："蓬山此去无多路，青鸟殷勤为探看。"李璟《浣溪沙》词："青鸟不传云外信，丁香空结雨中愁。"黄遵宪《奉命为美国总领事留别日本诸君子》诗："但烦青鸟常通讯，贪住蓬莱忘忆家。"以犬喻信使，典出自《晋书·陆机传》："机有骏犬，名曰'黄耳'，甚爱之。既而羁寓京师，久无家问，笑语犬曰：'我家绝无书信，汝能赍书取消息不？'犬摇尾作声。机乃为书以竹筒盛之，而系其颈。犬寻路南走，遂至其家，得报还洛。"如李贺《始为奉礼忆昌谷山居》诗："犬书曾去洛，鹤病悔游秦。"马致远《集贤宾·思情》曲："天涯自他为去客，黄犬信音乖。"黄庭坚《次韵寅庵四首》之二："白云行处应垂泪，黄犬归时早寄书。"《奉和王世弼寄上七兄先生用其韵》："南枝喜鸣鹊，尺素托黄犬。"

动物可以传信，植物也能。唐朝书生卢渥赴京赶考，考前游逛到皇宫后墙，发现御沟里流出一片写字的红叶，拾起一看，见上书："流水何太急，深宫尽日闲。殷勤谢红叶，好去到人间。"这卢渥倒是个有心之人，将这片红叶晾干珍藏于箱内，几年后，皇帝发了善心，大赦一批宫女下嫁民间，卢渥也有幸配得一位韩姓宫女。一天，韩氏为卢渥整理衣物，在箱中发现红叶，正是自己所写。红叶作信的因缘巧合是一种

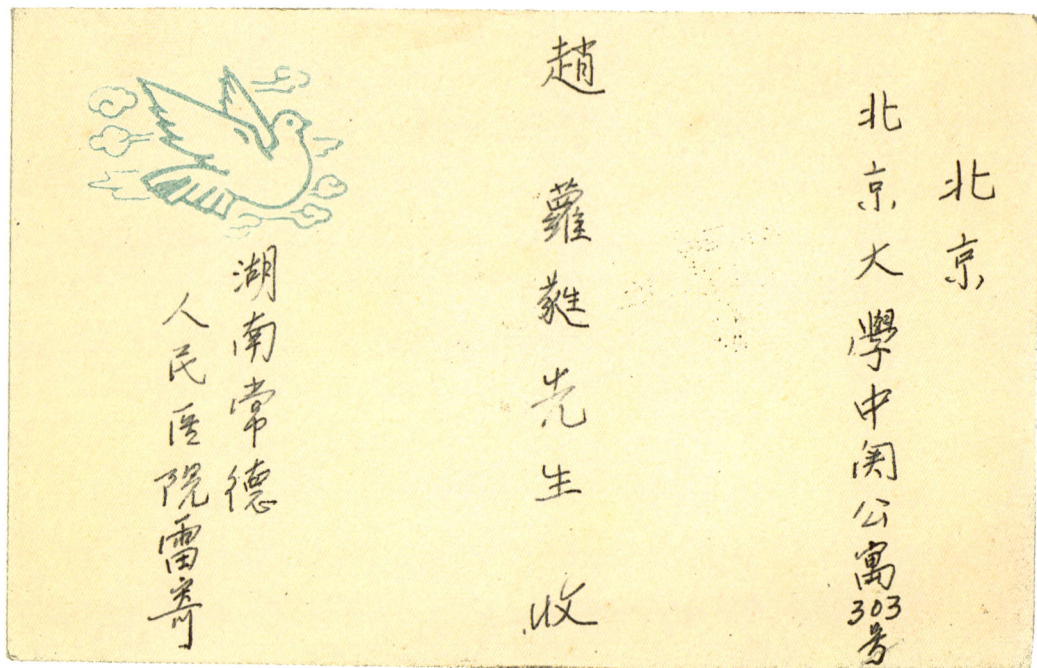

常德雷氏致著名英美文学家赵萝蕤信，信封上印有"信鸽"图案，今已鲜见

浪漫的宿命，不能不让人嗟叹命运的神奇。以梅花喻信使，是由陆凯"折花逢驿使"一诗引申而来，如辛弃疾《沁园春·送赵景旺知县东归》词："记我行南浦，送君折柳；君逢驿使，为我攀梅。"王实甫《西厢记》："不闻黄犬音，难传红叶诗，驿长不遇梅花使。"

古代寄递书信如此麻烦，但是古人还是喜欢写信，现代交通发达，人们却越来越不爱写信了。由此，我联想到几位近现代作家写信的趣事。

许多文人对待写信是有各种怪癖的。近代著名诗人、政治家柳亚子先生与人通信，全凭个人兴趣，他高兴的时候，可以一天给你写一封信，而信里所写的有时只有几个字，如果不高兴，你就是一连去几封信，他也不会理睬，甚至几年不回复的情况也有。有时候他又特别喜欢写信，早上回一封晚上又回一封，而信上的字极为潦草，不容易认识。一次，他写信给曹聚仁等人，信尾注：你们读不懂的话，等过几天见了面，我再读给你们听。诗人的狂傲、自负可见一斑。

与柳亚子截然不同的是胡适先生。胡适先生不仅对写信的态度认真，而且据说他从留学美国起，就养成了写信留底稿的习惯。那时没有复印机，他就在信纸下垫一张复写纸，就像开发票一样，一式两份。还有就是蔡元培先生，他对朋友之托，总是不厌其烦，即使是门房、杂役也不例外，据说他写信极快，等他写介绍信的人，只要稍坐，几分钟就写完了。

现代文人中，最令人感动的则是陈梦家、赵萝蕤夫妇了。陈梦家被打成"右派分子"之后，曾经被下放到河南农村劳动，又相继在兰州、西安参加考古工作。此时，

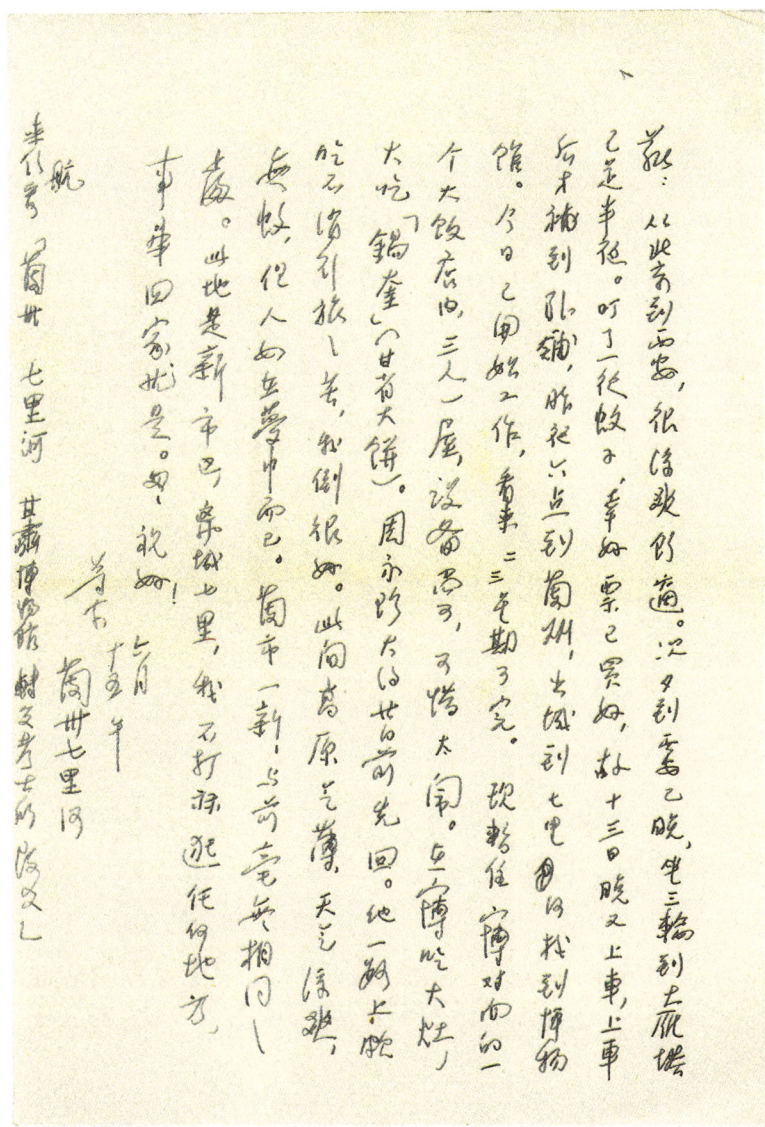

陈梦家自兰州写给妻子赵萝蕤的信（26.5cm×16.5cm）

183

身居他乡的陈梦家最不放心的是已经患有精神疾病的妻子。因此陈梦家几乎只要有点空闲，就会给他的妻子赵萝蕤写信。赵萝蕤虽然在市里有了住房，但仍在西郊的北大上班，生活很不方便，陈梦家曾打算把赵萝蕤设法调到科学院文学所。于是他多次给他的好友夏鼐先生、何其芳先生写信，请他们想尽办法进行协调，但最终成为泡影。据夏鼐先生当年写给他的信里说："关于嫂夫人暂调文学所工作一事，又发生周折，文学所已同意，并派人去过北大两次商洽，最初北大西文系允考虑，后来系内讨论后，坚决拒绝。据云如果须在城内做翻译工作，北大亦可考虑，总之，不欲外借。闻嫂夫人曾有函询问文学所，文学所恐回信明告真相，刺激太强，故不敢复信。……"

陈梦家在西北兰州等地工作了很长时间，60年代初期，政治回暖，陈梦家在由兰州至西安短暂停留后，又被召回考古所。就是在这与妻子分居两地的日子里，他给妻子写了数十封信，这些信被赵萝蕤珍藏着，直到她离开人世，才被她的家人散出。

古时候通信困难，鸿雁传情不是容易的事情，盼信也盼得苦不堪言。元代的散曲名家马致远，有两首写盼信的曲子："从别后，音信绝，薄情种害煞人也，逢一个见一个因话不说，不信你耳轮儿不热。从别后，音信杳，梦儿里也曾来到。问人知行到一万遭，不信你眼皮儿不跳。"（《〈失提二十三首〉之五、六》）人们望穿秋水，苦苦地盼，苦苦地等，却依然盼不到鸿雁传来的书信，这种滋味无疑是苦涩的。女作家谢冰莹晚年独居美国旧金山，老伴去世，思念不已，心中多少愁苦无人倾诉，只好给朋友们写信，但不知何故，朋友多没有回信，老人失望之极，给另一位女作家赵清阁写信："清，你要回我的信，哪怕三言两语，也是好的。"唯恐对方不回，再次在信末强调："望你来信，几个字也好，赵家璧处，我去过信，无一字回，好友，祝你永远健康，常来信！"这份深入骨髓的寂寞和凄凉让人动容！

由此说来，收到书信那是让人们最为欢呼雀跃的事情了。读我国历代诗词曲赋、书信选粹，我们会发现，古往今来，人们对书信的虔诚、专注、真挚、渴求的深情，最相通，最相同。人们收到书信时的神情、心态是最富情趣，最令人赏心悦目的。"烽火连三月，家书抵万金。"杜甫的诗句代表了人们的共同心声，书信寄托着深深的感情。"客从远方来，遗我一书札。上言长相思，下言久离别。置书怀袖中，三岁字不灭。一心抱区区，惧君不识察。"这首佚名古诗描绘了有个客人从远方来，带来了一封信，信一开头就说到"长相思"，下边则说"久离别"。"九度附书向洛阳，

梦家兄：

来书多早已收到，尊事曾与吴达夫先前
谈过。他圆容应谒力设法，因他事忙，也不
能马上修书相这事，作因遇到时据云已与
何其芳所长说妥，由文学所所向北大借用，
此事诸无问题，请勿远念。久稽裁
答，歉正。此致

敬礼

夏鼐 七月十日

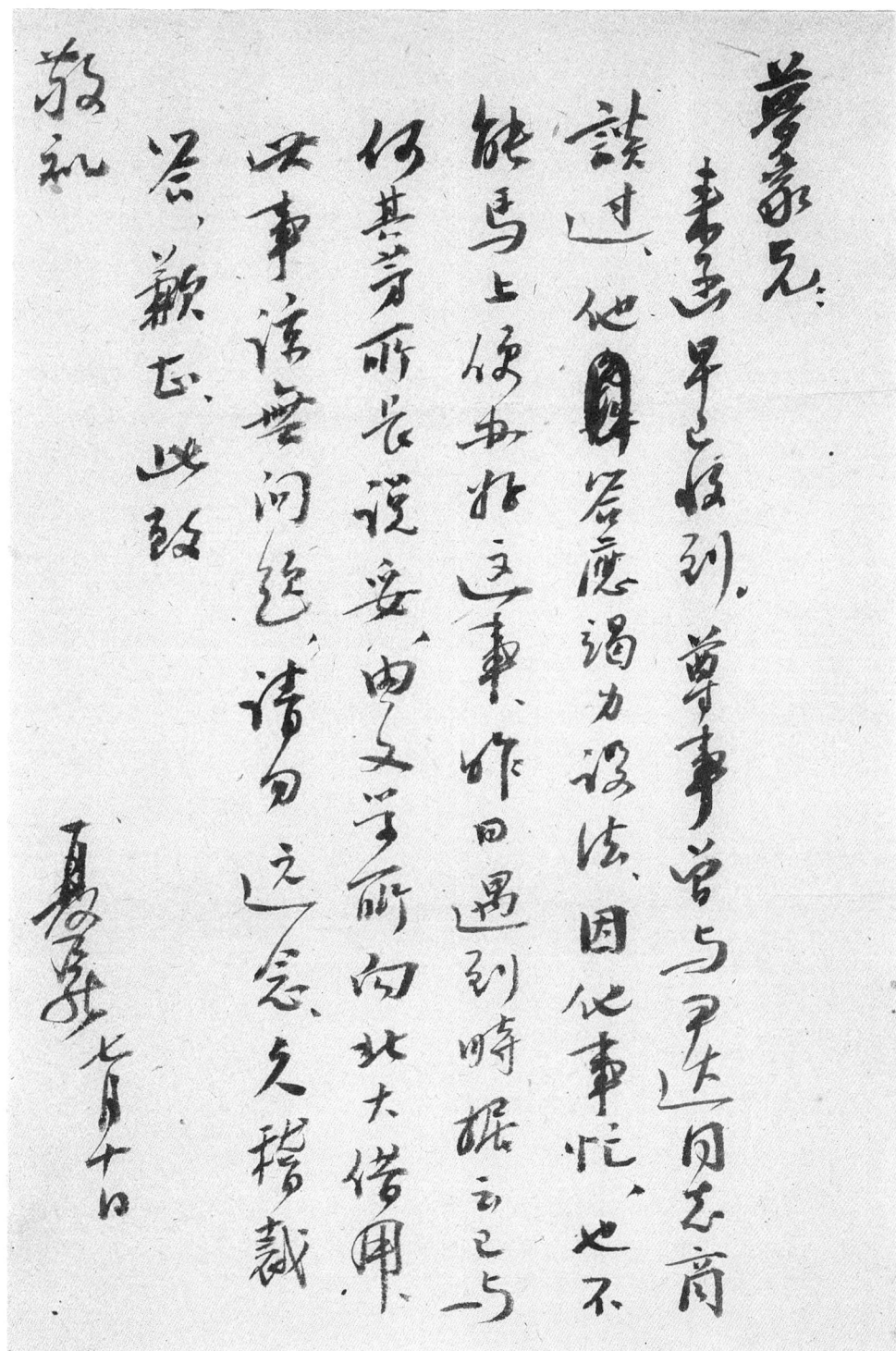

夏鼐致陈梦家信（19.3cm×13.3cm）

185

十年骨肉无消息。"（杜甫）这说明即使是繁盛的唐朝，民间通信也如此之不易。在这种情况下，能得到一封家书，无疑是很大的喜事。而白居易的《初与元九别后忽梦见之，及寤而书适至，兼寄〈桐花诗〉。怅然感怀，因以此寄。元九初谪江陵》中更有："觉来未及说，叩门声冬冬。言是商州使，送君书一封。枕上忽惊起，颠倒著衣裳。开缄见手札，一纸十三行。"还有元朝傅若金的《得舍弟书》诗："忽有乡关客，能传舍弟书。披衣喜不定，倒屐问何如。"一听说有信，就手忙脚乱起来，颠倒衣服倒穿鞋。当然也有另一种情形，那就是收到恋人、丈夫或妻子的来信，急切中反而不急于开拆，等天色暗下来了，心平静下来了，独自一人，再慢慢地拆开，仔细品味，充分享受那份温馨和欢喜。正所谓"接到手书偏不拆，先从信外看平安"。人们收到了一封信，自然就获得了一份欣慰，但书信带来的不都是惊喜和欣慰。南宋辛弃疾有首《一剪梅》，写收到来信，非但不能消除相思之情，反而令人更相思，更加悲苦愁思而烦恼不安："记得同烧此夜香，人在回廊，月在回廊。而今独自睡昏黄，行也思量，坐也思量。锦字都来三两行，千断人肠，万断人肠。雁儿何处是仙乡？来也恓惶，去也恓惶。"宋代的蔡伸填有一首《南乡子》："木落雁南翔，锦鲤殷勤为渡江。泪墨银钩相忆字，成行，滴损云笺小凤凰。陈事费思量，回首烟波卷夕阳。尽道凭书聊破恨，难忘，及至书来更断肠。"他认为，都说书信可以破恨，但收到了书信，反而更令人肠断。

人们收到书信时的心态，不仅反映在浩瀚的诗文中，也表现在给亲友的书信里。

我们在旧时的文人给亲友的书信中，经常会看到："接手书，得悉一切，不胜欣幸！"或"接展来书，备悉一切，喜慰无量"等语句。英美文学家赵萝蕤先生对于友人的来信极为珍视，即使是幼时朋友的书信也一直保留着。其中一封1927年2月1日一个叫"锦云"的写给她的信：

萝蕤好友：

隔绝了云山重重，遮断了笑貌音踪，痴望着帘外的夕阳，怅念着夕阳外的知己，但暮雁一声带着心音而俱来了，谢谢您一幅素笺，把一番苦忆打消了⋯⋯

书信几乎成了心灵的慰藉，最真挚、最忠诚的朋友，成了支撑生命的强有力的精神支柱。收到一封书信，"把一番苦忆打消了"，顿时就不觉得孤单寂寞了。

书信寄递难，盼书信苦，而收到信、开拆书信会使人激动、欣喜。但最为惬意的事情是读信。"长跪读素书，书中竟何如"（古诗《饮马长城窟行》），急于知道信中到底写了些什么，恨不能一目十行。

书信，作为传情达意双向交流的工具，早已遍及世界各国，深入百姓生活。近代以来，交通的发达、近代邮政的建立和发展，使邮政通信成为人们常用的传播信息和交往联络的方式。现代社会中受教育的人普遍增加，也促进了人们的书信往来。书信作为人们交往、沟通的一种方式，一直被广泛使用。如今，随着电话、互联网等现代通信手段的发展、普及，与过去相比，人们已较少写信了，打个电话、发个短信息，只是方便了自己，但是情感渐渐少了。假设人们真的摒弃了书信，单靠电话和面谈，来进行事、理、情的表述与交流，那么就可能在一定程度上难以达到书信传情达意的最佳效果。因此作为文化内容和人们沟通的一种形式，书信在任何时候都有它的特殊作用和功能，别的方式是不可能完全代替的。电子化信函的真实性问题、电子化信函承载表达情感的能力，都是无法与传统书信相比拟的。再说，因为各种条件的限制，不可能在任何地方都保证互联网的畅通。当然，信息传播工具的发达，致使书信主要的功能已不是传递信息了，而更多的是传情达意、表示礼节等。

20世纪20年代中锦云致萝蕤信（26.5cm×20.5cm×2）

去岁仲雯来与迢
复多谈功叔两稚
需时乃能相助惟仲
雯来此芸层佳养
生至美报安且之热
身体之处以闻
桂云世媚些祖更姓

三十日

第十讲

书信的文献价值和艺术价值

　　书信传递信息，当然具有信息价值。但是书信其他方面的价值，也是不容忽视的。古往今来，述说凡人百姓悲欢离合的书信真可谓堆山积海，但流传后世众口交诵的，毕竟还是出自文人或志士的杰翰华章。20世纪初，辛亥革命烈士林觉民给他爱妻的绝笔书："意映卿卿如晤：吾今此书与汝永别矣！吾作此书时尚是世中一人；汝看此书时吾已成为阴间一鬼。吾作此书，泪珠和笔墨齐下，不能竟书而欲搁笔，又恐汝不察吾衷，谓吾忍舍汝而死，谓吾不使汝之不欲吾死也，故忍悲为汝言之。吾至爱汝，即此爱汝一念，使吾勇于就死也……"这封信既充满着对妻子难以割舍之情，又洋溢着为革命矢志不渝的壮志豪情。古往今来，多少书信留下这样的真情、行踪和言事，所以书信又是宝贵的历史文献。

　　当然，这些信都比较沉重。其实，书信中还有许多令人赏心悦目的篇章。如写春景的美丽动人，写故国之思与乡关之恋，深藏妙言隽语，豪情奔涌而逸兴遄飞，令千百年来的读者如品香茗，如饮醇醪。这些书信从形式上看，具有艺术性；从内容上看，亦可为优美的文学作品。例如著名的《丘迟与陈伯之书》。陈伯之在南朝由齐入梁，后来又叛梁而投入北朝魏。梁朝临川王萧宏领兵北伐，陈伯之率兵与之对抗。萧宏让丘迟私下写信劝其重归南朝。信中先讲明过去的是非，当前梁王朝的态度与陈伯之的处境，说理精警而面面俱到；然后又写了这样一段话："暮春三月，江南草长，杂花生树，群莺乱飞。见故国之旗鼓，感生平于畴日，抚弦登陴，岂不怆恨？所以廉公之思赵将，吴子之泣西河，人之情也，将军独无情哉！"这一段中，尤其是"暮春"四句，历来脍炙人口，堪称江南春景的出色艺术概括，它很

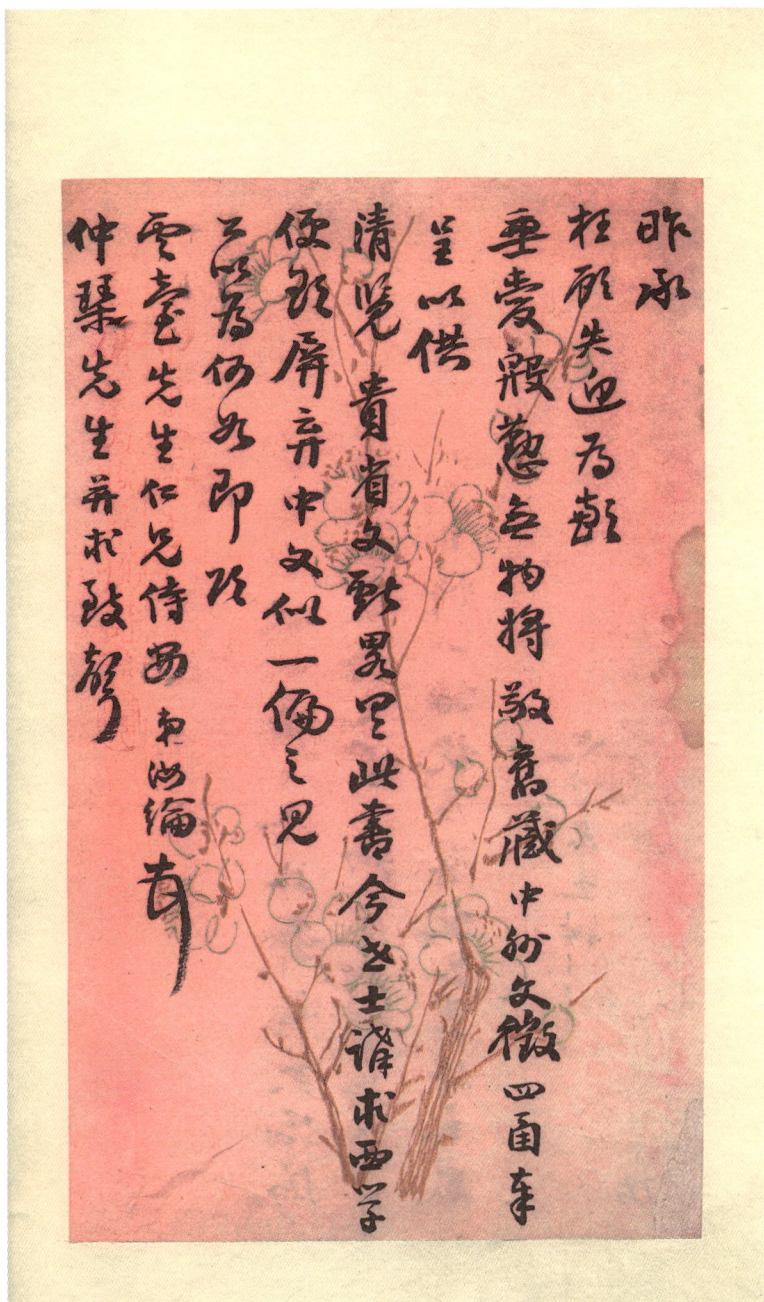

吴汝纶致袁克定信札（21.5cm×12cm）

191

能刺激对方的故土之思，直接强化了信中的劝降诉求。这种情文并茂的感染作用，就只有在书信中才能得到充分的发挥。《寄小读者》是冰心著名的书信体散文集，也是一本儿童文学作品。内容是叙写她赴美留学旅途中及在美国的生活，贯穿的是对母亲、童真、大自然的礼赞和热爱眷念祖国的感情。用恳切、亲昵、委婉的絮语方式，用流利的白话与雅洁的文语融化的艺术语言表达出来。从艺术上说，满贮诗情，写景如画，具有抒情诗、风景画的特色。

现代化的通信手段最突出的特点就是快，但信息传播最重要的是确保信息的真实性、权威性。比如给干部下发任命书、双方签订一个经济合同，正规的做法还是发信函。打电话、发电子邮件、发短信都缺乏合法性，是不合适的。国家与国家之间、部门与部门之间更是时常发贺信、国书、公函等，沟通交流。这就说明，在信息传播中，书信具有极高的权威性、真实性，因而不可替代。在大多数国家，书信还是法律公证的材料。由于书信传播的信息真实性高，书信常常成为历史研究的重要材料。书信具有高度的私密性，人们之间隐秘的事情可能通过书信被"解密"。许多由于各种原因被遮蔽的历史，通过对有关当事人的书信解读，也能弄清真相。所以，研究历史、研究历史人物，绝对不能忽视有关的书信。这也是当今许多出版单位出版影印历史名人"书信集"的重要原因之一。

书信来自特定的历史环境中，一封书信总是会折射出时代的印记。特别是较为久远的缺乏文字记录的历史时期，历史研究对于这期间的书信（民间的、官方的书信往来）极为重视。从前述秦简中的书信来看，黑夫在信中说，淮阳发生了叛乱，他们正在攻打淮阳。参照当时的一些历史文献，专家发现，淮阳之战就发生在秦灭楚期间，黑夫和惊正是统一战争期间秦军攻打楚国的部队中两名普通的士兵。公元前223年，秦国发动的统一战争已经接近尾声，其中楚国是秦国最为强硬的对手。《史记》记载，为了消灭实力雄厚的楚国，大将军王翦带走了秦国60万军队。黑夫和惊参加了王翦伐楚的部队。他们在信中写了当时的一些生活琐事。兄弟两个写信向家中要钱和衣服，其中竟显得十分着急，他告诉母亲如果不快点寄钱的话，他的命很可能都保不住。钱不够用了，他借了别人的钱，希望母亲给他送钱。黑夫希望母亲把夏天穿的衣服寄来，越快越好。如果家乡那边的布昂贵的话，就寄钱，他自己买布做夏衣。可能出去的时候以为时间不长，穿的还是比较厚的衣服，也可能由于打仗衣服已经破烂不堪，希望母亲给他送衣服。这两封看似普通的家信，透露了极其重要的社会经济和国防信息。从黑夫和惊向家中要钱和衣服来看，秦国士兵很可能没有军饷，日常花销和衣服都要家中负担，士兵的口粮是否也是家庭供应呢？秦国的国防与兵役制度是如何情形？……

有人认为，书信也可以说是历史，而且可能是更准确的历史。因为它是个人之间的信息传播，不是写文章发表，几乎都是实事求是，没有春秋笔法。例如，《毛泽东书信集》既可以作为研究毛泽东个人的资料，也可以作为研究中国革命史的资料。如2009年中国嘉德春季拍卖会古籍善本专场中拍卖的陈独秀致胡适的书信，跨度由1920年直至1935年，长达十余年的信件中涉及1920年《新青年》独立办报事件、1920年《新青年》编辑同人分裂事件、1920年上海学生罢课游行运动、胡适参加段祺瑞政府"善后会议"事件和陈独秀1932年被国民党关进监狱时写给胡适信谈及出版《拼音文字》之事。这些书信是事关1918—1920年间新文化运动和五四运动的重要历史文献。如《五柳堂藏明代书札》（北京文雅堂影印出版）极具文献资料、书法艺术、文物收藏价值。这批明人书札，民国间曾归陶贞白五柳堂收藏，后由陶氏携至台湾。由于书信是私人间的通信，它无须掩饰和遮盖，书写的内容能真实地表达出书写者的思想和感情，内容涉及政治、经济、军事、文化、社会生活、个人阅历等各个方面，具有不容忽视的历史文献价值。特别是名人书信对于其作者所处时代的时事、政治、人情世风以及与友人在诗文唱和、学问探讨等方面皆有反映，可以说，从某个侧面真实地记录或反映了名人的思想、学术观点以及一些工作和生活情况，因而也是人们研究这一段历史和名人的重要依据。此外，有些名人书信真实地记录了某些特殊历史时期的生活场景。著名科学家吴有训先生在西南联大任教时，写给已赴美国芝加哥讲学的好友陈梦家先生的信中，详细记述了抗战刚刚结束，内战已起，国内物价上涨、民不聊生的情景。"最近物价飞涨，米已到六万，弟等每日菜四千五百元，简直吃得苦不堪言，诸儿嗷嗷，有时殊令人心酸也。"这封写于特定历史时期的信件蕴涵丰富的历史信息，既是日本侵略战争带给中国人民深重灾难的真实记录，也是探索"西南联大"的重要历史资料。抗战时期与吴有训先生同在西南联大任教的闻一多先生，1938年4月28日，参加了湘黔滇步行团，经过68天的艰难跋涉，经3省会27县数百村庄，除乘船车外，步行2600余里，终于抵达昆明。尽管旅程非常艰苦，但闻一多的情绪并不低落，相反非常乐观和昂扬，他在给妻子的信中说："现在我可以很高兴地告诉你，我的身体实在不坏，经过了这次锻炼以后，自然是更好了。现在是满面红光，能吃

吴有训致陈梦家书札（27.5cm×15cm）

能睡，走起路来，举步如飞，更不必说了。途中苦虽苦，但并不像当初所想象的那样苦。第一沿途东西便宜，每人每天四毛钱的伙食，能吃得很好。打地铺睡觉，走累了以后也一样睡着，臭虫、跳蚤、虱实在不少，但我不很怕。一天走60里路不算么事，若过了60里，有时八九十里，有时甚至多到100里，那就不免叫苦了，但是也居然走到了。"在给妻子的信中，闻一多甚至还感叹沿途风景之美和风俗之奇："至于沿途所看到的风景之美丽奇险，各种的花木鸟兽，各种样式的房屋器具和各种装束的人，真是叫我从何说起！"在这封信中，我们甚至可以直接感受到作者一路上情绪的兴奋和热烈，这在闻一多的书信中是很少见的。由于旅途生活简陋，闻一多开始蓄起了胡须，而且对自己的胡须洋洋得意，在给妻子的信中他提及此事："你将来不要笑，因为我已经长了一副极漂亮的胡须。这次临大到昆明，搬出好几个胡子，但大家都说只我与冯芝生的最美。"因为闻一多的胡须，还成就了一段文坛佳话。到达昆明后，闻一多和友人李继侗曾合影留念，闻一多发誓说："这一大把胡子，是因抗战失利，向后方撤退蓄起来的，一定要等抗战胜利才把它剃掉！"后来闻一多果真一直到抗战胜利之日才剃掉自己的满面胡须。而闻一多先生的好友朱自清先生，在抗战胜利后不久，接到远在西方的闻先生的学生陈梦家的信，回信中，朱先生特意告诉陈梦家闻先生剃掉自己的满面胡须的事情。遗憾的是，没过多久，闻先生就被国民党反动派暗杀了。

"读万卷书，行万里路"是中国文人所信奉的古训，但是抗战初起的那一次浸染了悲壮色彩的文人长征，在中国历史上恐怕是绝无仅有的。胡适曾说："临大决迁昆明，当时是最悲壮的一件事，引得我很感动和注意：师生徒步，历68天之久，经整整3000余里之旅程。后来我把这些照片放大，散布全美。这段光荣的历史，不但联大值得纪念，在世界教育史上也值得纪念。"

书信是文学作品的重要形式之一，中国古代把信称之为书，书也是古代的"杂文"，是区别韵文的一种文体。中国古代散文中的许多名篇都是书信体，官员们奏疏的"公牍"就是用书信的形式书写的。如战国时荀卿的《与春申君书》、李斯的《谏逐客书》《乐毅报燕王书》，他们所陈述的虽属政治事务，但语言精练，表达深刻，个人色彩也都在信中表现得淋漓尽致。白居易的《与元九书》，信中不仅述说了自己的不幸遭遇，回顾了自己与元稹的深厚友情，还谈论了当时的诗歌创作。文学批评专家认为，这封信比一般的诗话、文论更具体、生动地反映了当时的文艺思潮，是一篇文学批评的重要文献。

书信与一般的文章是有诉求对象的差异的。一般的文章大都以公众为对象，而书信则主要用于私人之间的沟通。这种差异决定了说话要适度，也就是说，要掌握好"火候"，只有深浅适度，才算得体。司马迁在《史记·太史公自序》和《报任安书》中，都谈到他受刑后坚持《史记》的写作，二文都有事、理、情的结合。但前者在叙事、说理上都极为简明；后者则力求深入具体，曲折尽致，倾诉种种难言之隐。

特别是在情感的表达上，前者是相当克制的，后者则慷慨激昂，悲愤郁勃，恣情逞志，酣畅淋漓。这是因为《自序》附属于《史记》，将"传之其人通邑大都"，也就是说，《史记》是要展现于世的；而《报任安书》则是在私人之间剖明事理与心迹。

现代文学史中，经典书信更是举不胜举。如毛泽东关于文艺、诗歌、戏剧的许多宝贵意见，都是通过书信传达出来的。一些作家的情书、家书都成了文学经典。如鲁迅写给许广平的

梦家先生：暑假前奉
手教，敬悉一二。彼时曾开评议会一次，未及讨论
休假研究事。瞬即回成都，上月底返昆，询知
先生休假事尚待决定。前日又开评议会，通过
此事，但附一条件，即本年
先生在美所得他项津贴须不超过美金二千四百
元。学校想已有正式通知矣。学校复员恐须俟滇
越路畅通，当在明春或可北还。燕大已在北平招生，定双十节即
开课矣。容梦明春夏。闻先生已将赐须剃去 夫人
均此致意。即颂
俪祉！
朱自清谨缄 ×.×

朱自清在致陈梦家的信中，告诉陈梦家"闻先生已将须剃去"（14cm×28.6cm）

196

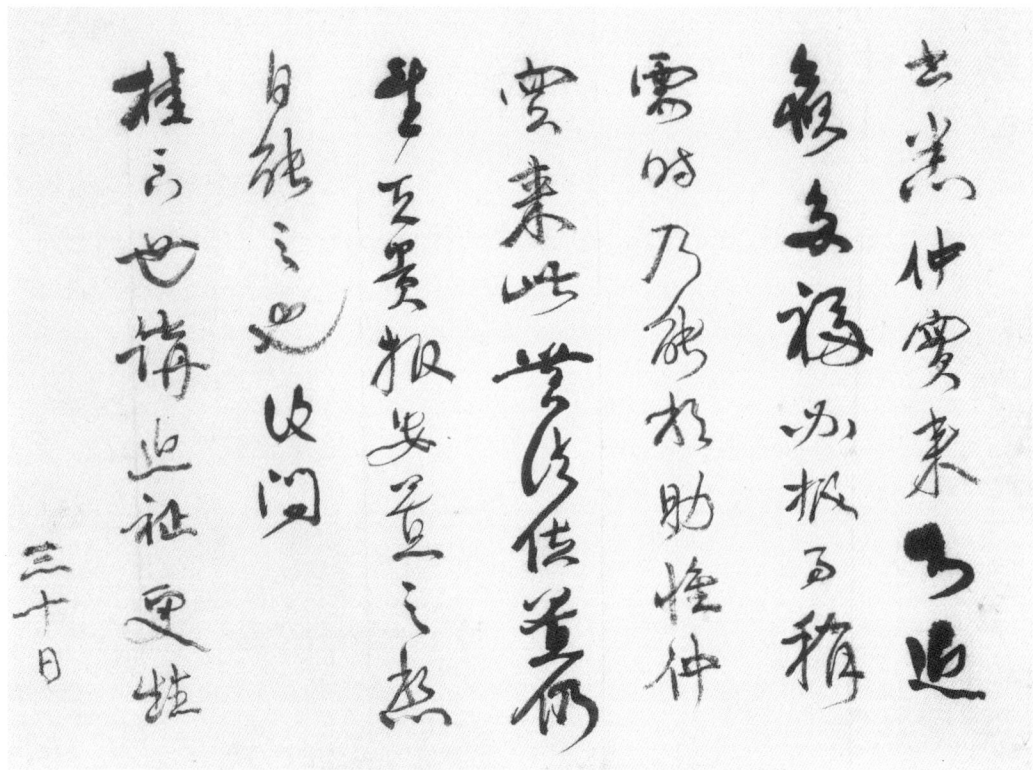

康有为（更牲，康有为号）书札（17cm×23.5cm）

信，徐志摩写给陆小曼、写给林徽因的信，不仅是研究这些文学巨匠的宝贵资料，它本身就是一篇篇精美的文学作品。翻译家傅雷在儿子傅聪留学海外的过程中，先后写了近百封家书给他。《傅雷家书》不仅是研究翻译家傅雷、音乐家傅聪的宝贵资料，也是一本优美的文学作品。

过去，名人书写工具都是毛笔，千百年来，中国的文人雅士常常利用书法来寄托自己的艺术理想，发泄自己的喜怒哀乐，许多人终身以之为伴，有些人虽治他业，且不是以书法著称于世，但终身雅好书法，若以他们独具风格的书法作品而论，当一个书法家绝对是绰绰有余。与书画相比，书信更具笔墨情趣，许多书信作者本来就有很高的书法造诣，提按转折、章法布局、枯湿浓淡……性情所至，信手为之，娓娓如诉，直抒胸臆，不必矫饰造作，浓浓的书卷气、金石味，配以彩笺，虽宽不盈尺，轻若鸿毛，但别具一种无遮无拦的文采。观赏他们的手札，那笔笔写下的不但是灵动多

姿的线条，笔墨的变化，同时还可以窥见其内蕴的情感、思想、文化、历史……有人说"书法是没有思想的东西，书信却是有生命力的东西"。这个结论，应该是比较准确的。如我们熟知的近代学者、政治家康有为，曾推行戊戌变法。书法力倡北碑，法《石门铭》，气满神畅，雄健飞逸，自成面目。章炳麟，为一代国学宗师，但书法亦为世人赞誉，他善篆书，古朴飞逸，行书朴秀苍健。后有陈独秀、沈尹默、李叔同、马一浮、谢无量、柳亚子等大学问家，都写得一手好字。他们所作的书信，本身就是一幅艺术作品。

北風多怒屬阻程新隈邊近舟戰帆牆不得遠

晴川夕霧合唐陰朝雨下昏煙濛濛對對江人

搖搖送客船客船行來遠之子凝望胡山嵯

樓記室身河陽板輿伴島貌時流朗嵯

拘戀微報三春暉且樂一家醉家誰而寓

忽居湘水東形執難上游闖闖徒暗剛何懟

八匡廬瞻聽皆雲松茅屋汝春涼游

俗圻袞我衷欣以悅養晦仍安拙濯冠彭

蠶波拂展香爐雪青霄志堂卑白社風

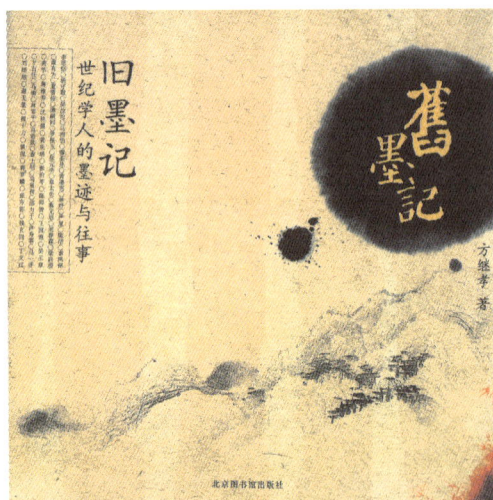

第十一讲

书信收藏的历史和
今天的名人书信收藏热

　　由于旧时名人用毛笔书写的书信，不仅具有文辞之美，更有书法之美，名家风范，翰墨书香，亲情友情，世间万象皆浓缩于一纸书翰，因此往往令人爱不释手，必须保存之，进而装裱珍藏。

　　书信收藏的历史，可以追溯到两千年前。两千年来，我们的祖先留下了极为丰富的有价值的书信作品。前边提到过，我国早在先秦时期，在史籍中已经有书信著录。从流传下来的书信作品中可以看到，我们的祖先对自己或别人的书信非常重视。正因此才使大量的有价值的书信被辑印成册，成为脍炙人口的文学作品，流传至今。提起名人书信，很容易令人想起司马迁的《报任安书》，司马迁的《史记》曾被鲁迅誉为"史家之绝唱，无韵之离骚"，但他这篇洋洋洒洒的《报任安书》，可称为天下奇信。司马迁为李陵仗义执言，触犯了汉武帝，而惨遭为七尺男儿所最痛心疾首的宫刑。他给友人的这封回信中，慷慨激愤地述说了自己幽怨，十分感人，加之语言精警、文理严密，为中国散文史铸造了一座特殊的丰碑。"人固有一死，或重于泰山，或轻于鸿毛""亦欲以究天人之际，通古今之变，成一家之言"，都是广为传颂，至今余音不绝。此外，

中国书法家协会创始人第一任会长舒同题署"谪仙楼"实寄封

著名的还有秦朝李斯的《谏逐客书》，汉朝李陵的《答苏武书》，三国时诸葛亮的前后《出师表》，西晋李密为侍奉祖母而向皇帝推辞官职的《陈情表》，唐代大诗人李白的《与韩荆州书》等。明代出现了专门的名家尺牍辑本，如袁宏道的《袁中郎尺牍》，归有光《震川尺牍》，史可法《史文正公尺牍》。近代出版的《曾文正公家书》，就是由他的子弟收集、保存的曾氏家书汇集而成的一部著作。

历史上许许多多人写的信和他们曾经收集、保藏过的书信，并没有流传下来，但从他们流传下来的诗词作品中，可以断定，他们是集信者。生活在1300年前的唐代著名边塞诗人岑参写的《虢州酬辛侍御见赠》一诗中说："相思难见面，时展尺书看"，可以得知岑参是把亲友寄来的书信妥为收集保存的。否则，怎能"时展尺书看"呢？又怎能慰藉"相思"呢？唐代与白居易齐名的诗人元稹的《六年春遣兴》八首之二："检得旧书三四纸，高低阔狭粗成行。自言并食寻常事，唯念山深驿路长。"元稹找出他保存的妻子的三四纸旧书再读时，他的妻子已作"咸阳泉下泥"，去世了。而他此时已是"俸钱过十万"的朝廷大官。想到妻子当年甘于"野蔬充膳"

常"并食"，还"唯念"他出使东川在山驿间跋涉之艰难，他怎能不"闲坐悲君也自悲"，感慨万千"涕淋漓"呢? 真正流传下来的最著名的有西晋陆机的《平复帖》，距今1700多年，是存世最早的书法真迹，其字古朴、雄浑、沉厚。堪称"无价之宝"。王羲之写给亲友的《快雪时晴帖》、颜真卿的《争座位帖》、杨凝式的《韭花帖》等，都是流传下来的我国古代书信珍品。

名人书信的收藏自古有之。宋代就有姚麟以羊肉换取苏轼手札的故事。明清以来，以至民国、现代乃至当今，集藏名人书札者代代有人，所以明清名人书札流传至今，现当代名流手泽完好递传。 有代表性者如五柳堂藏明代书札，汇集了48位作者共68通手札，其中绝大部分是明朝人士，而萧云从、顾梦游和髡残诸人也是由明入清的遗民。书札的作者大多为京城和地方的官员，官员之间的通信，在叙谈生活琐事外，片言只语中往往涉及朝政大事和官场内情，言及朝廷和地方政事、官员升迁、军务、民情等，若细加考稽，不难发现有价值的史料。另有文人书画家和在野文士、僧人书札，从中可了解他们交游往来、诗文答酬及创作活动等情况，于历史人物的研究颇有裨益。滂喜斋后人潘博山、景郑昆仲，所藏书札堪称精罕，作者大多为文人，具有较高的文学修养和书法根底。并将所藏分印若干种，精神与原迹不爽毫黍。敏斋费席珍，藏札别树一帜。家中雇有裱工，装成活页，可分可合，或为金石书画组，或为山林隐逸组，或为仕宦簪缨组，或为羽客淄流组，甚至集戊戌、庚子间的风云人物为孽海花组，汇历来红学专家为红楼梦组，展之如处身大观园，得亲潇湘、怡红的一颦一笑。尚有溧阳彭谷声，他寄寓吴门，而吴多巨家望族，在清末民初，纷纷中落，家产让人，并书函文柬，倾筐倒箧，谷声一一收纳之，颇多佳品; 又在古董肆、旧书铺尽力搜购，月积年累，所得手札自司马光始，以及元、明、清、民国，达十万通之数。后几经变迁，屡遭掠夺。彭氏哲嗣彭长卿君，克绍箕裘，收拾丛残，居然也成气候。后从中选取精品，汇集成《名家书简百通》。前些年过世的补白大王郑逸梅先生，也喜集札，收集的年代最远的，是明代王守仁的书札。吴门香书轩李超凡、学忠父子两代，倾其毕生心力，孜孜以求，广事搜罗，潜心收藏明清及近现代名人书翰数万通，蔚为大观。可惜动乱年代遭受劫难，仅留存5000余件。从中遴选400件于2005年印制出版。而三联书店为黄裳先生出版的《珠还记幸》（修订本），内中收录了数十位现当代学人的墨迹书札，且不言其文学与史料的价值，仅是作为这些文字载体的各色彩笺，就足以令人陶醉。

送上寫師思一函並补書敬祈

貴友帶往杭皖遞迴来朋革

瓡迤不易探詢刻只寫子往百分如不专已

煩師並速寄再寄深寄與費友行遞

只作得師並一函 舍弟及廣甫诸君已允

師並代改今仙未及另函多

弟供与通函希

雪蘇仁弟館丈午視

兄制孟藩務歌廿三

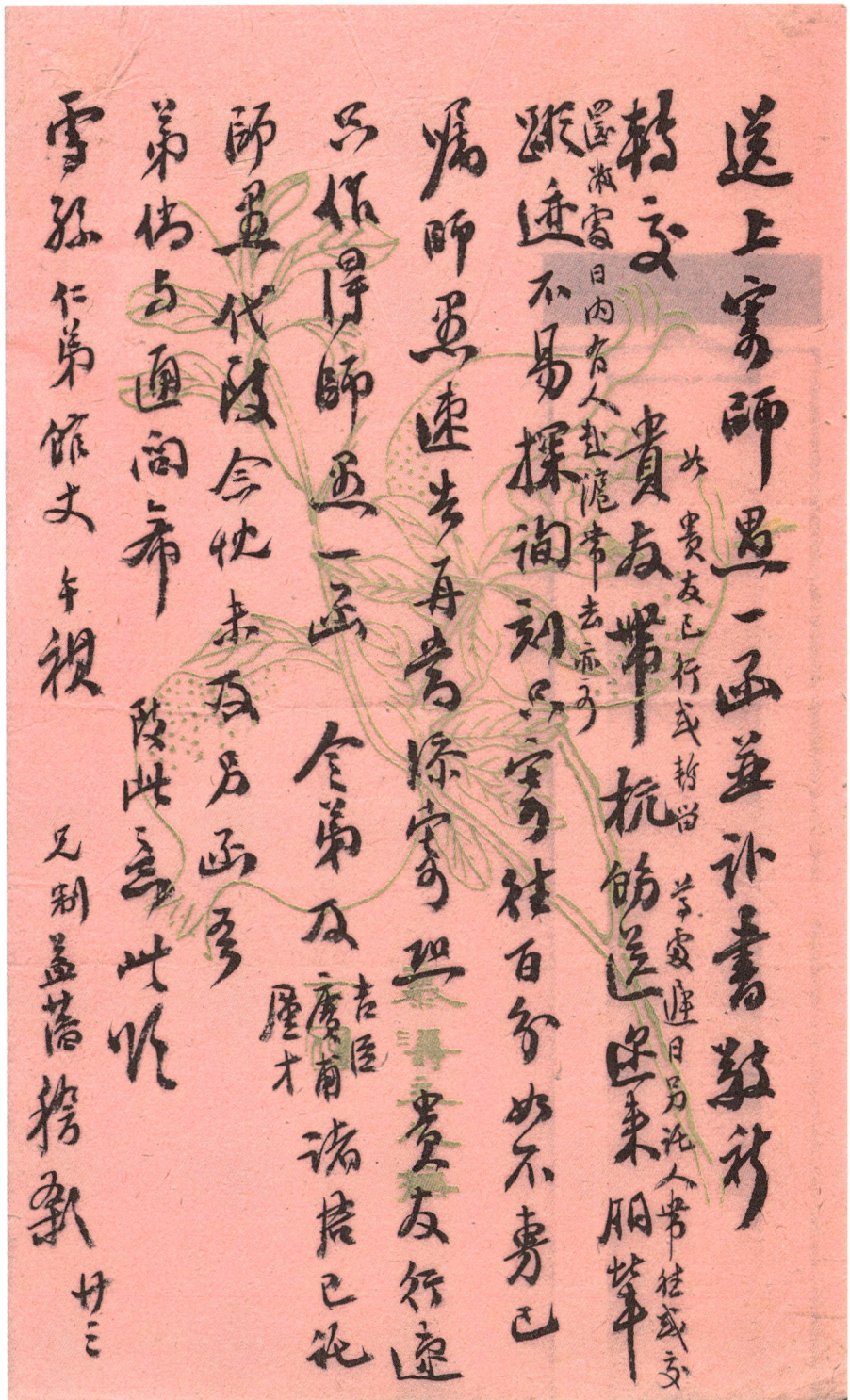

朱益藩致雪苏书札（21.5cm×13.4cm）

　　余亦酷喜集藏名家书信，虽不及上述前辈，但自以为颇有成果，至今藏清以来名人书信近万通。并出版《旧墨记》系列六种。这些书信，不仅从书法艺术的角度观之，具有颇高的艺术欣赏水准，其所蕴涵的文献价值，尤值得加以探微挖掘。

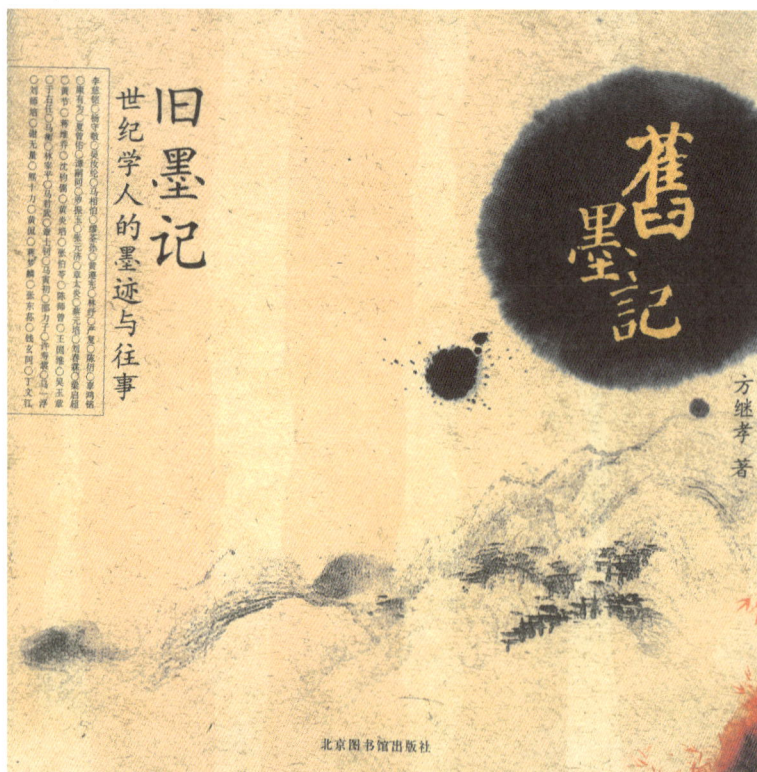

　　《旧墨记——世纪学人的墨迹与往事》封面（21cm×21cm），是书入选2006年度"中国最美的书"（26种）。

金興閑門酌酒得詩一章錄諸

袁江荷之

賜京華寐霞又重陽煎新酒

醉一觴木葉搖風添晚景菊花

宜兩點秋光似問斷雁凌兵氣

可首不文

顏

植愛

崔集

山磨崖殘字

蟄蟄公縮鈞

敦楷同志：

送来广播稿、审　　稿

希与空工同志一二阅，尽量可保言

柳仍需送审查，批出省略审送之

且不要多，又审查是否又有错误，

年数的。

世界知识　　望的资料字数已十余

否当，希希见到一用志三阅。

　　　　　羅浮著
　　　　　七月

第十一讲

书信的赏玩与保管

民国前的书信多为毛笔书写，一般的藏家是把书信当作书画类入藏的。其实书信与书画最大的不同，是它具有丰富的文献价值。因此，收藏书信时在注重书信作者在其所处时代的声名地位的同时，要特别关注其书信是否有丰富的史料价值。名头大、声名显赫的社会贤达的书信，固然是收藏的重点，但如信中所及无非是酬唱寒暄、嘘寒问暖的客套，并无太大的价值。书画收藏注重的往往是"名头"，其次是"画工"；而书信收藏的着眼点首先要放在其丰富的史料价值上，当然，有着丰富的史料价值、名头又大的书信，是最佳的。

赏玩书信与欣赏书画的最大区别还在于书信赏玩重在研究，对于入藏的信札作些考证与研究是赏玩书信过程中必不可少的重要环节。清嘉、道年间，海盐人吴修编纂《明代名人尺牍小传》，谈到自己收藏名人书信40多年，过眼的书信"以数万计"，时时"玩其笔墨气味，证以称谓行款，未读文句，即能知其世次，定其真赝"。这位吴修先生对于名人的书信的研究可谓专业水平，他的研究路数是值得今天喜藏书信者学习和借鉴的。有关这方面的问题，我曾在《字字珍藏——名人信札的收藏与鉴赏》一书中有过论述。这里需要强调的是，收藏信札贵在整理与研究，我的体会是，收藏与研究相结合，不仅能提高对名人信札的鉴赏水平，陶冶情操，而且随着研究成果的出现，发表论文，著书论说，那时的乐趣已不单是赏玩，而是具有成就感了。

对入藏的信札进行整理、归类，是赏玩信札过程中的第一道工序。信札收集到一定的数量，一定要进行整理、分类。所谓整理，指的是对那些年代久远，原本保存不佳的信札进行修整、装裱等，以便于赏玩和研究。明清以后及至近现代的名家信札，距今至少也有几十年了，由于拥有这些信札的人，或是祖上遗存，或本人即是民国以来的社会贤达，据我多年的经验，他们虽然十分看重这些友人（或先人）遗存的旧时书信，但由于各种原因，大多不会对它们进行必要的修整，而一旦物主离世，多数后人或继承人会把这些书信连同其他旧物一起卖掉，有的甚至把它们当作废纸遗弃。余有幸买到不少这类旧物，大多杂乱无章，有的甚至破损、粘连，不进行修整，是无法进行赏玩的。对于那些破损、粘连的信札，首先要进行除尘，然后托裱，使之平整，才可便于把玩。所谓归类，前文曾提及上海敏斋费席珍氏的分类法。一般来说，可按书信作者为主线，同一作者的书信为一组，同一组排列以书写时间为先后顺序。这里要说明的是，书信中所署日期往往不署年份，仅注月日居多，如果信封与信俱在，尚可根据信封的起、落邮戳判断。只是许多保存下来的旧书信，很少有信封也同时保存下来的，况且清末以前的书信，多以送递方式交给受信人。这就给书信的分类带来了难度，因此通过对书信内容等多方的研究考证，就显得十分重要了。写给同一个人的书信诸多作者之间的排序，则可根据书写的前后顺序。如果是零落的书信，按照费敏斋的做法即可。

至于第二道工序，主要有三个方面的工作。一是对书信的写作者和受信人作简介；二是释读书信，作释文和解读涉及的事件和人物；三是记录书信的来源和购藏时的价格等。

最后谈谈书信的保养。书信同书画作品一样是用宣纸、绢、绫等书写而成，时间久了很容易虫蛀破坏，更怕潮湿，又忌干燥，因此做好书信的保管收藏是书信收藏家必须重视的问题。笔者致力书信收藏三十余年，积累多年的收藏经验，探索出一些保护办法，现归纳简介如下：

书信与字画类一样最怕潮湿和虫蛀。出现霉斑或虫蛀，会破坏书信的品相，甚至漏孔、缺字，将使书信的价值大打折扣。因此防潮、防霉极为重要。特别是南方的天

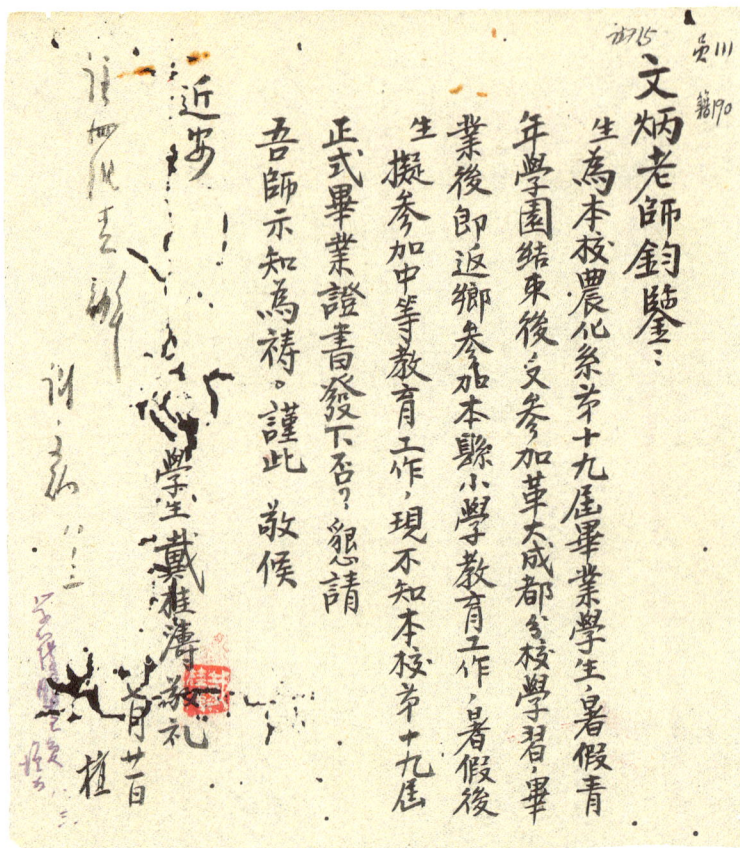

戴桂涛致谢文炳信，书信被虫蛀蚀后留下很多的虫洞。

气，气候多属温湿，很容易造成书信发霉起点，一般来说书信保存适合温度应在15℃
至18℃，湿度在50％至70％之间。室内温度过高很容易引起书信发黄、变色、褪色，
如果是洋纸书写的书信会翘曲及脆裂。

有的藏家，喜欢把特别钟爱的名家书信像字画一样装裱起来悬挂书房、客厅或
卧室，这样的做法自然可以达到渲染艺术气氛、开阔视野、增添美感、陶冶情操、怡
悦身心的作用。但是，悬挂书画或书信作品亦有讲究。一方面忌多求精，不论您的居
室宽大或狭小，都应该遵循少而精的原则悬挂，贪多求全，会使人感到庸俗、烦琐沉
重。 另一方面如果悬挂在阳面的客厅或卧室，切忌不要经常受到太阳直射，虽然阳
光能杀虫和减少虫害，但因为纸张是由纤维素、半纤维素和木质素三大物质构成的，
这些无色物质遇强光后发生氧化反应，引起纸张泛黄、变脆和变质。雨季室内湿度过

大，住一楼或平房，书信挂轴不要直接贴墙或靠地悬挂，否则会出现霉点、龟裂。因此在南方地区悬挂书信挂轴适宜于秋季，因秋季气温和湿度相对书画较为适宜。书信挂轴尽量不要悬挂于厨房或厕所附近，近窗也不太适宜，特别是油污对书信伤害是极大的，尤其是画心，如纸面受油污感染就很难清洗。如果书信挂轴不慎沾了油污，不能用湿布擦拭，可在油渍处放一张湿润宣纸，用熨斗轻轻熨烫几遍，可将油渍吸出一些。

"人要装，画要裱"，一幅画装裱、加框后，即显露出高雅的魅力。中国字画源远流长，字画的装裱，也要相得益彰，颜色选择要沉稳，与字画格调统一，应突出居室的高雅的品位。同理，书信装裱也是如此。书信入框对画框的制作很有讲究。画框要牢固精细，表面光滑平整，配上玻璃或有机玻璃做面。后板现多用KT板，KT板不易受潮变形，而用三合板、中纤板等其他材料做后板容易受潮变形，影响书画作品。画框应挂在干燥的墙壁上，不受阳光直照，挂钉应钉牢，大幅画框配上画托，不使画框晃动。有机玻璃如太薄容易变形，书信易受潮发霉。有机玻璃表面灰尘要用鸡毛掸子掸扫，不可使用湿布擦拭有机玻璃和画框，因抹布会擦花有机玻璃，造成画面不清楚，并且水会从框

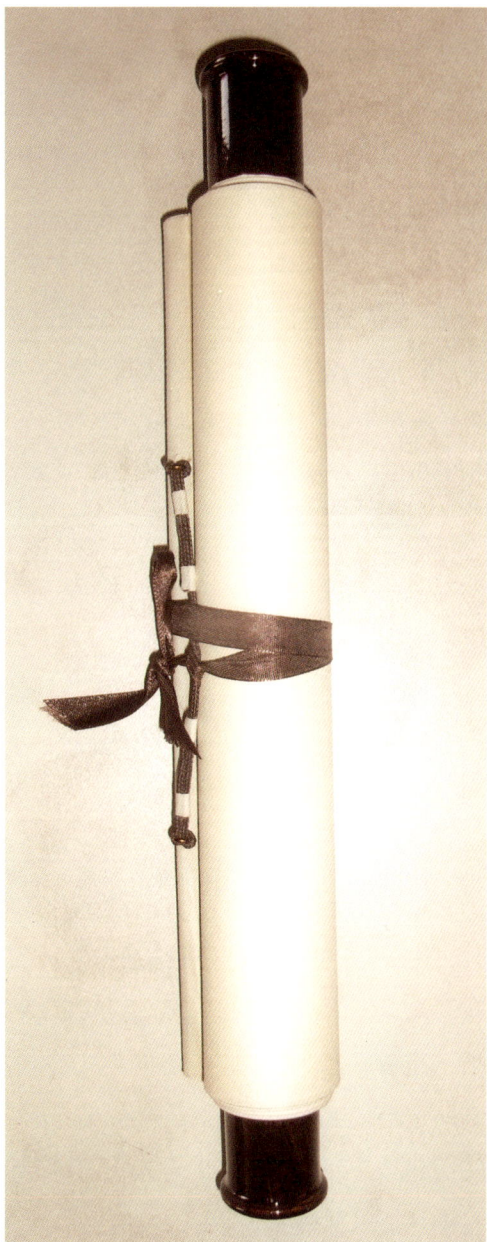

把书札装裱成挂轴，既方便赏玩，又便于存放保管

缝中渗入，致使书信受潮发霉。当遇到受潮发霉时应该及时揭裱翻新处理。把书信裱成镜芯放入镜框悬挂起来的做法，不宜提倡。由于镜框的防潮密封性不好，造成春季返潮，使潮湿空气很容易进入玻璃框内，一到盛夏季节，受到高温天气影响，框内潮湿不易蒸发变成水蒸气，这样使书信湿度加大，就会出现霉点。遇到这种情况应立即将镜芯取下，放于通风地方。千万不要用风筒烘或放于阳光下暴晒，否则会发生脆裂。

还有很多的书信收藏者，喜欢将书信存放于透明的塑料薄膜文件夹中，是不妥当的，一旦因潮湿信札与塑料薄膜粘在一起，将懊悔莫及。尤其是南方切不可用此法保存书信。

对于一些民国以前甚至更早些的书信，本来已经有残缺，或虫蛀发霉，应该立刻处理，避免残缺扩大或掉失，已有霉斑的还会加深，伤害更大。不过装裱千万不要怕花钱，一定要找好的装裱师来进行修补。我从20世纪80年代起开始集藏名家书信，对于残破或有严重折痕有碍观瞻的必须装裱，给我的藏品装裱的是在荣宝斋从事装裱几十年的李老先生，后来李老干不动了，把手艺传给了他的孙女，于是我的活儿也交给了他的孙女，至今也有二十几年了。我的藏品中，有不少是经过他们祖孙两代之手起死回生的。如果图省钱把藏品送到手工差的装裱师手上，不仅不能修复还有可能加重藏品的残缺以致毁于一旦。综合上述，书信最好不要装裱悬挂。现在有一种说法，就是对老旧的书信应保持旧貌，维持原样，这样对以后转让出手有好处。我不完全同意这种看法。其实在真正的行家眼里，真的永远变不成假的。

如果非常喜欢将书信装裱成立轴或镜芯，一定要选择手工装裱。目前裱褙有传统手工裱褙工艺和现代机裱工艺两种。传统手工裱褙所用材料为纤维质的宣纸及锦绫绢等，在裱褙作业中加入配有防虫防潮配方的糨糊，经数次裱褙自然干燥。天气较好时，需要7天时间完成。机裱是用化学胶水或糨糊裱褙，经电发热烘干挤压而成，当天即可完成。因此，机裱容易老化发脆变黄，不能揭裱翻新。书信装裱好后卷成轴，横披、镜芯不要卷得过小容易折坏起皱。卷好的用报纸裹好，因印刷报纸有油墨，可起到一定的防潮和防虫蛀的作用，要单独存放在干燥的橱柜或画筒锦盒中，可适当放些防虫药品。书信装裱成的立轴，悬挂时间不要过长，隔一段时间就要取下来包装好，长期悬挂容易风化变黄，发生变形。可换上其他作品轮流悬挂，既可保养又能更好地欣赏。书信裱件存放时不宜卷得过紧或过松，更不可反卷。如果卷得过紧，天地头两侧就会留下画心与边料接缝的压痕，影响书信的美观，还可能导致裱件的变形或出现

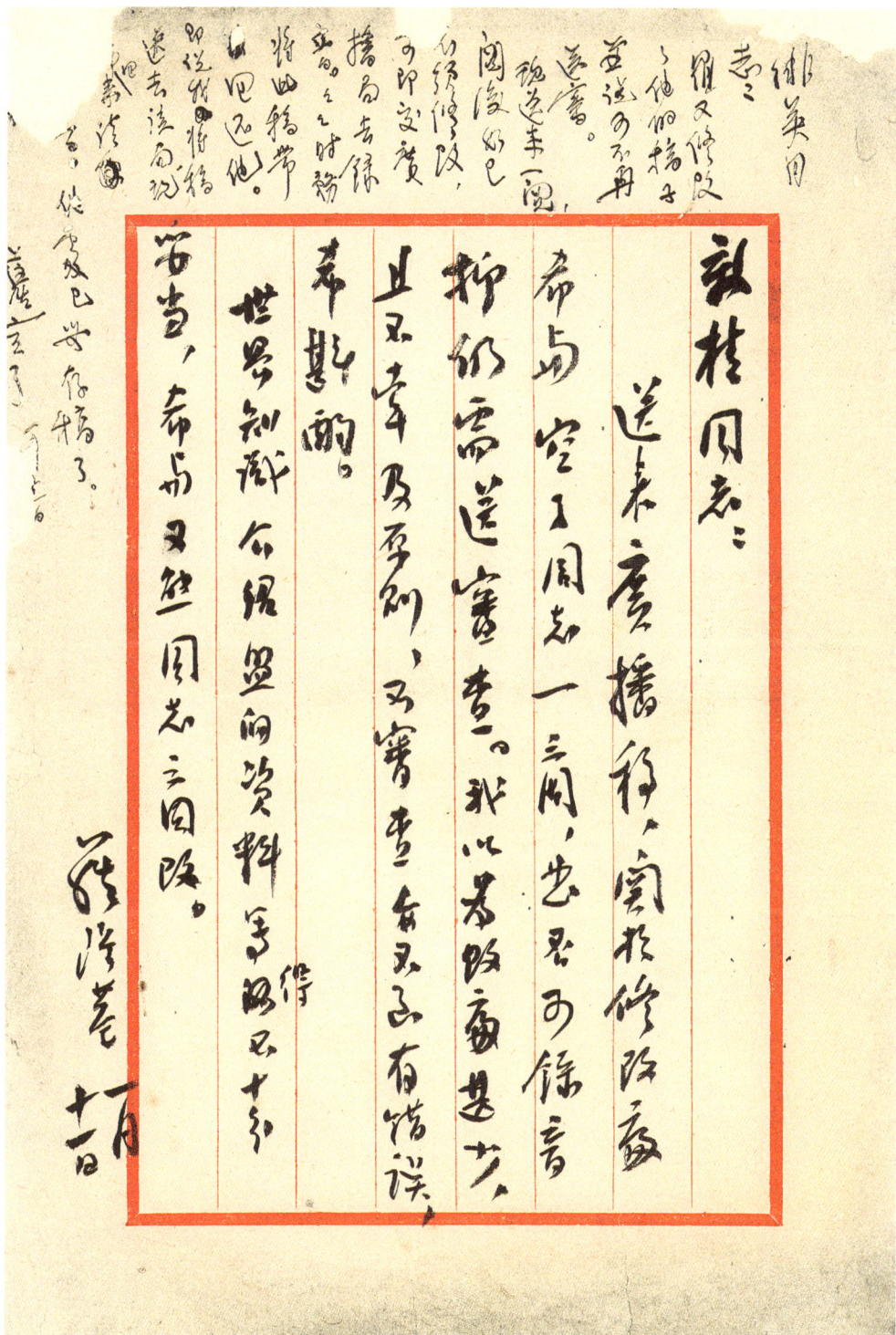

经过修复的罗隆基先生书札（30cm×20.5cm）

书信可以裱成手卷，便于存放和展示

脱落；如果卷得过松，容易折毁；如果反卷，会使书信出现一道道折痕，特别是古旧书信损害更大。

我是不赞成把书信装裱成立轴或镜芯的，我喜欢把书信装裱成册页或手卷。这两种方式都是可取的，一是不易失散；二是便于观赏书信原貌，且古雅有趣。

书信的存放，最好用樟木柜，室内能装通风设备或空调为佳。当然没有樟木柜也没关系，可以用其他材质的木柜或铁箱存放，而且离地要有一定高度，并于箱内底部用布袋内置石灰或木炭，作吸潮之用。尽管如此，到了秋季应将藏品拿出来透风。

书信收藏的防霉防虫的方法很多，古人常放置芸香草防虫。北宋沈括在《梦溪笔谈》中说："古人藏书避蠹用芸。芸，香草也。"像宁波范氏天一阁藏书甚富，其中多罕见之版本。阁中藏书三百年不发霉不生蠹全赖芸草之功。后来学者诗人登天一阁写诗题联，大都提到芸香草。天一阁使用的芸香草出自金秀瑶族自治县。金秀香草在当地叫"灵香草"，生长在海拔3000~5000米的高山深谷中，是一种很珍贵的香草，此草奇香无比，放几片入柜便满柜生香，蛀虫全无，对书籍纸张和人体健康均没有副作用。现在仍然可以买到这种芸香草。在书橱里放置樟脑丸，这对防霉驱虫的确有一定效果；但许多品牌的樟脑丸都含有PDCD（化学物质二氯苯），它已被列为第六类有毒品类，对人体有副作用。还有一些人惧怕蠹虫蛀毁书（尤其是古籍收藏者恐惧更甚），便时常用一些超市里常见的化学杀虫剂喷洒书橱，结果蠹虫猖獗如故，而图书却反遭其害，黄斑遍布全身。还有的用少量樟脑、冰片等量溶解于80%的酒精中，配成溶液，再将吸水性强的纸泡在其中2~3分钟，取出阴干后，夹在书画内，即可有效地防止书画霉变、虫蛀。被老鼠或昆虫咬破的书信要及时修补托裱。

纸质书画作品很容易"受伤",除了平时的细心呵护与保养,收藏存放也丝毫马虎不得。古人存放字画非常讲究,要用函套、精制的画匣收藏。制作画匣选用多层复合材料,外层多选用樟木,中间为楠木,最里层用上等丝绸、布套等包裹。现代家具中由于多含有甲醛等,可令纸质书画作品"受伤",因此不适宜存放珍贵纸质书画。古人还有在适当的时节"曝书"的防霉防蛀的方式。"曝书"的故事从文献记载上可以追溯到西周。《穆天子传》曰:"天子东游,次于雀梁,□(注:原阙)蠹书于羽林。"到了南北朝,古人曝书已积累了一定的经验,唐宋之际公家藏书每年都会在适当的天气时"曝书",已有制度,当时有"曝书会"之称。书信与书籍、字画同类,每到秋高气爽的季节,最好能将收藏的书信取出掸尘、晾放,让吸收的水分挥发。

名贵书信的存放与字画存放的方式没有区别,即使装裱成立轴,镶框的书信作品,藏家也是不常悬挂的;装裱成册页或手卷,也只有知己同好到来,才会拿出来共

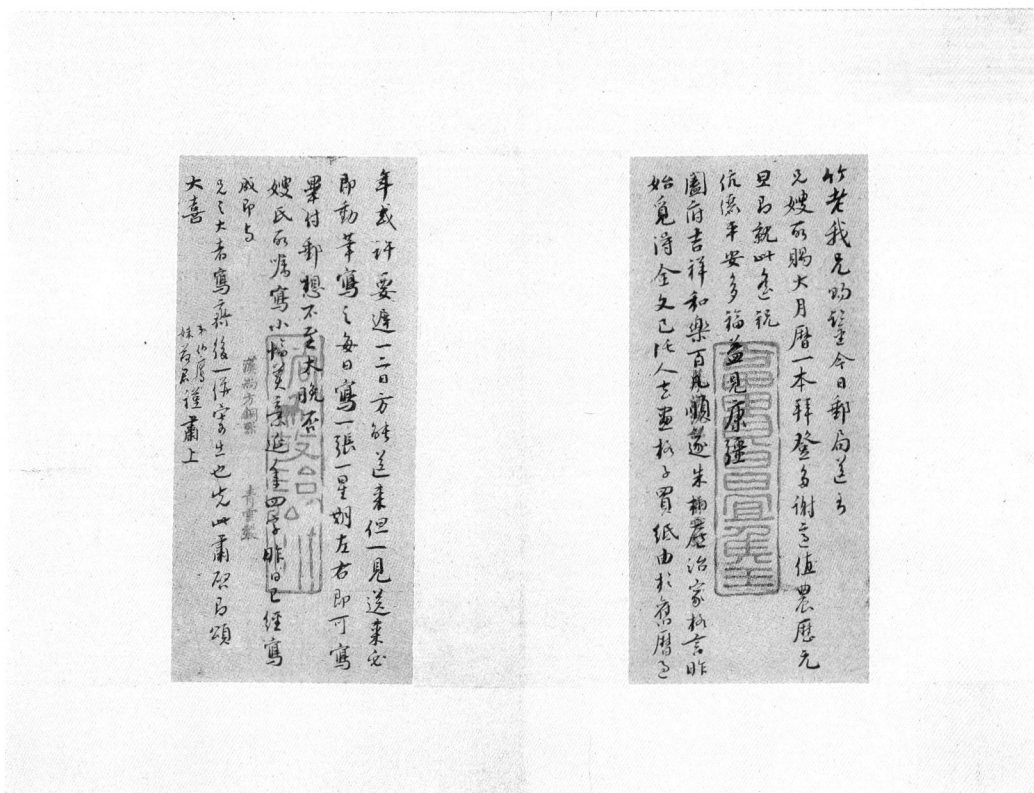

潘伯鹰书札册页一开(33cm×24.5cm)

赏把玩。其实赏玩也是有讲究的。比如欣赏册页、手卷，因手卷、册页的装裱较其他书画的装裱复杂，手卷在展示时要放置于平整的案头或桌子上，注意案面或桌面不应有水点或脏物。看手卷时须洗手防油，不吸烟，勿喷嚏，轻开轻放，平整观看，手卷展开时不宜展得过长，要边展边卷。册页展开时最好不用手指翻，可用一个光滑而无毛刺的竹条插进册页夹页之间翻页。册页一般较厚，开始翻页或翻到最后几页会出现两面薄厚不均，两页之间悬空，此时如果不注意压住幅面中间的悬空处，则易造成折断现象。欣赏立轴、镜芯须悬挂于墙，预防折裂。悬挂和展示装裱的书信时要谨慎从事。悬挂时要一手持专用"画钗"挑住画绳，一手托住未展开的部分，然后慢慢放开挂起来，取下画钗。展示时要一人牵引画绳，另一人两手持轴头展开，切忌两手向上持中间部分，否则手指会将书信划出折痕。平时珍贵书信宜平放于盒、匣、囊、套、函、柜、橱之中，不可竖放，更不可将已装裱的书信立轴随意地捆绑或堆放在一起。没有装裱的书信不可随便折叠摞起，否则存放时间一久就会从折叠处折断，或留下黑色折痕，如果要临时欣赏，切不可用图钉钉于墙上或用糨糊粘于墙上，否则会直接损坏书信。正确保存书信的方法是：可将书信下面衬一层幅面相当的薄宣纸或皮纸，以纸卷为轴将书信卷起，并用白纸或塑料膜包装，放在专用盒内或书橱内。保管已经破损的古旧书信更要谨慎，一时不能修复的不要随意展示，以避免书信再度破损。如果是已破碎的书信则更要防止散片丢失，以免给将来修复带来困难。无论是新旧书信，只要原裱尚能悬挂，亦无破损，一般不要急于揭裱修复，因揭裱一次就会对书信的纸质损伤一次。如果原裱书信脱落或破损严重，则应及时进行揭裱修复。

有人把纸质字画的收藏保养归纳为"三防五忌"。书信与字画同源，当可适用。所谓"五忌"，一是忌污染，如油渍、汗渍、茶渍和灰尘等；二是忌生霉，特别是黑、黄、红、紫等各种产生颜色的霉菌，产生的霉斑极难清除；三是忌虫蛀；四是忌光照，防止紫外线使纸张发黄、发脆；五是忌潮湿。而三防，即防霉、防潮、防虫蛀，是纸质书画保养中的重中之重。要做到三防五忌须注重平时保养与藏品存放，平时拿取书画一定要戴上手套，防止油脂、汗渍、灰尘和霉菌等污染物弄脏书画作品，且观赏时人与书画应保持1.5米左右的距离，以免讲话时唾液飞溅到书画上。此外厅堂悬挂的书画作品，则最好能隔段时间更换一次，抖落上面的灰尘，防止灰尘腐蚀。在雨季来临之前，则最好能将书画收起来，收书画前最好能展开过风，存放时也要使室内经常通风。

石民先生大鑒：現在某所研究人員

似覺過少。即研究室空間及研究室

設備切乎人。所差者乃住的問題耳。

去冬原有秋人住所而僅二人亦最因

相宜。尚意某所子再增加住宅任

研究員及信呢陳省身此見說法就遭

物色。如快覺利用人才得法某所據

加以限名額。勾此故沂。

中華民國　年　月　日

雕龍之技能及先夫家吏才以不勝感慨

那波扎經德之蹟到此土未代八子望

諸名邁俾來時中室遏洞下兩口不經

作庸七拓佇膺卅為各詞室

勉作幼五字嶋烟

湘上偏佃伯師

少幸刀刀學醪卒句有之時一邁及去

丈且那诮三六名贇帰一冊与其沼泥不刪

合陵一刻此朱多畫

子緒有呼笑賀问畨李固 有用心

楓老任丈

甲州年

第十三讲

书信的市场行情与投资

由于名人书信具有丰饶的文化底蕴和文献资料性，炫目的艺术感染力，给名人书信集藏以广阔的想象空间，其收藏投资性也已完全被藏界认可，因此投资书信收藏，已成为近年来的收藏热点之一。在近几年的文物艺术品拍卖市场和民间收藏市场上，文辞精雅、书法率意的名人书信异军突起，成为一个十分引人瞩目的收藏门类。在北京的潘家园古玩市场和琉璃厂古旧书店，上海的古旧书店及城隍庙的旧书摊，天津沈阳道古物市场、旧书市场和天津古玩城地摊上，以及在某些旧书网站上，一些稍有名气的写信人或收信人信件和信封，都被贩卖者视为奇货，标以高价。 翻开国内各拍卖公司的古籍善本拍卖图录，名列其首的一定是五彩纷呈的名人书信。

名人书信，尤其是古代名人书信很早就已进入市场，由于一般的买家是将其作为书法作品来看待的，因此价格不菲，特别是近几年来，价格更是不断攀升。但书信行情被人们看好，也是有一个过程的。20世纪90年代以前，名家书信的收藏者较少，价位也较低，一封名家书信，名气较大的也就数百元至千元，而且几乎没有赝品。90年代中期以后，名家书信的收藏逐渐形成热点，价位不断升高，一封名人书信要价在千元乃至万元以上，1996年中国嘉德古籍善本拍卖中赵之谦4页信札的底价为45000~50000元。进入21世纪以来，名人书信的价位成倍增长。2000年中国嘉德周末拍卖会上钱钟书的5通信札底价为5000~7000元，成交价则为17000元。无独有偶，在2002年中国书店春季书刊资料拍卖会上，郑振铎致董康的3页信札以3000~5000元的底价起拍，经过收藏家的激烈角逐，最终笔者以27500元（含佣金）竞得，超出底价近10倍。

在近几年的拍卖会上，不少名人信札的落槌价格已上升到了"抵万金"的价位。如黄宾虹致陈柱的信札18通以55万元成交，郁达夫致王映霞信札以37.4万元成交，都较起拍价有了很大幅度的上扬。而至今令人记忆犹新的是2002年11月3日中国嘉德国际拍卖有限公司秋季上拍的《钱镜塘藏明代名人书札》纸本（20册）以无底价出现，最终以990万元成交。钱镜塘（1907—1983），著名书画鉴赏收藏家。原籍浙江海宁，名德鑫，号鹄湖渔隐，晚号菊隐老人，有斋号称"数青草堂"。其祖父笠群、父亲鸿遇，皆喜好书画和收藏，于地方颇有声名。钱镜塘受家庭熏陶，酷好书画和收藏，远胜父祖前代。后寓居沪上，毕生以书画鉴定、收藏为业，成为一代书画鉴赏和收藏名家，影响至今犹存。

钱镜塘先生收藏书画逾万件，慨然捐赠上海、浙江、广州、南京、海宁等地博物馆者几达3000件，内中包括宋元真迹，而钱镜塘先生一生过手经眼的书画以数万计。此20巨册明代名人尺牍，是钱镜塘先生倾半生精力所孜孜以求，严审精鉴，最终辑成的一部明代名人尺牍集册。钱镜塘先生辑藏的这部明人尺牍，曾于50年前延请嘉兴倪禹功先生逐一整理考略，书于边栏。20世纪50年代初，钱镜塘先生将所辑藏的明代名人尺牍，重新豪华装池，请张石园先生题写书签，厘为20巨册，整齐壮观。此拍品由钱氏后人直接提供。内收明永乐朝之后至崇祯朝名贤共400余人，600余开，其中王侯将相、文人墨客、忠烈奸佞，莫不备焉，可称名人书札大全。如果仅以明代的人物信札数量计，则是独此一家，古今以来无可比拟。此集所收400余人，每人只收书札一通，盖不重复收录，这与其他同时代的明代书札收藏家不同。筛选出现存的这400余通明代名人尺牍，定是当时多方确定认为最真精新的作品，同时也保证了此集庞大的收藏涵盖面，内中不乏罕见之作和仅见的孤品。

此集有一定的系统性，于研究颇有裨益。如一之10至二之20，共30通，为毛科、程敏政、傅瀚、闵珪、梁璟等致韩文书札，这些人物大都是尚书、侍郎一级的高官；三之1至三之21，共21通，为衍圣公孔闻韶、户部尚书倪钟、南京工部尚书韩重、南京刑部

尚书臧风、兵部尚书王时中等致毛宪书札。此外，如徐光启、严嵩等重要历史人物的书札不仅极为罕见，且都有实际内容。某些书札甚至可以补充《明史》的资料。此集涵盖了明代200年的历史空间的400余明代重要历史人物，可称是明代仕宦大全；400余通书札，政治文化内涵极为丰富，可称文史资料大全；所有书札真草行书，可称是性格、流派各异的明代书法大全；600余叶各色瓷青牙花馆版笺纸，可称是明代不同时期造纸技术大全。钱镜塘辑明代名人尺牍本身已成为一份宝贵的历史文献文物遗产。

如果说，2002年中国嘉德秋拍《钱镜塘藏明代名人书札》20册以惊世的价格，至今保持古代名贤书信价格的最高纪录，而2009年"五四运动"90周年之际，近代文化名人陈独秀、梁启超和徐志摩写给胡适的信札在2009年5月30日嘉德春季拍卖会上以744.8万元的高价成交。创下了现代文化名人书信拍卖价格的最高纪录。这些书信涉及陈独秀、李大钊、胡适、鲁迅兄弟和钱玄同等中国近现代史上的重要人物，反映出《新青年》杂志社内部的人际关系以及他们各自对杂志发展的思路，包含的信息量很大。 就陈独秀个人而言，由于其去世较早，所留下的文稿较少，其中与鲁迅的学生台静农探讨语言学的信件保留在台湾台静农家中，与胡适来往的信件大部分留在台湾和美国，而早期手稿尤为罕见。

根据中国嘉德国际拍卖有限公司提供的数据，陈独秀等致胡适信札13通27页以554.4万元成交，梁启超致胡适词稿及信札11通34页以78.4万元成交，徐志摩致胡适信札3通9页以112万元成交。这大大超过预期价值。这些信札一直由胡适家人保存，之前从未公开拍卖。其中包括了陈独秀从1920年到1935年写给胡适的许多信件，涉及了1920年《新青年》独立办报事件、《新青年》编辑同人分裂事件、上海学生罢课游行运动、胡适参加段祺瑞政府"善后会议"事件和陈独秀狱中出版文稿等五四运动以来中国文化界的大事，具有非常重要的史料价值。

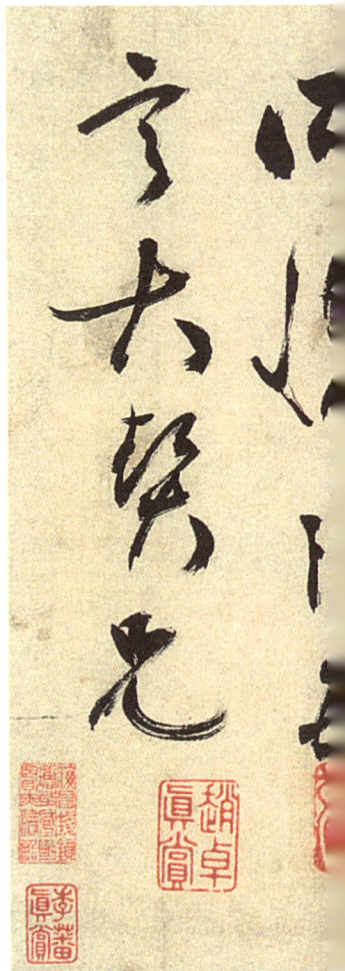

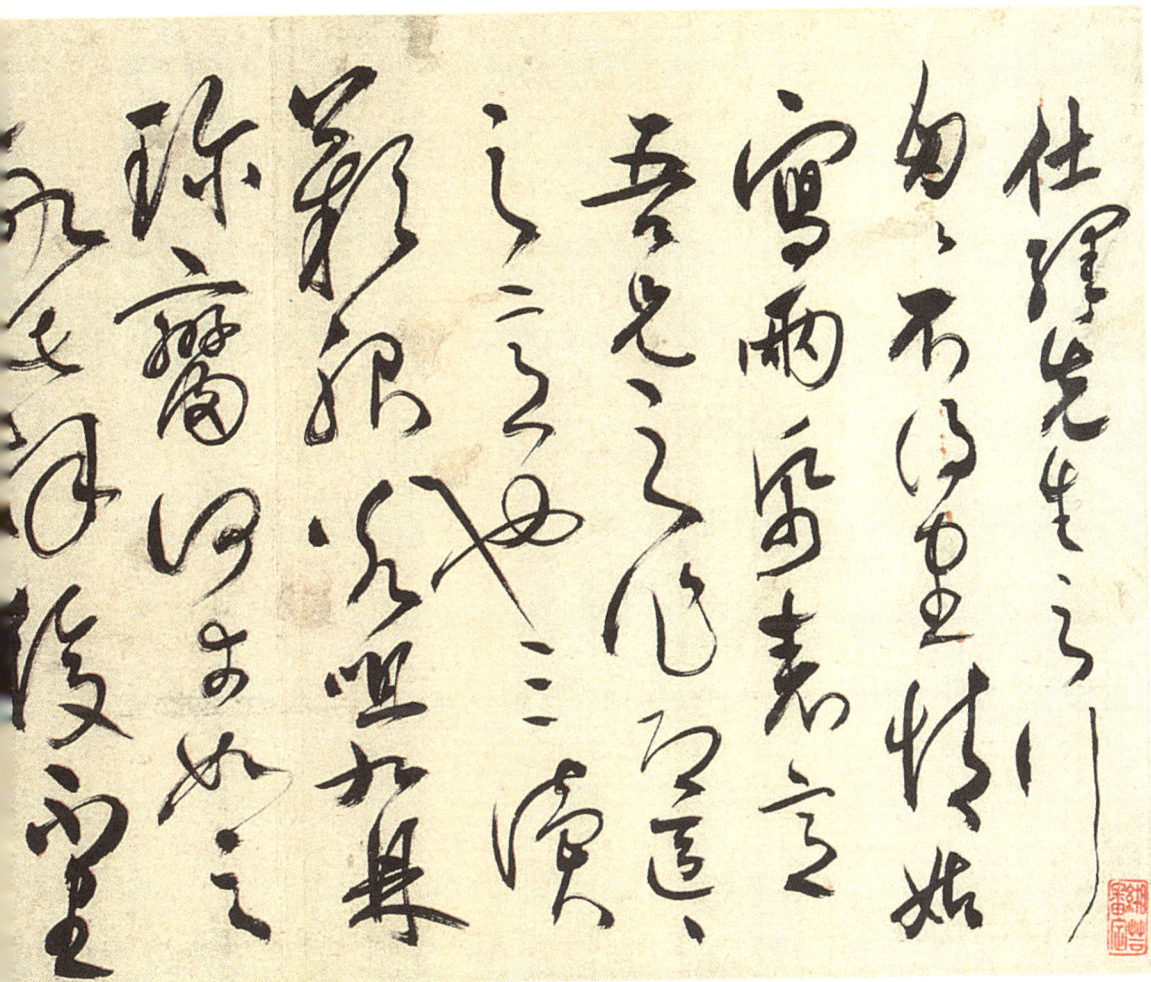

钱镜塘藏明代名人书札

这些不为世人所知的信件展现了胡适与陈独秀二人由最初的挚友渐渐分道扬镳的过程，以及两人半生的彼此敬重以及争执背后的深厚情谊。

梁启超写给胡适的词稿和书信，多数内容是诗词探讨和学术研究，信中可以看出梁启超对胡适非常敬重，书信工整、辞令秀美，尤其学术讨论深刻细致。徐志摩给胡适的信中则详细谈论了当时中国南北学界的许多逸闻。

说起这批书信的拍卖过程，还真的很富有戏剧性。我是从《北京晚报》上知道中国嘉德春拍将上拍胡适先生存友朋书札的消息的。几天后，收到了中国嘉德2009年

　　五四运动90周年之际，近代文化名人陈独秀、梁启超和徐志摩写给胡适的信札在2009年嘉德春季拍卖会上以744.8万元的高价成交。根据中国嘉德国际拍卖有限公司提供的数据，陈独秀等致胡适信札13通27页以554.4万元成交，梁启超致胡适词稿及信札11通34页以78.4万元成交，徐志摩致胡适信札3通9页以112万元成交

春季古籍善本拍卖会图录。图录的封面印的就是前引的陈独秀致胡适、李大钊书札的首页。紧接着，我先后接到了各地喜欢收藏书札朋友们的来电。可以说这些藏友们摩拳擦掌，大有拼死一搏的劲头。我的家里是藏有陈独秀先生手稿的，本来不想参拍，但因陈独秀先生于1932年10月10日致胡适的信，涉及陈独秀请胡适敦促商务印书馆早日出版陈氏的书稿《拼音文字》之事和家藏的陈氏文字学手稿有些关联，因此决定参拍。在拍卖会前一天，我到北京嘉里中心饭店看预展。途中接到友人电话，告知国家文物局决定借鉴有关国家优先购买的做法，在5月30日拍卖前通过拍卖公司发出公告，表明国家将对此场拍卖中的某些拍品按成交价行使优先购买权。在拍卖结束后的7天之内，国家将根据拍卖情况做出是否征集的决定。到了嘉里中心，果然预展柜的上边都贴上了公告。即使这样，我的那些朋友们仍不甘心，决定联起手来，共同拍下这批书札。后来据我的朋友告诉我说，他们举到了360万。

之所以名贤书信的价位如此之高，我想不外乎以下三个方面的原因：首先是越来越多的收藏家对名人信札其独有的文化内涵的关注；其次，名人信札的作者中很多又是著名的书法家，很多信札也都是翰墨精品，率意的书法承载着精雅的文辞，在近现代书画作品越来越难搜购的情况下，选择收藏名人的书信也不失为明智之举；最后，相对而言，名人信札目前价格还比较低，在收藏方面有着巨大的升值空间，因此对资金不很充裕的买家有足够的吸引力。同时相对书画作品而言，名家书信赝品极少，因此投资的风险相对也比较低。

阿姊才華自不凡

自言儂是再來人後果前因記得真更有一言須聽取

高堂長頼慰 尊親

右

真一仙外集題詞六首謹呈

實甫世丈方家即祈

教正

張祖緜沐手敬書

夢蘭先生左右：未承友大昔均誘悉佩服佩服　章夫人已

返京否乎　前季撫養多不在一處先變先可取閉也

中子患已贓友幼疆為病故在乙二月甚不幸便永與先芳

承歌乙威到吉年淑竹夫人過滬州得意在京諸友近惟書

勝馬掌氏先生乙見教南先之想乙有催故淑竹永興侃

僅美夫人令佛後乙及章夫人家不致動其他親友如

行逢水友言此信故轉亲永樂先一閉為感母蔑威後

若否

　　　稽觀五句陳

　　　　　　　実楼敲啟
　　　　　　　百七口

第十四讲

书画造假的历史与辨伪的方法

　　这个题目看起来似乎有些离题。前边的许多文字已经涉及名人书信与名人书法、绘画的关系了，因此本节所谈的书画造假的历史与辨伪的方法自然包含书信。

　　书画造假的历史由来已久。十多年前，我曾在一个书摊上买到一册名字叫《关于鉴别书画的问题》的小册子，这是原故宫博物院院长马衡先生于1936年为纪念张元济先生70寿辰所做的论文抽印本。论文中有一段话是这样分析书画造假的起因的：

　　　　书画既已成为一种珍贵的东西，富贵人家对于书画也同象犀珠玉一样的看待，往往悬金以求。可是真的作品本来不会很多，而人所共知的大名家的作品尤其不会很多，加以经过了若干次的水火兵燹，一天一天的只有减少，哪里能分配得过来呢。于是以书画为贩卖品的人不得不想出种种方法来造假东西，或者是照样模仿，或者是改小名家为大名家，改较近年代的作品为较远年代的作品，以求厚利。这样的情形由来也很久了。

　　而谈到书画的辨伪，论文的开篇是这样说的：

　　　　董其昌尝自谓三百年来一具眼人，而其《画旨》中

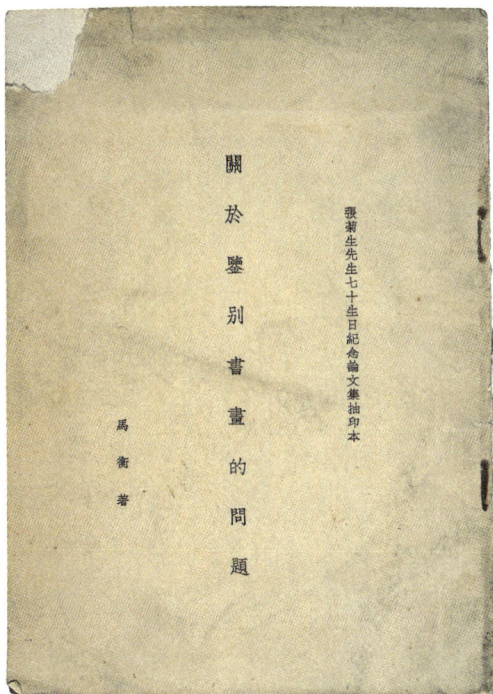

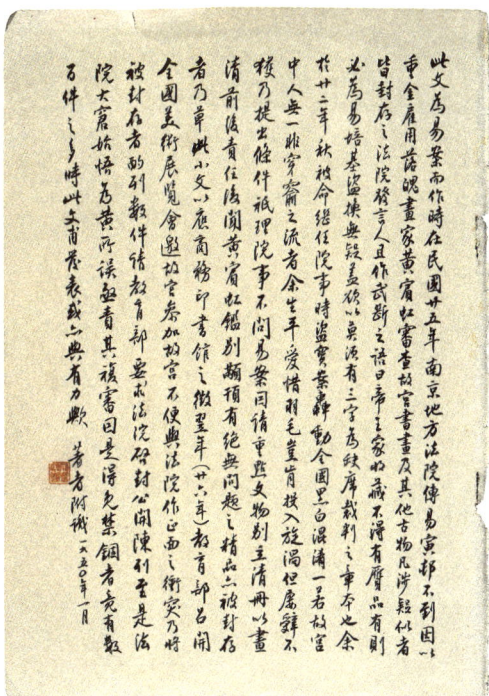

马衡先生《关于鉴别书画的问题》封面及亲笔《附识》（26cm×19cm）

云："宋元名画一幅百金，鉴定少讹，辄收赝本。翰墨之事谈何容易。"可见书画之真赝问题早已成为不易解决之事。虽一代鉴家如董文敏，也认为，谈何容易。其中问题复杂得很，不是简单的几句话所能解决的。

董其昌（1555—1636），字玄宰，号思白，又号香光居士，明万历十六年（1588）进士，官至礼部尚书，卒谥文敏。董其昌精于书画鉴赏，收藏很多名家作品，在书画理论方面论著颇多，其"南北宗"的画论对晚明以后的画坛影响深远。工书法，自谓于率易中得之，对后世书法影响很大。其书画创作讲求追摹古人，但并不泥古不化，在笔墨的运用上追求先熟后生的效果，拙中带秀，体现出文人创作中平淡天真的个性。加之他当时显赫的政治地位，其书画风格名重当世，并成为明代艺坛的主流。著有《画禅室随笔》《容台集》《画旨》等文集。

连董其昌这样的书画鉴赏家都认为"翰墨之事谈何容易"，足见书画辨伪之难。但有趣的是，民国时期发生的"易培基等侵占故宫古物案"的定案依据，凭的就是被

马衡先生视为 "落魄画家" 的黄宾虹的鉴定。

事有凑巧，在我撰写本书的前几个月，在京一家拍卖公司举办的古籍拍卖会上，我竟拍到《易培基等侵占故宫古物案鉴定书》（上、下册），翻阅一过，《鉴定书》中所列的故宫藏书画作品中伪品数量可真不少。

《易培基等侵占故宫古物案鉴定书》是附在南京地方法院《起诉书》后面的。南京地方法院检察官对易培基、李宗侗等九人提起公诉的事件发生于1934年11月，罪名是易培基自1929年起 "陆续将保管之珠宝部分，盗取珍珠一千三百一十九粒，宝石五百二十六颗，以假珠换真珠九千六百零六颗，以假宝石换真宝石三千二百五十一颗，其余将原件内拆去珠宝配件者一千四百九十六处……为数甚巨，均一律占为己有……"

这次由南京地方法院组织的所谓调查鉴定，始自1935年12月20日，止于1937年10月4日，历时近二年，平沪两处总计被法院封起来的被鉴定为伪书画594号、铜器218号、铜佛101号、珠宝不计其数，均被列为易案证据封存平京两地。

南京地方法院对故宫存沪及北平本院书画全面调查鉴定工作结束后，发现

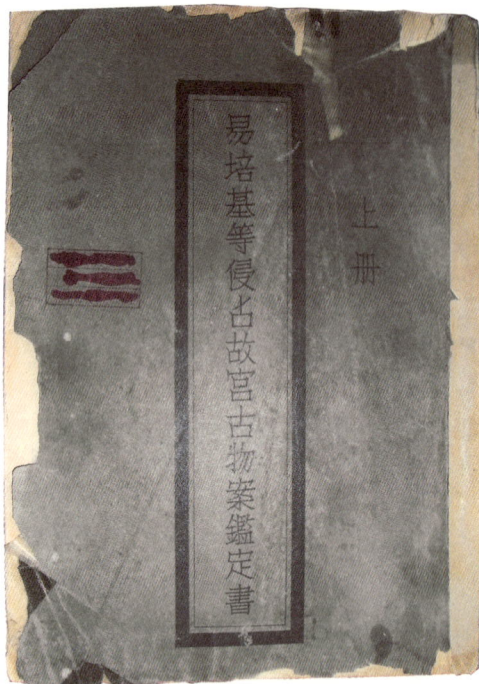

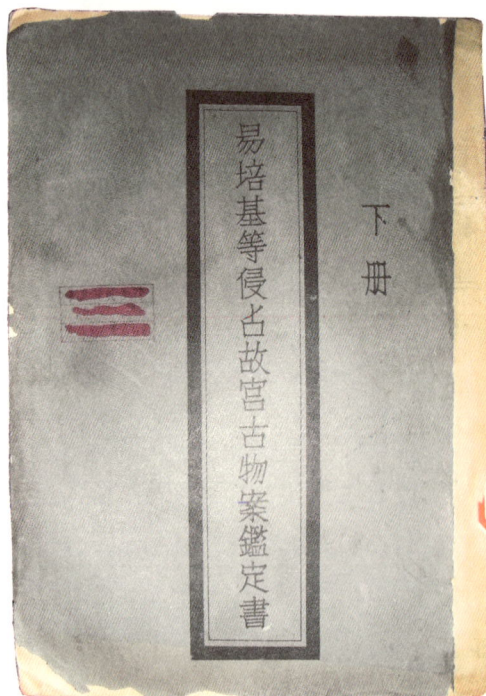

《易培基等侵占故宫古物案鉴定书》（上、下册）封面（宽18.5cm×高25cm×厚3cm）

被鉴定的书画中伪品不少，于是法院发言人公开武断宣称："帝王之家收藏不得有赝品，有则必为易培基掉换无疑。"

我们假设黄宾虹等的鉴定是准确的，而以此为依据法院就武断地说"故宫无赝品"，有，必定被易、李等偷梁换柱无疑，是站不住脚的。

也就是因为法院断案如此武断，马衡先生便于1936年写了《关于鉴别书画的问题》一文，针对法院"故宫无赝品"说，列举大量史实进行了有力的批驳：

……金章宗也模仿宋徽宗自鸣风雅，不但搜罗书画，连字体都学宋徽宗，他所收精品不少，故宫所藏赵幹《江行初雪图》卷即曾入明昌御府。其他尚多，不甚记忆。元文宗有奎章阁，顺帝有宣文阁，皆藏书画之所。明朝内府收藏，未见专书记载，但仅宁王、严嵩、张居正诸家籍没入宫书画，就很不少。孙承泽所收书画，多是明亡自宫中散出者。清初顺治年间，尚以范宽《雪景》大幅等赐宋权，可见明朝内府书画也很多。大约历代内府所收藏皆不在少数，其中真赝成分如何，则不尽可考了。

清高宗当一代全盛之时，又无所不好，于是海内书画又辐辏内府。本来在明朝著录书画的书就渐渐多起来，如朱存理《珊瑚木难》，都穆《寓意编》，赵琦美《铁网珊瑚》，张丑《清河书画舫》《真迹日录》等，郁逢庆《郁氏书画题跋记》，汪珂玉《珊瑚网》，朱之赤《卧庵藏书画目》，以及清朝孙承泽《庚子销夏记》，卞永誉《式古堂书画汇考》，吴升《大观录》，高士奇《江村销夏录》，缪曰藻《寓意录》，安岐《墨缘汇观》等，引起了皇帝的兴味，也将内府书画编为两种著录的书：有关释道二氏者归《秘殿珠林》，历代书画归《石渠宝笈》，各有《初编》《续编》《三编》。《初编》成于乾隆九年，《续编》成于乾隆五十八年，《三编》成于嘉庆二十一年。此三种书皆洋洋大帙，除《石渠宝笈初编》四库著录并有印本外，其余只有故宫博物院所藏原来写本。《初编》颇嫌紊乱，《续编》则体例渐备，《三编》依照《续编》编制，皆较《初编》为优。编纂诸臣：《初编》为张照、梁诗正、励宗万、张若霭等，《续编》为王杰、董诰、彭元瑞、阮元等，《三编》为英和、黄钺、姚文田、龙汝言、胡敬等。现在故宫所藏书画有许多是曾经此三编著录的，也有许多未经著录的，其《初》《续》《三编》所著录而早已散出来的也不少。未见著录的，有些是成书以后流传进去的，也有当时认为是假的不著录的。《初编》的上谕中说："内府

所储历代书画，积至万有余种，签轴既繁，不无真赝，宜详加别白，遴其佳者，荟萃成编。"但所谓佳者也不见得就是真的。所以著录中又分上等、次等。其凡例中云："各类书画收入是编者，俱内府旧藏名迹。其中品格差等，以的系真迹而笔墨至佳者，列为上等。若虽系真迹而神韵稍逊，及笔墨颇佳而未能确辨真赝者，列为次等。又有一种而数本相同者，验系真迹，俱入上等。亦有不能确辨真赝，因其笔墨并佳，附入上等，以俟考证。其的系后人摹本，但果能曲肖，亦入次等。"真迹而笔墨至佳，自然是顶好的了，归入上等，原无问题。至于一种而数本相同，显然是不能都真了。笔墨并佳不能确辨真赝，或者附入上等，或者列入次等，这种疑似之间的，明明就是假的。以皇帝的收藏，经过了详加别白，又经过了上等次等的分类，而归入上等的还是有许多不真的东西。可见书画到了清代，赝品愈多真迹愈少了。凡例中又云："上等叙述尤详，总无一字之遗，次等则但知本人题识，其有经御笔题跋者，仍谨为详录，至他人题跋则但云某题一某跋一不录全文，体从其降，所以别于上等。"这一种大约明明是假的，而皇帝亲自题跋过，当然不能在详加别白中屏弃不入著录，只好列入次等。但是这种办法，未免仍有唐突皇帝的地方。所以《续编》《三编》就都没有上等次等之分。《续编》凡例中口气也不同了，中云："皇上学富鉴精，于凡真赝存佚，皆本之史集，核实定评。"又云："列朝名迹经御制诗章识语及冠瞟题签者十之七八，几余偶涉，精鉴详评，寓古垂型，即小见大。"《初编》始于乾隆八年，那时高宗只有三十多岁。《续编》始于乾隆五十六年，那时已经八十多岁，编纂诸臣都是后生小辈，即以鉴别书画而论，高宗也是他们的老前辈了。他们除了恭维之外，哪里还敢少作一点主意。况且十之七八经过几余题识的，当然不能再有次等了。《三编》则在高宗身后十余年，仁宗更是门外汉，谈不到甚么。编纂诸臣也就谨依前例而已。《初编》体例较杂，但尚可于文意之间看出书画内容的痕迹。《续编》《三编》则笔墨随体例而谨严，于书画内容丝毫不加可否。连阮元的《石渠随笔》、胡敬的《西清札记》两种私人的记载中，也绝无一语道及真赝的问题。比《铁围山丛谈》《思陵书画记》那样轻微的评论也不敢流露，充分表现出来当时文网之严，臣下对于皇上的敬畏至于如此。

至于宫中书画的来源，据《初编》上谕中说："臣工先后经进书画暨传入御府者，往往有可观览。"《续编》序文中说："自乙丑至今癸丑凡四十八年之间，每遇慈宫大庆朝廷盛典，臣工所献古今书画之类不知凡几。"《三编》上谕中也说："朕自丙辰受玺以来，几暇惟以翰墨为事，内外臣工祝嘏抒诚。所献古今书画亦复不少。"大约宫中书画，臣工所献的占一大部分。也有皇帝自己买进去的，大约就是所谓传入御府的。如毕沅的收藏书画碑帖皆入内府，编入《宝笈三编》，乃是抄没进去的。现在故宫所藏的书画，有许多品质虽劣，名头则甚不小，所有苏、黄、米、蔡、黄、王、倪、吴、文、沈、唐、仇，凡是名气越大的，件数必愈多。大约臣工进献之时，不管内容如何，贡品单子上不能不写得好看。好在是送礼的性质，无关政事，就是名实不符，也谈不到欺君之罪。于是"往往有可观览"之外，尽有许多不可观览的。最可恶的莫如高士奇，凡是他所进呈的都是坏东西，真可谓之欺君罔上。他的《手缮书画目》（有铅印本）第一页即为康熙四十四年六月拣定进上手卷，其中如王羲之、唐太宗、褚河南、柳公权、孙过庭、宋徽宗以及宋、元、明诸赫赫有名的大家应有尽有。但是下面自注"赝本""不真""新而佳之""旧而不真"，甚至有注"不真不堪"者，价目不过二两四两，最多不过十几两，也有几钱银子的。有的至今尚在故宫，尚有高士奇自己题的签子。而真正的好东西都在他自注"永存秘玩"的目录中，那些绝不肯进呈给他的皇上。可见进呈假东西也不是全出无意。此类中之荒诞可笑者，至有蔡邕《东巡颂册》、杜度《草书卷》不知何处得来。米芾《书史》云："余阅书白首，无魏遗墨，故断自西晋。"这两件东西若是真的，连米元章也要骇死。清宫书画除去这一部分糟不可言之外，绝精之品还是极多，依然称得起艺林宝藏。因为故宫书画有八千余件，除去清朝皇帝的御笔也还有六千多余件。其中精品但占得十分之二三，已经是洋洋大观了。

许多人对书画的品评，只以真赝为轻重，其实也是不彻底的见解。尽管有许多绝精之品，而本幅与题签并不相符，经过考定以后，知道他的原委虽有不符之点，而本身的价值并无动摇。故宫所藏的书画就有这样的情形。

按照马衡先生的观点，即使是传入内府、编入《宝笈》的，也不乏赝品！而《鉴定书》中所列"伪"品中确有许多书画是被编入《宝笈》，有的还钤有御玺和进贡者亲笔题记的。就此，在写本章时，我仔细地阅读了这两册厚厚的《鉴定书》，以下摘录数则（原无标点）：

《鉴定书》（上册）存沪画类（第一次调查）第七页

四九　成二二九（五一）孙克宏《太平春色》一轴，绢本，御玺七方，《宝笈三编》横六三，纵一三一，题"太平春色雪居写"等字。鉴定意旨：画古瓶花卉款字不类，画笔软弱，无圆劲灵秀之气，此摹本之下者。 伪。

五五　成二三三 （三二）周文矩《荷花奕钓士女图》一轴，绢本，御印七方，《宝笈三编》横九七·七，纵一九四·七，左边补款。鉴定意旨：天历戊子画，"六妃赏荷"款不类，俗工之画，非宋人笔。 伪。

《鉴定书》（上册）存沪画类（第一次调查）第八页

六二　成二三三（九一）王蒙《松山书屋》一轴，绢本，御印五方，横五一·五，纵一一二·七，右上角题"松山书屋至正九年八月香光居士王蒙写"，下印二。鉴定意旨：至正九年作篆书款画，画无笔墨，款少自然。 伪。

六五　成二三三（五九）王翚仿沈周《古松图》一轴，纸本，御印十方，《宝笈重编》横五六·六，纵一〇八·七，题"郁郁高岩表，森森幽涧陲。鹤栖君子树，风拂大夫枝。百石缘阴合，千年盖影披。岁寒终不改，劲节幸君知。李峤句。戊子腊月二十又四日，仿白石翁古松图。王翚"，下有"八十老人王翚""海樵渔山"印各一。 鉴定意旨：款字画意不类石谷，摹仿之作。 伪。

《鉴定书》（上册）存沪画类（第一次调查）第九页

七四　成二三三（七〇）赵孟頫《观泉图》一轴，纸本，御印八方，横二四·六，纵五二·六，右上角题"至正二年九月四日吴兴赵孟頫画"。鉴定意旨：旧画款字不类。伪。

《鉴定书》（上册）存沪画类（第一次调查）第十二页

九五　成二三三（六三）元王蒙《松岩仙馆》一轴，纸本，御印七方，《宝笈三编》横二七·七，纵五四·三，右上角题"至正十年冬，写赠玉山隐君。黄鹤山中樵者蒙"，下印一。又张羽题："王君遗墨宛然在，汩汩寒泉澹澹云。满纸琅玕写玮宝，含毫频媿续清芬。寻阳张羽题。"下印一。鉴定意旨：至正十年玉山隐君款，张羽题。伪，字迹亦不类。盖王山樵笔墨秀润，为元季四家之一，此徒见真面目，尚非真迹，或旧摹本。 非真。

九六　成二三三（三一）马远画《雪景》一轴，绢本，御印八方，《宝笈三编》横一〇二·五，纵一九。无款。鉴定旨意：马夏北宗山水，笔意坚劲，墨色严润。此少自然，非南宋画。

九七　成二二九（二一）仇英《园林清课图》一轴，绢本，御印七方，《宝笈三编》横八二·八，纵一〇六·四，左下角款："仇英实父制。""十洲"印一。鉴定意旨：旧绢染色，笔墨气韵，均多缺乏。伪。

九八　成二二九（三二）盛懋《袁安卧雪图》一轴，绢本，御印七方，《宝笈一编》横八四，纵一四八·八，右上角题："至正二年八月望武唐盛懋。"下印一。鉴定意旨：笔墨不类元人，款字亦逊。伪。

九九　成二三三（八一）陈琳《疏枝双雀》一轴，纸本，御印十方，横二八·八，纵五三·六，右上角题："霜轻叶未残，对语雀声欢。聊托枝隐何须叹纥干。癸未新春乾隆御题。"右下角"陈琳"二字，下印一，左下角"卧庵所藏"。鉴定意旨：癸未御题画"鸟栖棘上"，笔墨乏气韵。伪。

连续五件全是伪作。

书法伪作也不少：

《鉴定书》（上册）存沪画类（第一次调查）第二十二页

一九〇　成二一四（一七）赵孟頫书《待漏院记》一轴，绢本，御印八方，左下"子昂"二字，又印一款，上洗去。鉴定意旨：字迹不类松雪，笔法平常，印后加入。伪。

《鉴定书》（上册）存沪画类（第一次调查）第四十四页

三七二　岁二三　王羲之《七月》《都下》二帖真迹一卷，纸本，御印二十四方，《宝笈重编》（内有"明昌审玩""御书之宝""御府宝绘"等玺，不辨朝代，计清玺十九方），一、纵二七七，横二五八；二、纵二七·七，横二四·五，乾隆题签下钤御印二，卷首有乾隆题"龙跳天门虎卧凤阁"八字，右边有"王羲之帖 褚遂良"数字，《七月》《都下》二段末，附御题"晋右将军、会稽内史、金紫光禄大夫王羲之，字少逸，天下书法第一"等字。又文宋濂题各一段，装边处，乾隆御题二段。鉴定意旨：乾隆题签"刻入淳化阁七卷"，宋濂跋为"宋高宗得此"，未可据以为实，或明代重摹，疑伪。

浏览鉴定书，无论宋四家苏（轼）、黄（庭坚）、米（芾）、蔡（襄），元四家黄（公望）、王（蒙）、倪（瓒）、吴（镇），明四家文（徵明）、沈（周）、唐（寅）、仇（英）；还是清四家翁（方纲）、刘（墉）、成（亲王）、铁（保），以致画中九友：董其昌、邵弥、李流芳、张学曾、王时敏、王鉴、程嘉燧、杨龙友、卞

文誉；扬州八怪：金农、李鱓、汪士慎、黄慎、郑燮、高翔、李方膺、罗聘；海内八家：宋琬、施闰章、王士禛、沈荃、程可则、王士禄、曹尔堪、汪尧峰；金陵八家：龚贤、樊圻、吴宏、邹喆、高岑、谢选、叶欣、胡慥；四王：王时敏、王翚、王原祁、王鉴等等，都有赝品。明四家文、沈、唐、仇的书画作品几乎无真品。现择录几则：

鉴定书上册存沪画类（第一次调查）第二十九页

二五一　成二〇五（三三）文徵明《金山图》一轴，纸本，御印十一方，横二三·三，纵七〇，顶自题隶书一九一字，下御题："不到江天寺，安知空阔奇。携将亲证取，当境固如斯。辛未南巡，行笈中携待诏诗此帧，二月既望，坐金山江阁，因题。御笔。"鉴定意旨：隶书款诗、画少笔墨。 伪。

《鉴定书》（上册）存沪画类（第一次调查）第三十八页

三二四　丽二四三（八五）明沈周《苏州山水全图》一卷，纸本，御印六方，《宝笈三编》，纵四一·一；横一二四九·三，无款，无章，上注各处地名，末自题十四行。鉴定意旨：画有古图经遗意，笔墨不类石田。 旧伪。

《鉴定书》（上册）存沪画类（第一次调查）第二十八页

二四二　成二二三（三六）唐寅画《陶縠赠词图》一轴，绢本，御印七方，《宝笈三编》，横一〇三四，纵一六八五，题："一宿姻缘逆旅中，短词聊以识泥鸿。当时几作陶承旨，何必尊前面发红。唐寅。"印二。鉴定意旨：唐寅款劣，画工丽，非六如手笔。画韩熙载《一宿姻缘》大意，题七言绝句一首，字亦逊。 伪。

《鉴定书》（上册）存沪画类（第一次调查）第四十二页

三五六　丽二四三（一一〇）仇英《太和松翠画卷》一卷，绢本，嘉庆玺一，纵四〇三，横三二·七，尾款"仇英实父制"，印一。鉴定意旨：画与款均不类，当系旧画，后人改填款字，托名仇英。 伪。

其中有不少是当朝官吏所进献之物。如《鉴定书》（下册）《存京书画类》（乙组）第五页：

一六　云一〇二一（二）恽寿平画册一册（计十二开带黄绫套并木匣）沿本，计十二开，画十二幅，另一开字一幅，"恽寿平画册"五大字，又"臣张之洞恭进"六小字，纵二五·四，横三九，款章及散章共五十四方，每幅对页素，前后素页三，共十六页。鉴定意旨：张之洞进，黄洒金笺隶书臣款真；恽寿平、明各家花卉画法太板，无灵秀之气，款亦用笔太软，旧摹。

当年张之洞贡进旧摹《恽寿平画册》时，是明知不真而进，还是根本不知不真而进？亦成千古之谜了。反正皇家是把它当作真的了。而南京法院硬把张之洞进贡的假东西，栽到易培基的头上，也是太没有道理了。

《鉴定书》所列书画等物，名家书信伪品要少得多。

《鉴定书》（下册）《存京书画类》（秘书处）（甲组）第四页

二五 巨一四〇（一）眉山苏氏三氏遗翰一册，纸本，御印九方，纵四一七、横二九七，书计八开。

一、上款提举，下款恂，有"曹溶秘玩""安氏仪周书画之章""古林""张镠"等印七方。鉴定意旨：一苏洵手札枭笺一页，草书十六行，行款提举监丞兄台座，恂顿首再拜。 真。

二、首书陈元口（注：原文即此）云云，尾书不厌耳，下款恂再拜。有"曹溶秘玩""毗陵开国"等印五方。鉴定意旨：二，苏洵手札枭笺草书十行，行款恂再拜，二札确实老泉墨迹，纸墨亦精。 真。

三、苏轼书简首上半页，款轼再拜。上款宝猷丈，下款轼惶恐。有"曹溶秘玩""曹溶鉴定书画"印等印七方。鉴定意旨：三，苏轼手札磨蜡花笺行书四行，款轼再拜。确为东坡真迹。 真。又苏轼手札粉笺行书三行，上款宝猷丈，下款轼惶恐，粉笺旧，墨色稍脱，精神未失，信是东坡遗墨。真。

四、苏辙手札二，上页上款：知郡承议定国阁下，下款：辙顿首。初五日下。下页上款：定国承议足下，下款：辙顿首，尾书：昨本有少闲，事欲面议，偶忘之，因出见过，甚幸也。有"仪周鉴赏""文安开国"等印七方。鉴定意旨：四，苏辙手札枭笺行书八行，上款：知郡承议定国阁下，下款：辙顿首。确是子由遗墨。 真。又，苏辙手札枭笺行书十一行，款辙启。 真。

《鉴定书》（下册）《存京书画类》（秘书处》）（甲组）第六页

二七 巨一四〇（二）《宋贤遗翰》一册，纸本，御印九方，纵四一·九，横二九·五，书即十三开：

一、严叟书札一通，文曰：大人上问起居未皇奏记，但益思仰之诚，云云，严叟上启。对页又书：永安必常得吉问，右下角"张镠"印一方。鉴定意旨：

一，王严叟札，纸本，楷书五行，行款严叟上启。真。

二、朱熹行书一开，淳熙戊申六月十六日，新安朱熹书。鉴定意旨：二，朱熹书札，纸本，书八行，款：淳熙戊申朱熹。纸墨陈旧，精神稍逊。真。

三、四、五，朱熹书札三通，"张镠"印一，左下角"吴祯"等印二方。鉴定意旨：三至四，朱熹札，纸本，二页，共二十二行，行款朱熹刘子。真。五，朱熹札，纸本，行书十七行，款：会之知郡朝议熹再拜上启。真。

六、陆游书札一开。鉴定意旨：六，陆游札，纸本，行书十一行，行款：游惶恐再拜。真。

七、陆游书札一开。鉴定意旨：七，陆游札，纸本，行书十六行，行款：游惶恐再拜。仲躬户部老兄台座。真。

八、陆游书札一开。鉴定意旨：八，陆游札，纸本，行书十行，款：游顿首。再拜上覆知府大亲家台座。真。

九、陆游札子一开。鉴定意旨：九，陆游札，纸本，行书十行，款：陆游札子。放翁札四通，行书高古，楮墨精神湛确，为放翁真迹。

亦有赝品，如：

一〇、右上签书：宋《秘阁张即之温夫词翰》十字，自遗用鲁山老僧韵书诗，二开，有"项墨林鉴赏章""子京之印""项墨林秘玩"等印十六方。鉴定意旨：一、张即之词翰，纸本，两页，楷书、共二十六行，殆影摹。所有收藏印，具硃笔钩摹。伪。

一一、升书札，六行。鉴定意旨：一一，王升札，纸本，草书六行，王升，字逸老，南渡后居嘉禾羔羊里，号羔羊居士，宣政间有草圣之名。此札乃廓填。伪。

一二、不辨下款，书札十八行，顿首再拜。有"项墨林鉴赏章""天籁阁"等印十二方，前后素页四，共十七页，其中有朱砂描写御印三方，又，第十三开藏章十一方，仔细辨识，似以朱砂描成印式，第十一、十二，二开共鉴藏等印十六方，仔细辨识，颇似以描成，右下角有"退密"葫芦式印半方，下"叔子"印半方，又："世家"半方，均似以朱砂描成。鉴定意旨：一二，吴说札，纸本，行书十八行，吴说字傅朋，南渡初以书名，为高宗眷异，自创游丝书，前无古人，后无来者，变中郎飞白法，如晴丝游空，全以笔尖运化，吕东华尝作游丝书歌。此札廓填伪造，所有收藏印与鉴赏玺印，具用硃笔钩摹者。伪。

众所周知，马衡先生并不是书画方面的专家，他从不收藏字画，他一生中除了组织参与书画鉴赏外，很少议论书画，《关于鉴别书画的问题》实为易培基蒙冤鸣不平而作。马衡先生的论述，使法院不得不在1937年9月30日起诉书中，改变原来所谓"故宫无赝品"之说。南京地方法院检察官（叶峨）起诉书二十六年（1937）诉字第三九五号，在（甲）书画部分，承认"原故宫书画藏品时常见各书画上标有'神品''真品''下'等字样，已堪认定间有数号其原物本为伪品者，已皆注明'伪'字"。已充分证明故宫藏品中不乏赝品。

由于其他方面的原因，新中国建立之初，马衡先生在自己保存的论文抽印本的封三，写下了一则350字的"附识"，并明确说明此文就是为"易案"辩证。从而这则《附识》，更成了绝佳的翻案文章。文中写道："此文为易案而作。时在民国廿五年，南京地方法院传易寅村不到，因以重金雇用落魄画家黄宾虹，审查故宫书画及其他古物……"先撇开马衡视黄宾虹为"落魄画家"不谈，马衡对法院的做法很不以为然：凡黄宾虹认为假，则必定是易院长给掉了包，如此断定的前提是皇宫里怎能有赝品呢。马衡所要强调的恰恰是皇宫里不仅早有赝品，且数量不少，而黄宾虹的鉴别更有问题……黄宾虹当年应邀鉴别故宫书画古物时，已七十多岁，在有关黄宾虹生平的年表上，对此大多取其"权威"之意，但在马衡等人眼里，一句"落魄画家"已不言而喻。其实，关于黄宾虹先生的辨伪能力，也就是看东西的眼力，在当时的书画圈里早有定论。就在我写本节时，恰巧接到《中国收藏》2009第七期，在这期的《藏品新说》栏刊有王建先生的《作伪高手张大千》一文，其中有一段涉及黄宾虹，现照录于兹：

　　……事隔数月，沈曾植送给大千老师曾熙一幅石涛山水，曾熙打算配一尺寸相当的石涛画作，裱成横卷，以为铭心绝品。李瑞清的弟弟李筠庵告知黄宾虹藏有一幅与此甚为般配，曾熙即致函老友，恳请转让。没想到黄宾虹视之为奇货，婉言谢绝。时大千恰也藏有一幅石涛山水长卷，于是便临摹了其中一段，仿题"自云荆关一只眼"，并钤上仿制的伪印"阿长"，请其师指正。说来也巧，数日后，宾虹来访，于曾熙案头适见此作，赞叹不已，把此前决绝老友的事早就抛到九霄云外了，便向曾熙开口请求转让，曾熙不好直说此为其弟子的仿作，站在一边的大千早已耐不住性子，代老师答应了黄宾虹的要求，但条件是要用黄的那

幅作为交换。曾熙见事已至此，又不便告知实情，只好默许。黄宾虹兴冲冲卷起这幅"石涛"告别而去。事后，大千对黄宾虹的鉴定水平表示不屑，曾熙则认为作为画家的黄宾虹对作品优劣的判断超过了对真伪的判定。曾熙如此答复可谓巧妙，一方面既为老友的走眼予以回护，另一方面也是对弟子大千画艺的承认，满足了张大千争强好胜的虚荣心。

通过以上从所谓"易培基等侵占故宫古物案"的始末缘由，到摘录《鉴定书》中被鉴定为伪品的书画及其鉴定意旨，不难看出历代书画作伪的方式、方法。归结起来，不外乎有以下几种：

书画本身以及名款、印章、题跋等全是作伪者一人所为。伪造者按照自己的想象和思路，率意而成。有的也参照原作，但不完全按原样仿制。如《鉴定书》中提到大名家如明沈周、文徵明、恽寿平、石涛等，后人学其书画者极多，有些人长期研习某家书画后能在笔墨、结构、布置等方面与之颇为相似，于是就可按其大意，从事仿作。唐代张易之曾使人伪作名画。宋代，随着商业的空前发展，书画作品成为一种获利颇高的商品，一些大都市中出现了包括书画在内的文物市场，如汴京相国寺的集市上即有专门买卖书画的铺席，于是作伪牟利的现象就变得较为普遍了。据宋人记载，米芾本人也曾经伪作古书画以骗取他人真迹。

马衡先生《关于鉴别书画的问题》有一段叙述了米芾《书史》中关于王诜用米芾的临本冒充古人的趣事：

> 王诜，每余到都下，邀过其第，即大出书帖索余临学。因柜中翻索书画，见余所临王子敬《鹅群帖》染古色麻纸，满目皴纹，锦囊玉装，装剪他书上跋连于其后；又以临虞帖装染，使公卿跋。余适见大笑，王就手夺去。谅其他尚多未出示。又余少时使一苏州背匠之子吕彦直，今在三馆为胥，王诜常留门下，使双钩书帖。又尝见摹《黄庭经》一卷，上用所刻"勾德元图书记"，乃余验破者。

王诜用米芾的临本冒充古人，用颜色染成旧纸，做出皴纹，加上装潢，还配上他书的跋语，又叫人模仿古人收藏印记。他本是书画的内行，做出来的假东西自然不易看破。但是他自己就拿自己的东西使当时公卿作跋，也未免欺人太甚。当时的公卿就瞪着眼上他的当。王诜以帝婿之贵尚且如此，等而下之，作假书画者之多，可想而知了。当时，米芾摹、临古人书画是出了名的。成语"米家书画船"，形容米芾家书画极多。宋代葛立方《韵语阳秋》卷十四："米元章书画奇绝，从人借古本自临拓，临竟，并与临本、真本还其家，令自择其一，而其家不能辨也。以此得人古书画甚多。……山谷亦有戏赠云：'澄江静夜虹贯月，定是米家书画船。'"元章，米芾字。山谷，黄庭坚字。

不过王诜这样的人所作之假画，流传至今，也是很有价值了。说到这里，不妨再引用马衡先生《关于鉴别书画的问题》中关于名画《文姬归汉册》的论述：

> 又如阎立本《文姬归汉册》十八幅，设色画《胡笳十八拍》诗意，按拍分题其上，旧签题作虞世南书阎立本画。陶望龄、王铎、韩世能皆随声附和，《式古堂书画汇考》也照样著录。但《胡笳十八拍》是唐大历间进士刘商所作，虞世南、阎立本如何能预为之书，预为之画，岂不是完全不通。但是书画皆精绝，非宋以后物。案《画继补遗》："李唐，徽宗时补画院，建炎南渡如杭，仍入画院。山水人物尤工。余家旧有唐画《胡笳十八拍》，高宗亲书，刘商辞，按拍留空绢俾唐图写。"据此，则此册实李唐画，宋高宗书，可无疑义。向来赏鉴家考订太疏略了。不但不知《十八拍》的作者，连蔡文姬原作亦不看一看，所以弄出这样笑话。然而这一册的价值，绝不随阎立本而动摇。

现当代也有名画家临摹古人书画的事，前文提到的张大千就是善于临摹仿造他人书画的高手。他临仿古画的功夫几乎到了出神入化、炉火纯青的地步，其中尤以仿造清初"四僧"——石涛、八大、弘仁、髡残（石谿）的作品惟妙惟肖。无论从神韵、造型，还是构图特点、表现技法、落款、钤印等方面，都与真迹所差无几，俨然石涛、八大复生。张大千的伪作不知道蒙过多少自称收藏高手和书画界的名流，黄宾虹、陈半丁等曾在大千伪作面前打过眼。许多国外大博物馆派至中国搜罗藏品的代理人以及对"四僧"甚为钟情的日本藏家，也都买过张大千临仿的字画。1931年，天津横滨正金银行经理泽原见到大千所仿诸家一批字画，其中石涛款墨笔山水中堂，令之倾倒，爱不释手。遂连同其他几件石涛、石谿款画作，以高价一并买走，当时泽原自认为占了大便宜。1935年出版于日本的《南画大成》，此书可谓搜罗宏富，汇集了中国大量的珂罗版及从藏家处借来的名作摄影本，其中所刊录的石涛《山水图》，据说就是张大千与何海霞一起仿造的。众所周知，张大千临摹的作品，现今也是价值不菲了。

而最让人不能接受的是那些粗制滥造的假书画。旧时就有专门制作假书画的作坊，有的让学徒长期临学某家书或某家画，学成后便大量仿制。与"摹""临"作假

方式比较，"仿"较为自然生动，但一般来说，艺术水准达不到原作者的水平，如与真作对照，还是容易辨别的。而"造"的作伪方式，就一点儿都不含蓄了。全然不顾所"造"对象所处时代的特点和艺术风格，凭空臆造。为防止穿帮露馅，臆造的对象大多是作品罕传的历史名人或人们不熟悉的书画家，目的是让买家无从查对，这种方式，很容易蒙人。清代早、中期湖南长沙地区就有造假的作坊，专门造明清间的著名人物或冷名书画家的作品，如杨继盛、杨涟、周顺昌、史可法等。这类伪品又称"湖南造"或"长沙货"。伪作中有画幅、对联等形式，画面结构疏落，技艺较差。材料都用绢或缎，染色后用水大力洗刷，冲去光亮，以显灰暗古旧。清代北京地安门一带也有专门制造假书画的作坊。所造多为"臣"字款画，题材多样，设色画尤多，画面工整富丽；这类伪作，大多有伪造的乾隆题识及近臣题跋、清宫玉玺藏印等，装裱仿内府格式。因这些作坊地处紫禁城后面，被称为"后门造"。这些"后门造"的作品技法少变化，所钤印记也多不合规范。"湖南造"和"后门造"的一个共同特点就是大都技巧不高，很易识别。更有甚者是当代人仿现代还活着的书画名家的作品。

现在也有画技拙劣的涂鸦者和一些缺乏德行的书画贩子，专门从事假画的制作和贩卖。现今的拍场、画店、地摊到处都可以见到造假的书画。较为多见的是范曾、启功等的作品，启功先生活着的时候，仿他的字的人就很多，他去世了，还有人在仿。

还有一种是利用一些书画真迹进行改头换面的作伪方式。一般是将无款画改成有款画，小名家改成大名家，时代晚的改为时代早的。明清时此类伪作极多，其具体手法无奇不有，不胜枚举，但大体不外乎改、添、减数种。

"改"是最常见的作伪手法之一，即通过刮、挖、擦、洗等方法除去近人或小名家书画作品上的名款、印章，改成古人或大名家的款印。如《易培基等侵占故宫古物案鉴定书》上册"存沪书画类"（第一次调查）

一二一〇　律一六六（三一九）元人《秋花鹠鸽》一轴，纸本，御印五方。纵九六七，横五三五，无款，右上有颠倒"吕纪之印"一，上加"谢湖居士"印一及字迹不明之印一。鉴定意旨：绢画设色，旧本，明人旧画改题元代。摹。

"添"是将无款的书画作品添上名家的款印；或在后代的冷名画家名款前加添前代名称；或在末尾空白和空页处添上伪款印；或添上伪造的名家题跋等。其目的是为了把时代提前或抬高身价。此外还有加添笔墨、颜色以趋时尚的。"减"是指除去原作者的署款。有些冷名书画家的作品本幅上有另一大名家的题跋，于是作伪者便将原作者的款题印记一并割去，使人误以为题跋的名家即是原作者。有的还将"某某人题"的"题"字改成"画"或"作"字。上述作伪手法多会留下一定的破绽，如挖、刮、擦、洗必然会使纸绢产生伤痕；补上去的纸绢则气息较新，且有与原来纸绢不同的光、色；后添的款题不但笔法难与原作一致，而且墨、色也浮而不沉。尤其是原作者与伪托的名家在艺术风格上多不相符。

再有一种是"移花接木"法。就是把古书画拆裂、截割，挪移拼配，重新组合的一种作伪方式。此种移花接木之法，可使一件作品变成两件或三件，也可使残破的数件合成形式上较完整的一件。其具体手法颇多，或拆下真的题跋配上伪作的书画；或以伪作的题跋配上真的书画；或将残画上的完好款题移在他画之上；或将冷名书画家的真迹与名家的伪作拼凑成套；或移改残件，拼凑成幅，等等。此类伪作常会在整件或整套作品的内在联系上露出破绽。如今拍场上，这些物件全被当作老"真"了，而且价值不菲。

另有一种是用绢本古画和"夹页"黄纸的"脱骨"二层进行加工作伪。绢本古画上的墨、色常常渗入衬纸，揭开后，在衬纸形迹上施加笔墨，便制成一件与原作形貌颇为相似的复制品，此法称为"脱骨"。明以来书画所用的"夹贡"宣纸由数层合成，将书画作品的背层揭下，依照渗下的墨、色添涂成形，此称"二层"。旧时常有人利用重新装裱古书画的机会，采用上述方法作伪。20世纪90年代末，我曾买过一幅未经装裱过的宋伯鲁的书法楹联，就有"二层"。"二层"与"一层"的区别是，墨气淡了些，印章痕迹模糊或没有印章痕迹。

此外，在历代的书画作品中还有一种"代笔"的现象。所谓代笔，大多指书画的代笔，也包括书信的代笔。代笔是经本人同意或授意而作，有别于一般伪作。

所谓代笔是指有些著名的书画家和文人学者，因年老体衰、困于应酬等原因，使他人如学生、朋友、幕僚等代作书画，而落以本人名款，加盖本人印章，以充本人的作品，其中绘画的名款题识，或出本人手笔。过去有许多画家以卖画为生，他本来只能画山水，而买者要求他画花鸟，有的画家只能画花鸟，而买者却要他画人物，由于种种原因，画家又不好说不会画，于是只好去请别人代画，这样就出现了有些画是画家本人画一部分，别人画另一部分，但款是本人写的；也有些画是完全由别人代画的，但款是画家自己落的这样一种情况。这样的作品，常能以假乱真，得以流传。书法代笔与绘画代笔略有不同，代笔书法一般连名款也都由代笔人完成，以免造成行

阁下蛰发如数寄还至该医到晋后如果
医治甚效薪水必当优给断不埋没所
长也此复祇请
升安垧宪
芳照不具

治愚弟张之洞顿首

卬稟陈戒煙醫方情願来晋効力察其
治法均屬和平毫無峻伐之劑擬即准
其前来曾囑馬玉山太守轉達尚祈
迅傳該醫即速起身薪水酌量議給應需
川資等費並祈

张之洞（款）致子常书札（15.5cm×25.3cm×3）

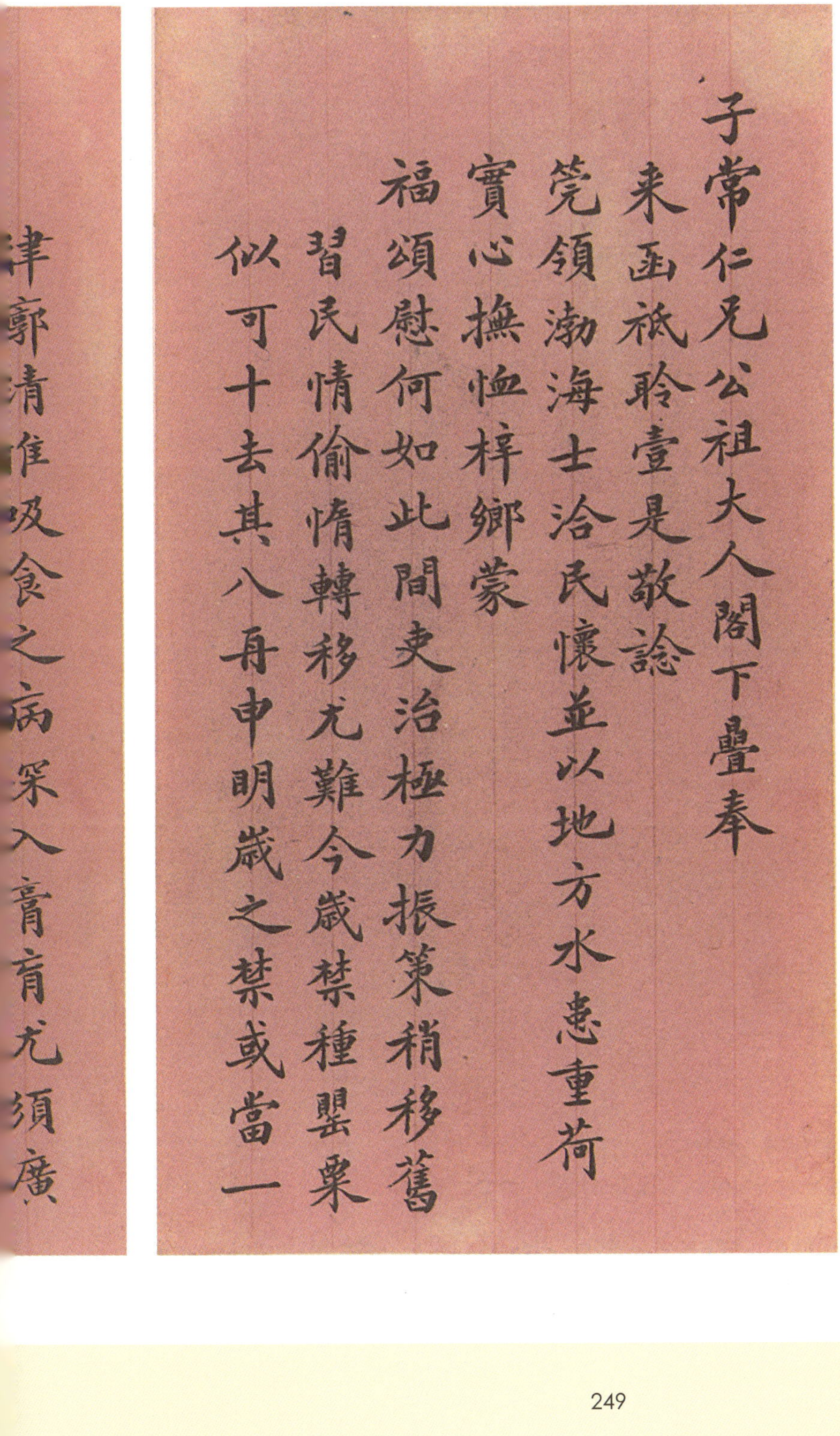

子常仁兄公祖大人閣下疊奉

来函祗聆壹是敬諗

莞領渤海士洽民懷並以地方水患重荷

實心撫恤梓鄉蒙

福頌慰何如此間吏治極力振策稍移舊

習民情偷惰轉移尤難今歲禁種罌粟

似可十去其八再申明歲之禁或當一

津郭清隹及食之病罙入膏肓尤須廣

气、笔法不同。
这样就出现了某
些书法作品印章
真,但字却是别
人写的。

书画代笔
问题,出现很
早,而且历代有
之。明代董其昌
应酬朋友的字,
常由好几个人代
笔书写,其中吴
易是比较著名的
一个,另外还有
陈继儒、赵左、
沈士充等为他代
笔。我们看到
董其昌的字特别
多,真伪均有,
有些也确实是不
太容易区分的。
现代艺术大师齐
白石晚年的作品
也存在着代笔的
问题。据他的学
生娄师白说,齐
白石70岁以后,
因为年老眼花,
那种细笔的贝叶

夢家兄左右：未示及大著均讀悉佩服佩服　聿夫人己

返京否弟前寄拙著多未在一良兄處兄可取閱也

內子患心臟及血壓高病臥京已二月甚不方便永興弟

來歉已收到去年淑玢夫人過廣州得悉在京諸友近狀甚

慰馬季明先生已見敬齋先生想已有信致淑玢永興兄
（事已謝免）

儷安燕大合併後兄及聿夫人當不致動其他親友如

何讀示及弟此信讀轉交永興兄一閱爲感每覆敬諸

著安

諸親友均候

弟寅恪敬啓

百七日

陈寅恪夫人唐篑代笔，陈寅恪致陈梦家信札（21cm×25.8cm）

草虫比较难掌握，就由娄师白或齐自如（齐白石之子）代画。他们的配合尽力做到周全，最后由齐白石在代笔画上添上几笔，一则掩盖可能有的弊病，二则增加可信度。这样的书画常能以假乱真，得以流传。

总之，代笔书画，同完全作假的书画还是有所区别的。有些书画作品虽然是别人代写的，不是本人的亲笔，却是经过本人同意了的，印章也全是真的。有些绘画虽然别人画了一部分或画了全部，但款或印却是本人书写或钤盖的。这样的书画可以说是真假参半，虽逊于真迹，但同完全作伪毕竟又略高一筹。但托他人代作书画，落上自己的真款、印章，弄得真假难分，原作、代笔混淆，也应视为一种作假现象。

明清乃至民国，以至于现代，画家方面，代笔画最多的有王时敏、王鉴、王原祁、蒋廷锡、董邦达、钱维城、邹一桂、金农等，书法方面当推乾隆皇帝了，另外王士禛、袁枚、纪昀以及张之洞、康有为、于右任等社会名流，书法也有不少由人代笔。书信的代笔多出现于社会地位较高、名气很大的文化名人，或一些著名书画家，再有的就是年老或患病者。他们往往困于应酬或疾病所致，就请秘书、学生、朋友乃至亲属代笔。现代著名学者陈寅恪晚年因患眼疾，近乎失明，他的书信、文稿大都是他的夫人或助手写的，最近拍场上所见大都系陈先生夫人唐筼和助手代笔的，但价格不菲。

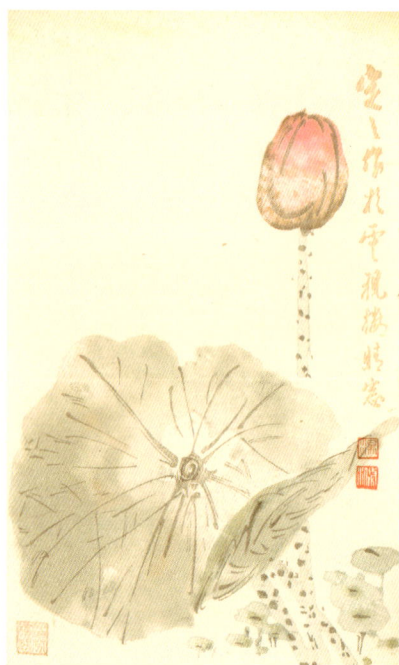

第十五讲

当代书信赝品的出现及其鉴别

正是因为名人书信的投资潜力大，所以市场上的赝品也不断冒出。书画赝品的出现，可追溯到唐宋，泛滥于明清乃至民国，现代尤甚。而以营利为目的的书信造假，则出现得很晚。近些年见到的清以后名家书信赝品，一般以书画家的居多，即使是文人骚客，多半也以书画名世者，如刘墉、林则徐等。实际上，造假者是把他们的书信作为书法作品仿制的。书信赝品的大量出现，也就是近些年的事情。具体说，大约起于20世纪90年代中期。之前，由于收藏名人书信的人甚少，因此书信的市场价格很低，几乎没有赝品。笔者曾在那个时期买过很多的名人书信，一通大名头的书信超过千元人民币的都极少。记得那一时期我曾买到两通沈钧儒的毛笔书信，才花了800元人民币；几通范文澜先生的钢笔书信一共花了200元人民币；茅盾先生的毛笔信三通，大概8页，总共花了4000元人民币。清末民初的历史人物的书信，还要便宜些。我在潘家园地摊上，买到清末状元刘春霖书札两通三页，小贩索价500元人民币。一次参加完中国书店的书刊资料拍卖会，与友人漫步于中国书店，在书店的一个角落的柜台里摆放着一些清末名人的书札，其中有曾任京师大学堂文科监督孙雄的书札四页；1919年五四运动

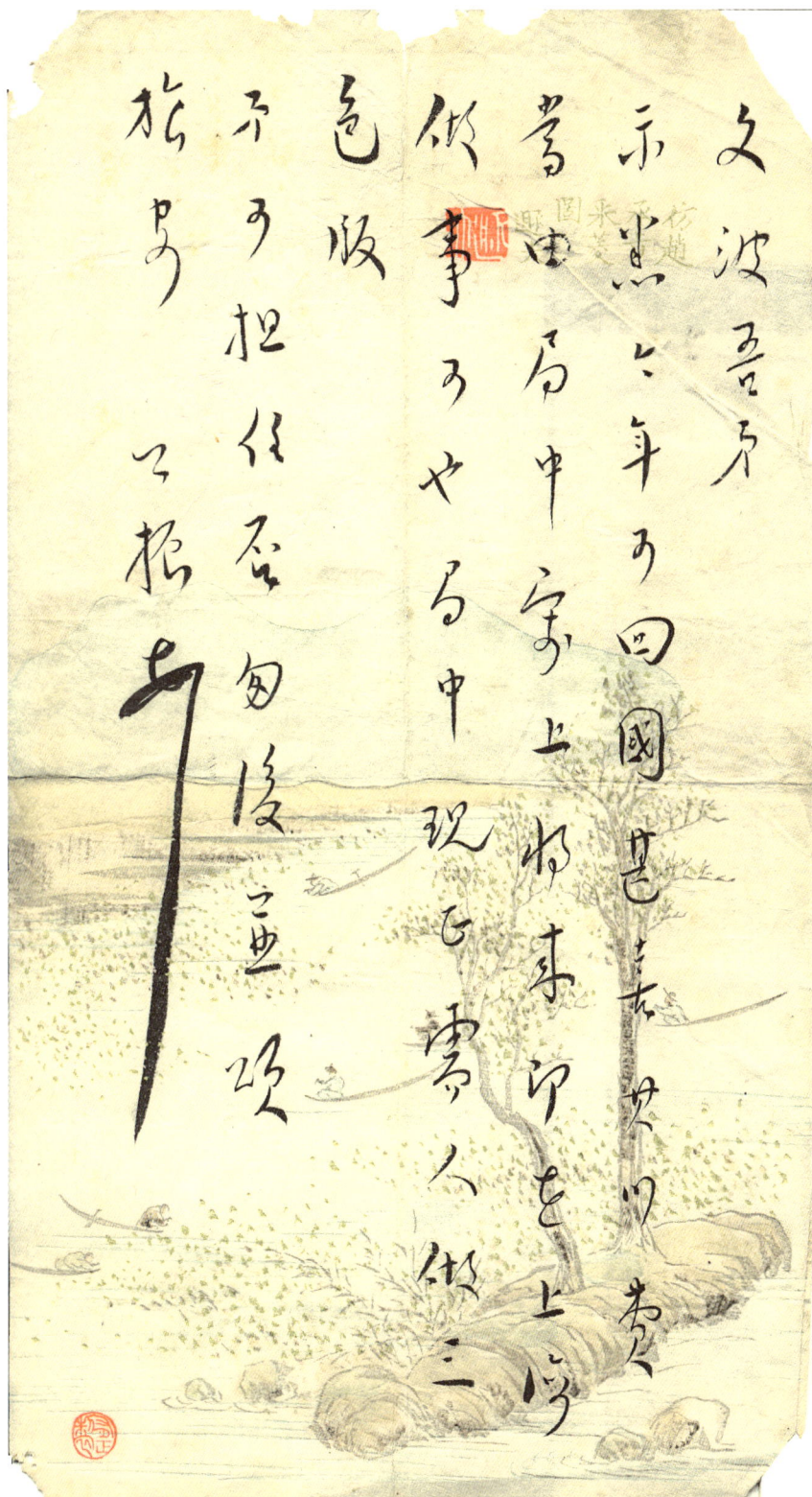

戈公振致鹿文波书札（12.5cm×
23.5cm）

端方书札 3-4

爆发，与曹汝霖、章宗祥同被斥为卖国贼的陆宗舆的两通书札；曾任京师大学堂总教
习的清末古文家吴汝纶之子吴闿生的两页书札；曾任延吉边务帮办，编著《延吉边务
报告书》，证明延吉自古为中国领土，力破日本侵略阴谋，后因反对袁世凯而被暗杀
的吴禄贞书札等。这些书札明码标价300元一页。那次，我按页买了20多页。那时候，
拍卖会上书札的价位也不高。在20世纪90年代中期，我在中国嘉德的古籍善本拍卖会
上，曾先后拍到过杨守敬的书札册页，四通七页，含佣金也不到4000元。之后，又拍
到王国维、林纾、邓实、商衍瀛、丁文江等致邹安书札册，含佣金大概是5000元。

　　进入21世纪，特别是近几年来，由于许多投资者把目光转入艺术品市场，书画市

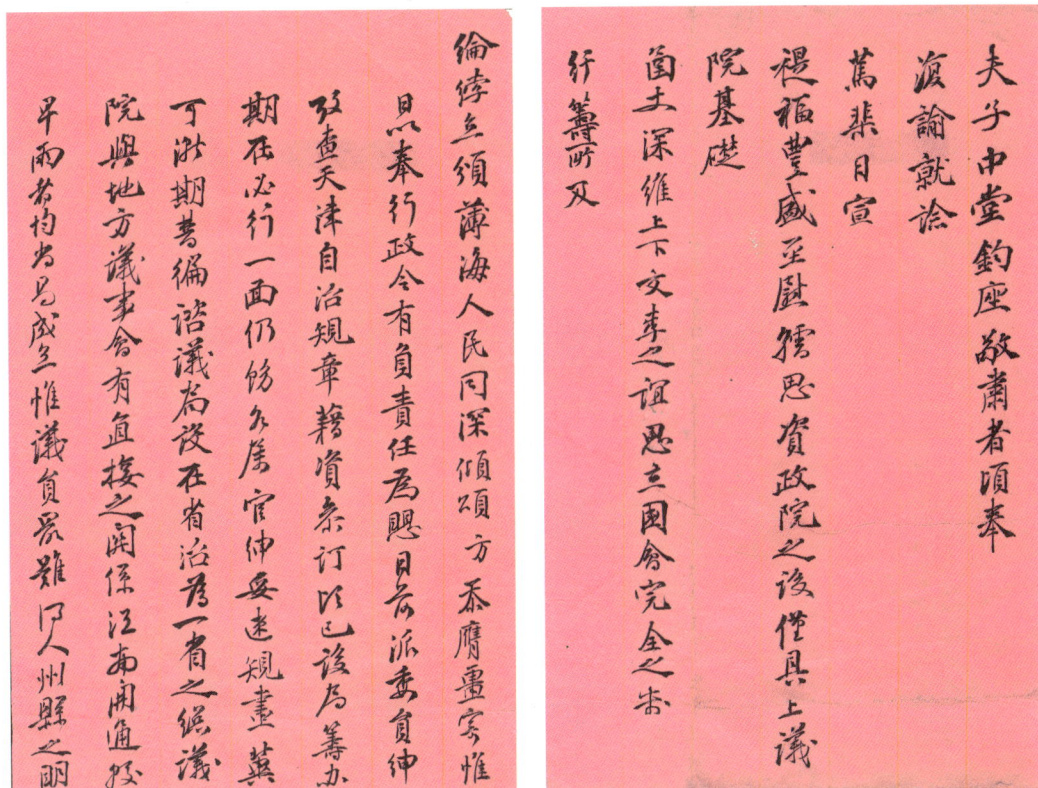

端方书札 1-2（24.5cm×15.7cm×4）

场一度火爆，本来并不太引人注意的名人书札也开始走俏起来。与此同时，一些人为了牟取暴利，开始制造了大量书札赝品。起初那些制假、贩假者，还"犹抱琵琶半遮面"，一般不轻易兜售书札赝品。我曾经接触过几个时常卖一些假书札的小贩，最初他们一般不把假货卖给熟人和老主顾，按他们的说法，那些个假货，是糊弄那些没有眼力，但兜里有几个闲钱的"傻帽儿"的。现在这些经营赝品书札的小贩不多，且大多"六亲不认"，不管你和他有无交情，只要你看不出他卖的是假货，他就会毫不留情地狠狠地"宰"你一"刀"。

　　我就曾经被两个我一度非常信任的小贩"蒙"过。那一次，在潘家园转了一天，

杨守敬致节庵（梁鼎芬）书札（25.5cm×15cm×5）

得来书不甚可解益吾闻

夫缄之开泥涂料宽吾不如此

须者墨石碑帖

不我知

足下闻情迹我且有金不之好

所栖得磊照拓本言饶事

259

屡次
秘笈神片版
芹食光阴年春
辛报云任之而
守名而
谨以告我
陟

坡云也
守名再

杨守敬致节庵（梁鼎芬）书札

也没买到什么有价值的东西。天擦黑儿的时候，经过了他们的地摊儿，打过招呼，刚要走，其中一个说："有两通钱钟书的信，要么？"言毕，就递过来让我看。一是过于相信他们，二是天黑了看不清。当时就是觉得字迹有些生硬。问了句，多少钱？答云：两通1000元人民币。那时候，根据钱先生的小说《围城》改编的电视剧热播不久，"钱钟书热"正在蔓延时期，钱先生的墨宝自然也是抢手货。我当即掏钱买下。坐上出租车，心里没准儿，我就让司机打开灯，借着灯光仔细审视，直觉告诉我是伪造的，立即往回返。那两个家伙，正在收摊儿，二话没说，退货。退了货，他们解释说，他俩也是从别人手里买到的。起初，那两个小贩卖给熟人假货，还有愧疚感，到了后来，就只认钱了。因他们两个合伙，变着法地蒙人，在圈子里被称为"哼哈二将"。大概过了一年，在中国嘉德的一次拍卖会上，一位非常热衷于书札收藏的朋友，送给我一册他编辑的《名人手迹》，随便翻了翻，结果发现当初我退还给"哼哈二将"的那两通"钱钟书书札"的其中一通，已被收录到他编辑的这册"手迹"里了。这位老兄还把在北京潘家园一个经营旧书的小贩手中买到的所谓"冯友兰""艾思奇""卞之琳"等的钢笔信也收到了这本《名人手迹》中，可谓贻误后人。

如果说十几年前，那些贩假者，卖假货时还有些愧疚之心，而今可说是"明目张胆""理直气壮"了。仍以"哼哈二将"为例，他们卖假货时，如果买者稍有疑问，他们往往是起誓发愿，甚至不顾忌讳发毒誓，如云，如果是假的，就退货；或发誓说，如果卖给你的是假的，就被车撞死！实际上，只要你付了钱，想退货，那是绝对不可能的。买者只能自认倒霉。还是按照他们的说法，倒霉，活该！谁让你眼力差呢！说到眼力，还要提到另一类的贩假者，他们不像前者那样无赖，给你看的东西，一般都是名头大，不多见的稀罕物。卖时，他们不

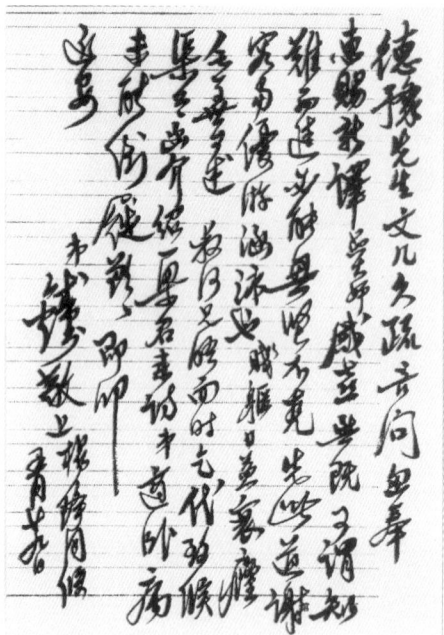

伪造的"钱钟书致德豫信"，被收录到一册《名人手迹》中

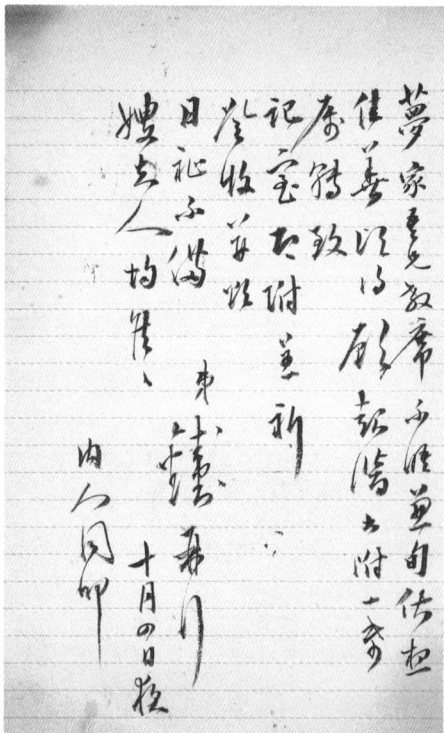

钱钟书致陈梦家书札（26.5cm×16.5cm）

品 味 书 简

多说话，也不说东西是真还是假。买真、买假全凭买者的眼力。当然，买下了，即使买假了，也不会退货的。

其实，辨别书札的真伪并不难，最关键处，是要熟悉书札作者的用笔风格，也就是说，要熟悉书札作者的"字"！名人写字，有各自用笔的风格。如前文谈到金石学家、古文字学家罗振玉的信札几乎都是行书体，字体瘦长，高博典雅，又颇具金石味。

从用笔和字体上鉴别真伪，以下几点千万注意：一是从通篇信札整体上观察。名人信札一般为行书或行草，运笔笔速较快，作品整体气韵贯通。而制假者只能做到个别字模仿相似，但整体上不可能行笔匀速流畅，会出现断笔、拘谨、呆板等破绽。加上造假者大多功力有限，时有败笔、弱笔以及俗笔等现象出现。二是从墨气上鉴别。仿品墨气浮，有明显的光泽，甚至还带有墨香味。旧作墨气沉，随着年代的推移，越久远则越深沉，且无光泽，有明显的陈旧感。三是从有无错字、别字来判断。如果我们鉴别的是一位晚清或民国时期具有很高知名度的文人书札，里面出现不少错别字，或者发现较多文字为只有新中国文字改革后才有的简化字，不用问，必是赝品无疑。

其他鉴别依据，书信的来源，或为

262

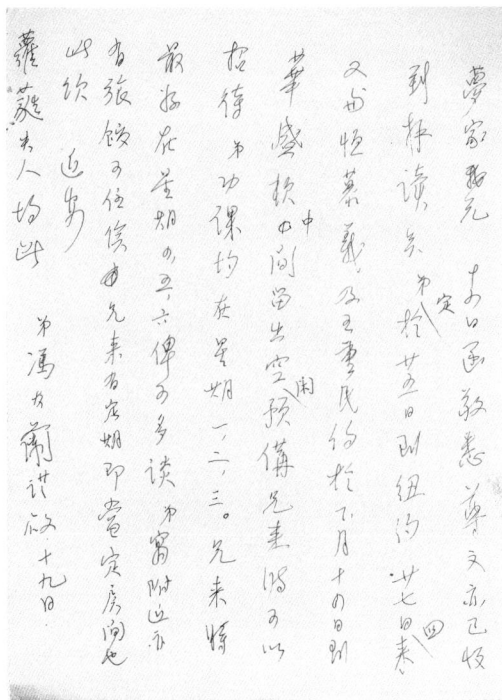

冯友兰致陈梦家信（21.5cm×27.7cm）

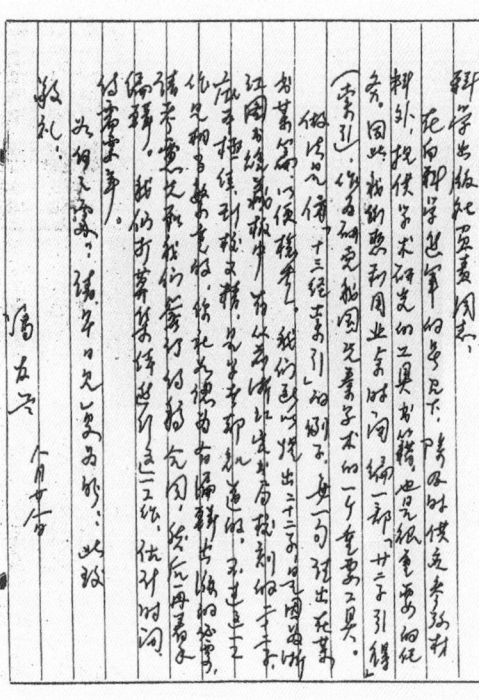

伪造的"冯友兰致科学出版社负责同志信"
亦被收录到《名人手迹》中。

出处，是鉴别书札真伪的另一个较为重要的环节。如果是来自收藏大家的藏品，或者出自作者与出版社相互往来的信函并附有签发单，或出自某文化事业单位大清理时处理的文牍，或出自文化名人晚辈之手的某著名文化人与同时期知名人士的来往信件，等等，这些来源相对可靠，可信度也比较高。如笔者许多年前遇到的著名学者陈梦家先生旧藏的近百通友人书札，虽然内中有些是我从未见过笔迹的文人手札，但我依然全部收集入箧，经鉴定无一不真。此外，带实寄封的信件，封面上的邮票、邮戳及人名，可以同信件本身印证，这也是比较重要的辨别真伪的依据。

不过，鉴别书札真赝，也不能完全照搬上述的"理论"。俗话说"道高一尺，魔高一丈"，这句话用在当今那些作伪者的身上真是太"恰如其分"了。以前述出自作者与出版社相互往来的信函并附有签发单，或出自某文化事业单位大清理时处理的成

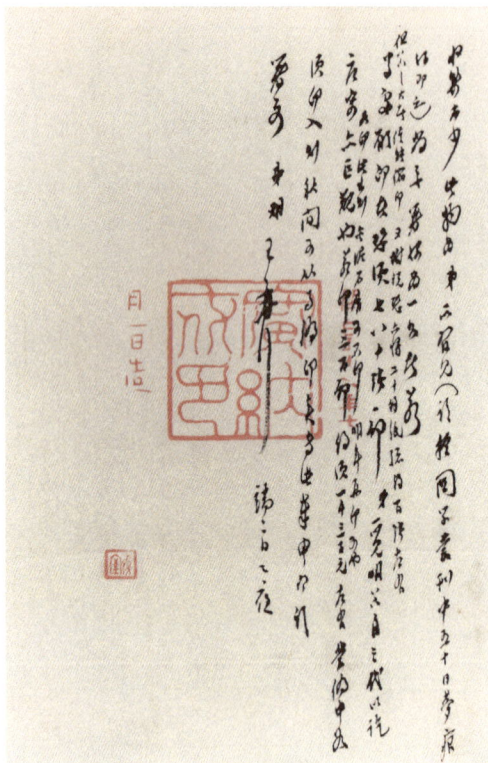

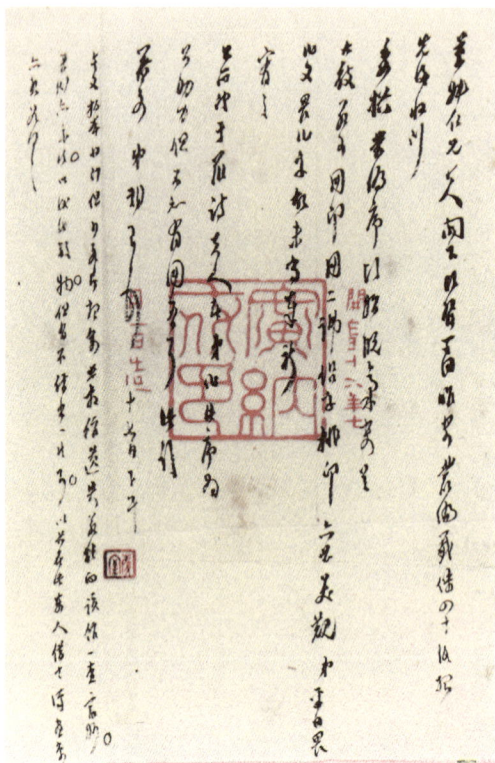

罗振玉致邹安（景叔）信札（17cm×26cm）

批文牍，或出自文化名人晚辈之手的某著名文化人与同时期知名人士的来往信件等，按理说应该不会出现赝品，但是现在的贩假者，就是掌握了收藏者的这种心理，采用"偷梁换柱"的方法，蒙骗购买者。

　　据我了解，他们通常的做法无外乎以下几种：第一种是从各种有关名家墨迹类的图书和名人手迹图录中仿制；第二种是根据《名人往来书信集》中的内容制造书信；第三种是臆造模仿某名家字体，而编造内容或张冠李戴。具体造假手段有如下多种：

1. 旧瓶装新酒：所谓"瓶"是指信封，"酒"是信。也就是说，信封是原有的，而信是伪造的。这种造假，大多以伪造现当代名人的书信为主。近些年，这种"东西"不仅自由市场上出现过，拍场上也已屡见不鲜了。2. 旧貌换新颜：所谓"旧貌"指的是信封和信笺是老的，一般为某公专用笺或某公曾供职过的大学、研究所等专用信封和

（9.5cm×18.5cm）

民国时国立复旦大学专用信笺、信封。近些年来京沪等拍卖行中常有以此种笺纸所作之名家信札之伪品（15.5cm×24.7cm）

信笺，而"新颜"，也就是字是新写的，造假者利用这些专用封、笺来模仿与之相关的某名人的手迹。这种造假往往制假人水平很高，大多为书法、绘画的专业人士，或美院的老师、学生，他们与专门售假的书估小贩沆瀣一气，利益共享。3. 抄袭作伪：也就是说，造假者，是参照某个名人遗迹出版物造假。内容是真的，而字是模仿的。笔者就曾见过不少这样的假信，其中有的还被收录进所谓的《二十世纪学者名人手迹》《某某大学教授学者手迹》一类的图录中，真是误人子弟。这类造假者，还真是动脑筋，想办法，让人一时不易识别。最为典型的例子是《傅斯年文物资料选辑》中收录的朱自清先生写给傅斯年的书札被伪造后以高价卖出。伪造的朱氏书札所用的是上海商务印书馆涵芬楼所制《汤定之作品》（一套八帧）之一的精美荷叶彩笺，鄙斋中存有此套彩笺。作伪者其实并没有花多少力气，只是在现成的笺纸的左下钤上以铅字组成的"朱佩弦自用笺"字样。朱自清以散文《荷塘月色》名誉天下，而造假者，以荷叶彩笺制造朱佩弦自用笺，可谓煞费苦心。后来这件赝品书札，被书刊几次选用。凡是熟悉或见过朱自清先生手迹的藏家，对这件"朱氏书札"都感到不舒服，且都能说出几个具体的破绽，

《傅斯年文物资料选辑》封面

孟真學長兄大鑒：昨奉

教，拙作承

獎進，至深感愧，弟作此類研究，初未敢自信博

惠書墒加勇氣不少，謝謝，蒙

示「屬辭比事」一語中「事」字義小公朝人同此相同蓋

感，景读，拙著謂那圉文學，頗有所發明，年来已

竝撰集材料，擬於兄桌教文之旅臺作日一般譯细、

操完。倘有論述，吉儒先生

著祺

弟朱自清 百九拜

《傅斯年文物资料选辑》收录的朱自清致傅斯年书札

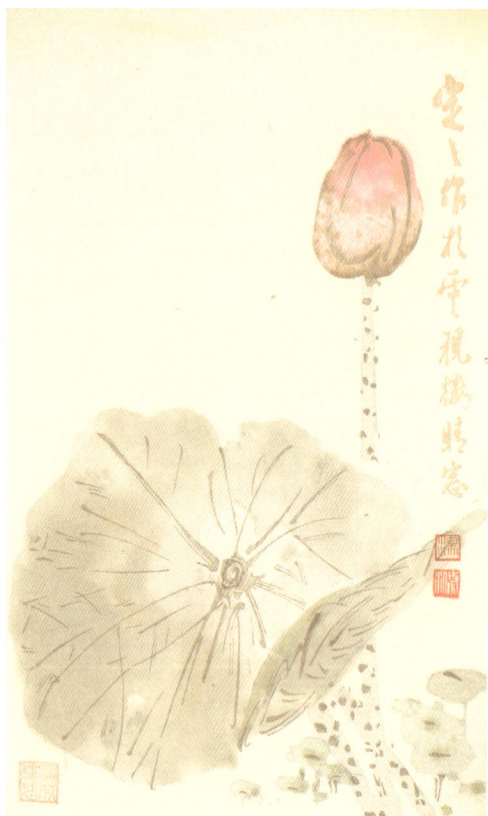

《汤定之作品》中之荷叶笺。上海商务印书馆涵芬楼所制《汤定之作品》一组八帧，此为其一（16.6cm×26.8cm）

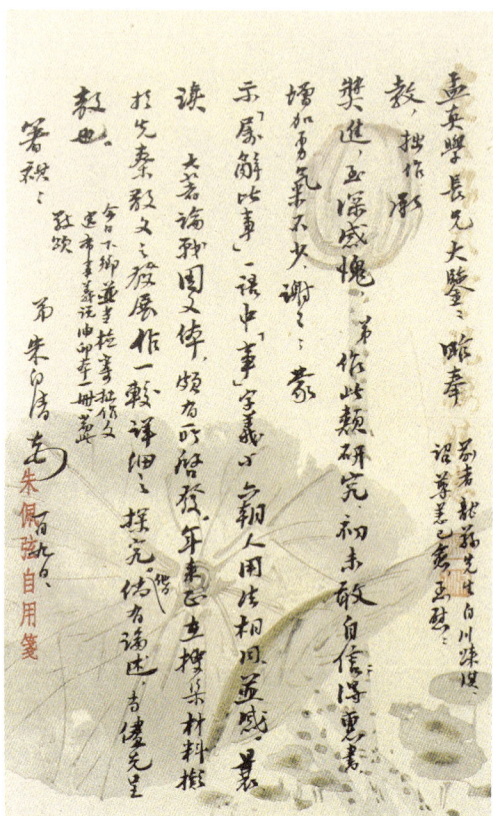

伪造的朱自清致傅斯年书札用的就是上海商务印书馆涵芬楼所制《汤定之作品》中之荷叶笺

但就是不知其出处，后经与其母本，台湾出版的《傅斯年文物资料选辑》中的那件进行核对，发现信笺旁的所谓"朱佩弦自用笺"是以印厂普通铅字拼组而成的。如果说在十几年前，朱自清致傅斯年的书信被造假还是一个特例，那么到了2014年，这种事情已是极为普遍的现象了，而且制假模仿水平更加高超，几乎达到以假乱真的程度。这些仿品大都出现在中小拍卖公司的图录上，刚涉足此类收藏的买家很难分辨真伪，往往上当受骗。2014年秋季北京某拍卖公司图录上出现一件周作人致江绍源的信，连信封都是伪造的。信是模仿江绍源之女江小蕙所编《江绍源藏近代名人手札》159页"1932年九月三十日周作人致江绍源信"，信封则是参照29页"一九二九年七月

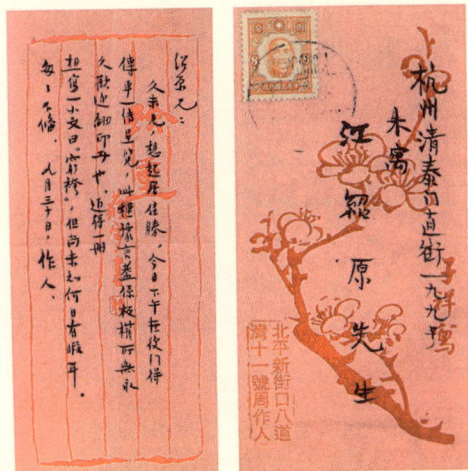

2014年某拍卖公司秋季拍卖的周作人致江绍源信札、信封（伪作）

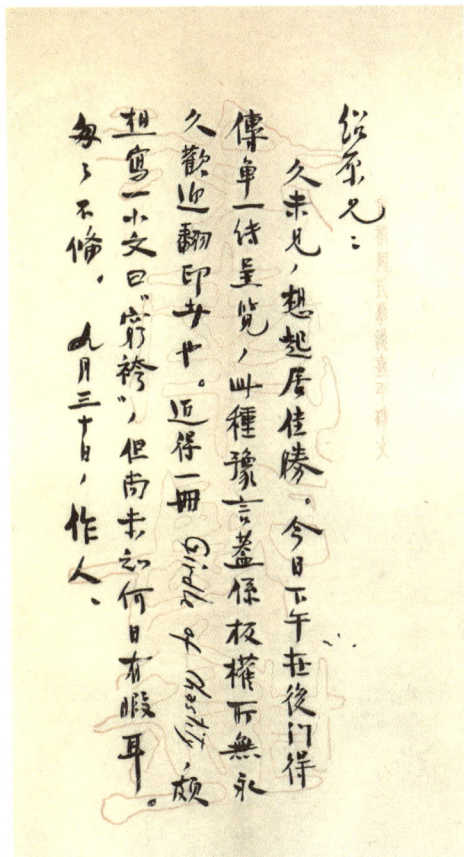

周作人致江绍源信札真迹

上图伪作之信封地址即参照此页信封

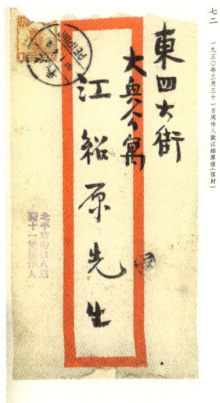

周作人致江绍源信之封（真迹）

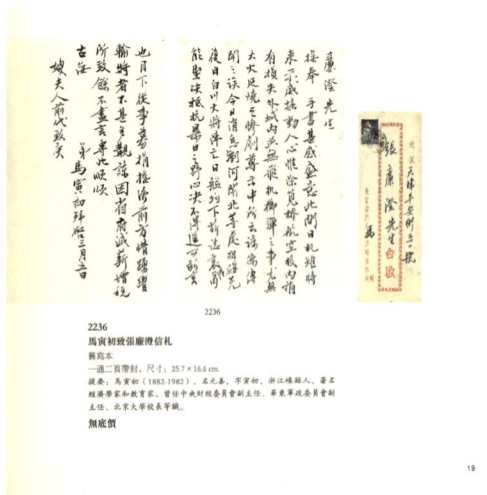

2236
马寅初致张濂澄信札
倜宽本
一通二页带封，尺寸：25.7×16.6 cm.
说明：马寅初（1883-1982），名元善，字寅初，浙江嵊县人。著名
经济学家和教育家，曾任中央财经委员会副主任、华东军政委员会副
主任、北京大学校长等职。
无底价

2014年某拍卖公司上拍的马寅初致张濂澄书札伪作

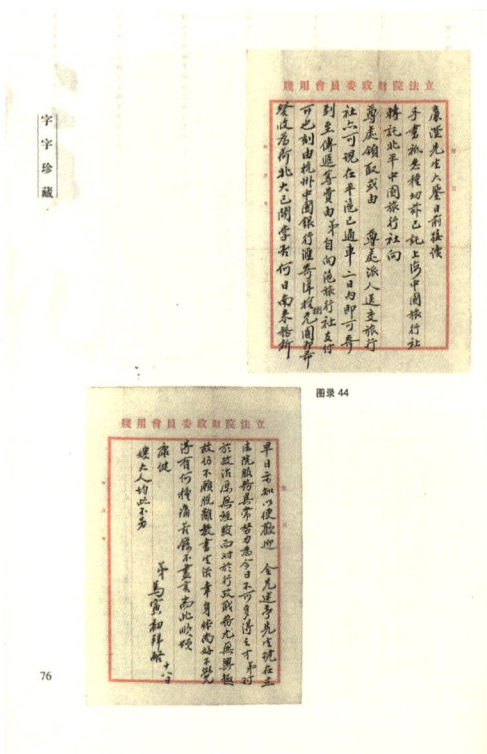

字字珍藏

图录44

《字字珍藏》一书收录的马寅初先生致经济学家赵廉澄先生书札真迹

二十九日周作人致江绍源信"的信封，信封左侧为江绍源借住的杭州清泰门直街199号朱寓和126页"一九三〇年三月三十一日周作人致江绍源的信封"，右下角嵌盖上的地址"北平新街口八道湾十一号周作人"，把两个信封组合成一个，贴上民国邮票加盖邮戳，看似天衣无缝，若没有细心看过中华书局2006年出版的《江绍源藏近代名人手札》，受骗的可能性很大。2014年秋季拍卖最为可怕的是有一家公司100多件"名人手迹"拍品中几乎均为赝品，囊括了当今制假手段的全部勾当。显然这家拍卖公司上拍品，所蒙骗的对象主要是刚入行的收藏者。因为有许多拍品破绽百出，对于稍有些辨识经验的藏家来说，辨伪并不难。如有一拍品为"马寅初致张廉澄信札"，一通二页带封。这件伪品有三处明显的破绽，一是马寅初先生从来就没有给"张廉澄"写过信，马先生交往的人中就没有这么个人。可这封信又不是凭空造出来的。制造人一定是参照了马寅初先生致"赵廉澄"先生的信的影印件造出的。这位马寅初先生的朋友名叫赵迺抟，字述庭，号廉澄，是北京大学教授，经济学家。民国时期曾住东四十条，他从来没有在天津居住过。二是信封的破绽，这枚信封明显是普通商号的专用封，邮戳也是伪造的。此外马

先生是民国时著名经济学家，立法委员，他在北京的家是在东总布胡同。三是字体，虽然造假者有一定书法水平，但凭着自己的浅薄人品去模仿一位修养内涵深厚的大家的手迹，终究是难以做到的。如果说上述三例，辨识起来确实有一定难度，那么有的辨识真伪只要稍动脑子就可以醒悟过来，如2014年秋拍某公司曾出现一件"容庚致中国文字改革委员会同志"的信，信笺用的是1983年才成立的燕京大学北京校友会专用信笺，而信落款时间是1963年3月12日，显然是伪造无疑。4. 克隆、掺假：有的出版社常把一些作者的来信连同信件处置单一起扔掉。有些专门"吃"出版社的小贩，买到后（一般按旧报纸价论公斤买），把名头大的作者的信，请人"克隆"后，把"克隆"的假信，用原来的曲别针或大头针再重新别在那个信件处置单上。然后，"一窝儿"卖出去。当然，这些东西，只能卖给那些喜欢玩儿，但眼力差的人。至于那些真的书札，小贩一定会主动卖给那些眼力好的，又能给出好价的真正藏家。5. 撕、揉：那些贩卖赝品书札的小贩，为了迷惑买家，把制造出来的某名人的所谓书札、手稿一类的东西，故意撕成碎片，或揉成"团儿"，以造成某名人家里扔出来的东西的假象。有时，也会将一些原本真的书札、手稿与赝品同时撕坏，混在一起出售。这种撕、揉术，一般会和上述的克隆、掺假术混着用，这一阴招，即使眼力很好的买家，也很容易上当。

鉴别名人信札真伪，归根到底就是"眼力"问题。所谓"眼力"就是鉴别真伪的能力。据鄙之体会，所谓"眼力"来源于见的真品多，你对某个名家的真迹见得多了，自然就不容易看"走眼"了。

总之，名人书信为中华民族优秀文化的组成部分，集书法、礼仪、文学、史学、美学、邮政等文化元素为一体。千百年来承载着中华民族生生不息的传统文化，维系着人间真情，真实地记录了时代变迁、社会发展、世界变化。随着科技的发展，移动电话和互联网走进了人们的生活，书信这种传统的交流方式已淡出了人们的视线。这是社会发展进步的必然，是人类无法阻止的。因此，重视名家书信的集藏和研究，至关重要。当前许多博物馆、图书馆和民间收藏机构、收藏家，都以不同方式征集、收藏历代名家书信，并把名家书信作为中华民族文化遗产予以有效保护，许多有一定历史文献价值和文化价值的名家书信，得到了整理和出版，使这一文化遗产发挥更大的社会效益，这足以令人兴奋和欣慰。我们坚信，名家书信中所蕴涵的历史美、文学美、书法美、礼仪美、人性美、情操美和信仰美等这些中华民族元素一定会代代流传。

主要参考书目

1. 王善堂手录本，金石杂记，壬戌年至癸亥年（1862—1863）

2. 易培基等侵占故宫古物案鉴定书（上、下册），南京地方法院，1937年9月

3. 梁东汉著，汉字的结构及其流变，上海教育出版社，1959年2月

4. （汉）司马迁撰，史记，中华书局，1959年9月

5. （宋）欧阳修，宋祁撰，新唐书，中华书局，1975年2月第1版

6. （后晋）刘昫等撰，旧唐书，中华书局，1975年5月第1版

7. 吴中华编，史记人名索引，中华书局，1977年4月

8. 袁庭栋著，古人称谓漫谈，中华书局，1974年6月

9. 黄河，造纸史话，中华书局，1979年9月

10. 刘盼遂，郭预衡主编，中国历代散文选（上、下），北京出版社，1980年1月

11. 胡双宝，汉字史话，中华书局，1980年5月

12. 童新远，邮电史话，中华书局，1980年8月

13. 杨伯峻注，春秋左传注，中华书局，1981年3月

14. 朱光潜著，艺文杂谈，安徽人民出版社，1981年12月

15. 姚麟园主编，中学语文教师手册，上海教育出版社，1982年9月

16. 胡云翼选注，宋词选，上海古籍出版社，1982年10月第2版

17. 韩兆琦选注，史记选注集说注，江西人民出版社，1982年11月

18. 许碚生，古代藏书史话，中华书局，1982年12月

19. 曾敏之，文史品味录，花城出版社，1983年10月

20. 萧涤非，程千帆，于茂元，周汝昌，周振甫，范松林等撰写，唐诗鉴赏辞典，上海辞书出版社，1983年12月

21. 杭州大学中文系《古书典故辞典》编写组，古书典故辞典，江西人民出版社，1984年

22. 李道黄编，唐宋古文选，北京师范大学出版社，1986年

23. 孙乃沅，古代短文选，中共中央党校出版社，1986年6月

24. 陈祖美，古典诗词名篇心解，山东教育出版社，1988年12月

25. 李盛平主编，中国近现代人名大辞典，中国国际广播出版社，1989年4月

26. 淳于怀著，汉字形体演变概论，辽宁大学出版社，1989年7月

27. 辞海，上海辞书出版社，1989年9月

28. 徐友春主编，民国人物大辞典，河北人民出版社，1991年5月

29. 中华人民共和国邮票目录，人民邮电出版社，1992—2006年

30. 王泰来主编，中华人民共和国邮资封片简图录1949—1992，中国社会科学出版社，1993年4月

31. 朱靖宇著，文史钩沉，中国文史出版社，1993年4月

32. 陈玉堂编著，中国近现代人物名号大辞典，浙江古籍出版社，1993年5月

33. 李广宇编著，书文化大观，中国广播电视出版社，1994年4月

34. 彭长卿编，名家书简百通，学林出版社，1994年6月

35. 古汉语常用字典，商务印书馆修订版，1997年7月

36. 清代邮票目录，人民邮电出版社，1997年12月

37. 民国邮票目录，人民邮电出版社，1997年12月

38. 现代汉语词典，商务印书馆，2001年修订版

39. 吴东平著，汉字文化趣释，湖北人民出版社，2001年1月

40. 朱勇坤编著，老信封，学林出版社，2001年11月

41. 唐汉著，汉字密码（上、下），学林出版社，2002年3月

42. 林育德著，记忆邮递——百年前发自中国的50张明信片，北京图书馆出版社，2004年3月

43. 程道德、方继孝著，字字珍藏，国家图书馆出版社，2004年7月

44. ［日］阿什哲次著，高文汉译，图说汉字的历史，山东画报出版社，2005年2月

45. 林轩主编，书信文化，科普出版社，2006年3月

46. 长沙馆藏文物精华，湖南美术出版社，2007年10月

47. 马思猛著，金石梦故宫情，国家图书馆出版社，2009年4月

48. 尺牍句解，上海大方书局

49. 谭正璧编著，活用书信手册，香港太平洋图书公司印行

50. 顾音海编著，名家书信，上海科学普及出版社，1998年1月

51. 唐诗鉴赏辞典，上海辞书出版社，1983年5月

52. 马衡撰，关于鉴别书画问题，张菊生先生七十寿辰纪念论文抽印本

53. 中国嘉德2002年秋季拍卖会古籍善本图录，中国嘉德国际拍卖有限公司发行

54. 中国嘉德2009年春季拍卖会古籍善本图录，中国嘉德国际拍卖有限公司发行

后　记

　　我的《旧墨记》书系已经出版了六本。有不少读者来函提出了很多有关书信的欣赏、集藏、防伪、保管等方面的问题，还有的寄来了他们通过各种途径收集到的所谓名人书信，让我鉴别真伪。对于读者的来信，我都以自己的认知给予回函。

　　读者的来信都是通过国家图书馆出版社的王燕来先生转给我的。一次和他谈起读者来信中提出的种种有关书信知识方面的问题，他建议我不妨写一本有关普及书信集藏方面的书，以满足读者的需要。

　　我是从2008年10月长假时开始动笔的。断断续续地经过了一年的时间，才于2009年11月交稿。为了把自己多年集藏书信的经验体会和搜集到的有关书信文化的知识尽可能地转达给读者，我翻出了多年积攒的有关书信知识的剪报和我购买名家书信的台账、日记。鉴于当前的名家书信的收藏热，市场的火爆，以及制假、贩假的猖獗，我在"书信的市场行情与投资""书画造假的历史与辨伪的方法""当代书信赝品的出现及其鉴别"这三讲中，把自己掌握的、听到的、亲身经历的案例融进文章里，以供读者参考。

　　是书定稿后，我把清样送到白化文先生的家里，请白先生给予审订把关，并请先生赐序，白先生欣然接受了我的请求。白先生是我青年时期的偶像。那时，我刚刚走上教育战线，进入北京市的一所中学任语文老师，而此时正值中年的白先生已是北京乃至全国教育战线闻名遐迩的中学语文教育专家。在当时，我和许许多多年轻教师一样，把能够听一次白先生的现场教学观摩课看作是极为荣幸的事情。而我就曾经得到过这样的机会。后来，白先生从中学调到北京大学从事版本目录学的教学工作，我也从中学调到中央机关。再次听到白先生的消息，是我的《旧墨记》书系问世以后。一

品味書簡

次与时任国家图书馆出版社社长的郭又陵聊天，他告诉我说，有几位老一辈学者都很喜欢《旧墨记》书系，当他们听说又出版了一"记"就会打电话来"要"，其中就有白化文先生。这次能够再次聆听白先生的教诲，实在是一件很高兴的事情。就在书的最后一次校订完成的时候，白先生的序也寄来了。序是用文言写的，这时离新的一年只有几天了，过了年白先生就已经80岁了，我衷心地祝愿他老人家健康长寿。

和我的《旧墨记》书系一样，本书引用或转述前辈和时贤的研究成果颇多。有的在参考书目中列出，有的是我平时从书刊杂志上摘录剪贴下的，当时也没有留心作者的名字，因而本书引用时无法注明，也没有列入参考书目中，只能在这里说声谢谢，并深表歉意。

最后需要说明的是，《旧墨记》书系已出版了六记，因本人学力、学识所限，对于书中收入的书札释文、标点常有不准确处，在考据方面尚有存疑或不准确处。有的已有专家学者指出，有的还没有被发现。对于已经发现的，我已和出版社达成共识，把所有热心读者提出的意见汇集起来，再经有关方面专家学者给予认定后，在重印时予以更正。现在《旧墨记》书系前三记已修订重印，后三记也修订重印有日了。

我不是某个方面的专家，只是一个普普通通的收藏爱好者，我只是想把自己发现的文献资料提供给读者，而想不到却得到了广大读者的肯定和支持；尽管有的读者对于我书中某些篇章的释文、标点或考据不准确处提出了质疑，甚至有的言辞刻薄，但我依然从心底里感谢他们，因为我是把这种批评当作一种鞭策对待的。我要把这种批评作为一种动力，更加勤奋地耕耘，力争把我的《旧墨记》书系完成得更好，尽量避免错漏的出现，以报答关心和支持我的读者们。

是书的封面、版式、装帧设计是由九雅工作室完成的。我的《旧墨记》书系六种和《陈独秀先生遗稿》的版式设计也是九雅工作室承担的，《旧墨记》书系得到了广大读者的喜爱，有九雅工作室的一份辛劳，于此谨表谢忱。

方继孝

2010年1月2日初稿于北京南城双序斋

2015年1月18日修订